Die Frau in der Literatur

Mary Wollstonecraft (1759–1797),
Gemälde von John Opie, um 1790

INHALT

Mary Wollstonecraft: DAS UNRECHT AN DEN FRAUEN ODER: MARIA. EIN FRAGMENT 7

Vorbemerkung 9
Vorwort der Originalausgabe von 1798 11
Vorwort der Autorin aus dem Jahre 1797 13
1. bis 17. Kapitel 15
Schluß (vom Herausgeber William Godwin) 183
Das Ende 185
Anmerkungen 188

William Godwin: ERINNERUNGEN AN MARY WOLLSTONECRAFT 191

Vorwort 193
1. bis 10. Kapitel 195
Anmerkungen 283

Nachwort 289
Die Werke Mary Wollstonecrafts 315

Mary Wollstonecraft

DAS UNRECHT AN DEN FRAUEN

oder:

MARIA

Ein Fragment

VORBEMERKUNG

Mary Wollstonecraft, berühmt vor allem durch ihr Buch ›Eine Verteidigung der Rechte der Frau‹ von 1792, hinterließ bei ihrem Tode 1797 einen unvollendeten Romanentwurf mit dem Titel ›Das Unrecht an den Frauen oder: Maria‹. Ihr Ehemann, der Philosoph William Godwin, gab das Fragment 1798 im Rahmen der zweibändigen ›Posthumous Works‹ (Nachgelassene Schriften) heraus. Er verfaßte auch das Vorwort und ergänzte das noch von der Autorin selbst entworfene. Der Text erscheint hier erstmals in deutscher Übersetzung.

Die ›Erinnerungen an Mary Wollstonecraft‹ sind eine Kurzbiographie, die William Godwin kurz nach dem Tode seiner Frau niederschrieb. Sie wurde 1798 zum ersten Male in England veröffentlicht. Die Übersetzung folgt dem Text der ersten Ausgabe.

I. v. R.

VORWORT

DER ORIGINALAUSGABE VON 1798

Der Öffentlichkeit wird hier der letzte literarische Versuch einer Autorin vorgelegt, die ungewöhnlichen Ruhm genoß und deren Talent vor allem von Menschen geschätzt wurde, die Begabungen besonders sorgfältig und streng beurteilen. Nur wenige, die Freude an ihren Schriften hatten, wünschten wohl, dieses Fragment sollte nicht erscheinen, nur weil es Bruchstück geblieben ist. Menschen von Geschmack und Phantasie ist das melancholische Vergnügen oft besonders teuer, das die Betrachtung der unvollendeten Schöpfungen eines Genies bereiten kann, jener Entwürfe, die, hätten sie nach des Autors Plan ausgeführt werden können, vielleicht eine Veränderung in den Gepflogenheiten der Welt bewirkt hätten.

Lange und mit besonderer Hingabe hat sich die Autorin mit Thema und Aufbau des folgenden Werkes beschäftigt, hielt sie es doch für geeignet, bleibende Wirkung zu erzielen. Zwölf Monate hatte sie bereits daran gearbeitet. Ernsthaft bemüht, ihren Gedanken die angemessenste Form zu verleihen, hat sie das Manuskript mehrfach umgeschrieben, gar neu begonnen. Die vorliegende Fassung hielt sie bei weitem nicht für vollendet. In einem Brief an einen Freund schrieb sie: »Ich bin mir völlig klar darüber, daß einige der Episoden umgestellt und durch harmonischere Übergänge besser zur Geltung gebracht werden sollten. Ich bin durchaus bereit, mir ein gewisses Maß an Kritik anzuhören, bevor ich beginne, die einzelnen Ereignisse zu einer Geschichte, die ich erst in groben Umrissen entworfen hatte, zu ordnen.«* Die

* Ein längerer Passus aus diesem Brief wurde dem Vorwort der Autorin angefügt.

einzigen Freunde, denen die Autorin ihr Manuskript zeigte, waren Mr. Dysen, der Übersetzer von Veit Webers ›Zauberer‹, und der Herausgeber des vorliegenden Bandes. Auch die unerfahrenste Autorin hätte keinen größeren Eifer an den Tag legen können, Nutzen aus den kritischen Einwänden und Vorschlägen zu ziehen.*

Als der Herausgeber diese Blätter für den Druck vorbereitete, erwies es sich als notwendig, an manchen Stellen die schon weiter ausgearbeiteten Teile mit Seiten aus einem älteren Entwurf zu verbinden, und bisweilen schien dabei das Hinzusetzen von ein oder zwei Zeilen dem Zwecke dienlich. Wo immer der Herausgeber sich eine solche Freiheit nahm, findet man die hinzugefügten Sätze in Klammern eingeschlossen, war es ihm doch sehr ernst mit dem Anliegen, dem Werk nichts Eigenes hinzuzusetzen, sondern der Öffentlichkeit nur die Worte und Gedanken der Autorin zu übermitteln.

Was auf den nächsten Seiten folgt, ist kein ausgefeiltes Vorwort der Autorin, vielmehr sind es nur Notizen zu einem solchen, die dennoch, wiewohl sie nicht mehr den Absichten der Autorin entsprechend ausgeführt werden konnten, der Erhaltung wert schienen.

W. Godwin

* Der Teil, der zur Kritik vorgelegt wurde, umfaßte die ersten vierzehn Kapitel.

VORWORT

DER AUTORIN AUS DEM JAHRE 1797

Das Unrecht, das die Frauen erleiden, mag ebenso wie das Unrecht, das am unterdrückten Teil der Menschheit begangen wird, den Unterdrückern notwendig erscheinen. Doch es werden immerhin einige wagen, den Fortschritt unseres Zeitalters zu fördern, indem sie bezeugen, daß meine Geschichten keine Ausgeburten krankhafter Einbildungskraft oder die tollen Verirrungen eines verletzten Herzens sind.

In diesem Roman ging es mir vor allem darum, Leidenschaften zu schildern, nicht nur Sitten und Gebräuche.

Zuweilen hätte ich wohl die Ereignisse dramatischer gestalten können, hätte ich nur mein Hauptziel aufgegeben, nämlich den Wunsch, das besondere Elend und die Unterdrückung der Frauen darzustellen, wie sie aus den einseitigen Gesetzen und Sitten der Gesellschaft erwachsen.

So habe ich beim Abfassen der Geschichte meiner Einbildungskraft Zügel angelegt; sie sollte eher als ein typisches denn als ein individuelles Frauenschicksal erscheinen.

Ich habe meine Empfindungen durch die Personen und ihre Geschichte ausgedrückt.

Die männlichen Helden so mancher Werke ähnlicher Art dürfen durchaus normale Sterbliche sein und durch eine Kette von Ereignissen und Umständen am Ende weise, tugendhaft und glücklich werden. Die Heldinnen dagegen sollen schon fehlerlos geboren werden und stets wie Göttinnen der Weisheit handeln, vollkommene Minervas, frisch dem Haupt des Jupiter entsprungen.

(Der folgende Text ist ein Auszug aus einem Brief der Autorin an einen Freund, dem sie ihr Manuskript schickte.)

»Was mich angeht, so kann ich mir für eine empfindsame Frau, die ihren Geist zu verfeinern sucht, keine elendere Situation vorstellen, als ihr Leben lang an einen Mann, wie ich ihn beschrieben habe, gebunden zu sein; genötigt, alle die Menschlichkeit fördernden Gefühle der Zuneigung zu unterdrücken und auf die Bildung ihres Geschmacks zu verzichten, auf daß die von Anmut und Feinheit der Empfindung geprägte Wahrnehmung den Schmerz der Enttäuschung nicht zur unerträglichen Qual steigere. Die Liebe, der die Einbildungskraft ihre bezaubernden Farben beimischt, muß vom Feingefühl gehegt und gepflegt werden. Eine Frau, die einen Ehemann, wie ich ihn gezeichnet habe, ertragen könnte, würde ich, wenn nicht direkt verachten, so doch niedrig gesinnt nennen.

Diese Dinge (eheliche Tyrannei des Herzens und Benehmens) sind für mich ein an den Frauen begangenes Unrecht, das die Seele demütigt. Was man große Schicksalsschläge nennt, beeindruckt den Leser vielleicht stärker; man denke nur an Bühnenwirksamkeit. Doch meiner Ansicht nach ist es das Nachzeichnen der feineren Empfindungen, das den Wert unserer besten Romane ausmacht. Daran denke ich, wenn ich das Unrecht an den Frauen mehrerer Klassen zeige, das gleichermaßen bedrückend ist, wiewohl, als Folge der Bildungsunterschiede, notwendigerweise differierend.«

DAS UNRECHT AN DEN FRAUEN

ERSTES KAPITEL

Wohnstätten des Grauens sind oft beschrieben worden, und Schlösser, bevölkert von Gespenstern und Schimären, wurden vom magischen Zauber des Genies heraufbeschworen, um die Seele zu peinigen und den schweifenden Geist zu fesseln. Doch was sind sie, gemacht aus dem Stoff, aus dem die Träume sind, gegen das Gemäuer der Verzweiflung, in dem Maria in einem Winkel kauerte und versuchte, ihre in alle Winde zerstobenen Gedanken zu sammeln!

Überraschung, ein Staunen, das an Geistesabwesenheit grenzte, schien all ihre Fähigkeiten gelähmt zu haben, bis sie langsam zu einer scharfen Empfindung des Schmerzes erwachte und ein Wirbelsturm der Wut und Empörung ihren eben noch betäubten Puls rasen ließ. Erinnerungen jagten einander mit erschreckender Geschwindigkeit, drohten ein Fieber in ihrem Hirn zu entzünden und Maria zur Gefährtin der unheimlichen Insassen zu machen, deren Seufzer und Schreie nicht etwa trügerische, von flüsternden Winden oder aufgeschreckten Vögeln erzeugte Töne waren, moduliert von einer romantischen Phantasie, Töne, die im Erschauern Vergnügen bereiten, sondern Laute echten Jammers, die eine furchtbare Gewißheit direkt ins Herz trugen. Welche Wirkung mußten sie auf eine Seele haben, die stets zum Mitfühlen bereit und dazu von mütterlicher Sorge gepeinigt war!

Das Bild ihres Kindes schwebte unablässig vor Marias Seele, und sie dachte an sein erstes erkennendes Lächeln, wie sich nur eine Mutter, eine unglückliche Mutter, erinnern kann. Sie hörte die Kleine gurrend plappern und fühlte die tastenden Fingerchen auf ihrem brennenden Busen – dem Busen, der jetzt zu bersten drohte von der Nahrung, nach der das geliebte Kind in diesem Augenblick vielleicht vergeblich verlangte. Die mütterliche Nahrung könnte sie freilich von einer Fremden bekommen; ein schmerzlicher Gedanke für Maria – doch wer würde mit der Zärtlichkeit, der Selbstaufopferung einer Mutter über sie wachen?

Die verblaßten Schatten früherer Leiden eilten in düsterem Zug herbei und schienen ihr Bild auf die Mauern ihres Gefängnisses zu werfen, vergrößert vom Gemütszustand, in dem Maria sie wahrnahm – sie trauerte um ihr Kind, beklagte, daß es eine Tochter war, und ahnte, während sie noch fürchtete, die Kleine atme nicht mehr, doch bereits die Leiden voraus, die das Leben für sie mit Sicherheit bereithielt. Zu denken, daß ihr Lebenslicht schon erloschen sein könnte, war unerträglicher Schmerz, nachdem die mütterliche Phantasie sich so lange ausgemalt hatte, wie sich ihre Fähigkeiten entfalten würden; doch sich vorzustellen, sie treibe auf einer unbekannten See, war kaum weniger beängstigend.

Nachdem sie zwei Tage lang der Spielball ungestümer Gefühle gewesen war, begann Maria ruhiger über ihre gegenwärtige Lage nachzudenken; die Entdeckung der Ungeheuerlichkeit der Tat, deren Opfer sie geworden war, hatte ihr bisher nüchterne Überlegung unmöglich gemacht. Trotz aller Auswüchse gesellschaftlicher Verderbtheit hatte sie sich nicht vorstellen können, daß ein menschliches Hirn sich einen derartigen Anschlag ausdenken könnte. Sie war betäubt; doch das Leben, und sei es noch so freudlos, durfte sie nicht gleichgültig aufgeben, sie mußte versuchen, das Elend tapfer und mit stolzer Geduld zu ertragen. Bisher hatte sie nur über den Pfeil des Schmerzes nachgedacht und die Aufwallungen der Empörung unterdrückt. Jetzt versuchte sie, ihr Gemüt mit Stärke zu wappnen und sich zu fragen, was ihre Aufgabe in ihrer trostlosen Zelle sei. Mußte sie nicht ihre Flucht erwirken, ihrem Kind zu Hilfe eilen und die selbstsüchtigen Ränke ihres Tyrannen zunichte machen – ihres Gatten?

Diese Gedanken weckten ihre schlummernden Lebensgeister, und ihr Selbstvertrauen kehrte zurück. Die ersten Empfindungen überwältigender Ungeduld verebbten langsam, und Empörung wich fürsorglichen Gedanken und ruhigerer Überlegung, wiewohl der Zorn noch einmal den ruhigen Fluß der Gedanken hemmte, als sie versuchte, ihre gefesselten Arme zu bewegen. Doch dieser Frevel konnte nur vorübergehende Empfindungen der Empörung auslösen, die sich in einem feinen Lächeln verflüchtigten, denn Maria war weit davon entfernt, eine persönliche Beleidigung für das Schwerste zu halten, das es mit großmütiger Gleichgültigkeit zu ertragen galt.

Sie trat an das kleine vergitterte Fenster ihrer Kammer und schaute geraume Weile nur hinauf in die blaue Weite; dann fiel ihr Blick auf den Garten und auf eine große Ansammlung von Gebäuden, die, ein halbes Jahrhundert dem Verfall überlassen, nun notdürftig instand gesetzt worden waren, um sie eben bewohnbar zu machen. Von den Türmchen hatte man den Efeu abgerissen und die Steine, die man nicht benötigte, um die von der Zeit verursachten Risse zu füllen und den Angriff der Elemente abzuwehren, in Haufen auf dem unordentlichen Hof liegen lassen. Maria schaute lange auf dieses Bild; das heißt, eigentlich starrte sie mehr die Wände an und brütete über ihre Lage. Kurz nach ihrer Ankunft hatte sie gegen den Leiter dieses grausigen Gefängnisses gerast in Tönen, die die Behandlung fast hätten gerechtfertigt erscheinen lassen. Doch das schurkische Lächeln, mit dem er ihrem Appell an sein Gerechtigkeitsempfinden begegnete, ließ in ihr eine fruchtbare Gewißheit keimen und erstickte ihre aufbegehrenden Klagen. Offen oder gewaltsam – was konnte sie tun? Gewiß würde ihrem lebhaften Geist, der dazu noch ohne Beschäftigung war und beseelt von der Entschlossenheit, das Risiko des Lebens gegen die Chance der Freiheit in die Waagschale zu werfen, ein geeignetes Mittel einfallen.

Indessen trat ein Frauenzimmer herein; ihr Schritt war fest und entschlossen, ihre Gesichtszüge waren stark gezeichnet, und sie heftete ihre großen, schwarzen Augen fest auf Maria, als wolle sie sie einschüchtern. Zugleich sagte sie: »Sie sollten sich lieber setzen und Ihre Abendmahlzeit essen, anstatt in die Wolken zu schauen.«

»Ich habe keinen Hunger«, antwortete Maria, die beschlossen hatte, sich sanft zu geben, »warum sollte ich also essen?«

»Dennoch müssen und sollten Sie etwas essen. Ich habe schon viele Damen unter meiner Obhut gehabt, die beschlossen hatten, sich zu Tode zu hungern. Doch früher oder später, als sie wieder zu Sinnen kamen, haben sie ihre Absicht aufgegeben.«

»Halten Sie mich denn wirklich für wahnsinnig?« fragte Maria, indem sie dem prüfenden Blick ihrer Wärterin standhielt.

»Im Augenblick nicht. Doch was beweist das schon? Nur daß man Sie um so sorgsamer bewachen muß, weil Sie zu Zeiten so vernünftig scheinen. Seit Ihrer Ankunft haben Sie noch keinen Bissen angerührt.« – Maria seufzte hörbar. – »Könnte irgend etwas anderes als Wahnsinn solchen Ekel vor dem Essen hervorrufen?«

»Ja, Herzeleid; wüßten Sie, was das ist, würden Sie die Frage nicht stellen.« Die Wärterin schüttelte den Kopf; ein grimmiges Lächeln verzweifelter Tapferkeit gab beredte Antwort und ließ Maria kurz verstummen. Dann fuhr sie fort: »Doch ich werde etwas zu mir nehmen. Ich will nicht sterben – nein. Ich will meine Sinne bewahren und selbst Sie früher, als Sie denken, überzeugen, daß meine Geisteskräfte nie verwirrt waren, wenn man sie auch vielleicht durch eine teuflische Droge eine Zeitlang betäubt hat.«

Noch dichtere Wolken des Zweifels brauten sich auf der Stirn der Wärterin zusammen; sie versuchte, Falsches in Marias Rede auszumachen.

»Haben Sie Geduld!« rief Maria mit einer Ernsthaftigkeit, die beeindruckte. »Mein Gott, wie bin ich darin geübt!« Sie überwand einen Anfall von Widerwillen und versuchte mit erzwungener Ruhe, genügend zu essen, um Folgsamkeit zu beweisen. Dabei drehte sie sich immer wieder nach dem mißtrauischen Weib um in dem Bemühen, deren Aufmerksamkeit auf sich zu lenken, während die Frau das Bett machte und den Raum in Ordnung brachte.

»Kommen Sie oft zu mir«, bat Maria in schmeichelndem Ton, denn sie hatte in aller Eile einen Plan gefaßt, als sie nach Betrachten von Gestalt und Zügen der Frau zu dem Schluß gekommen war, sie müsse über den Durchschnitt verständig sein. »Und halten Sie mich für wahnsinnig, bis Sie das Gegenteil eingestehen müssen.« Die Frau war nicht dumm, das heißt gewitzter, als es Leute ihrer Klasse gemeinhin sind. Und das Elend hatte den Lebensstrom der Menschlichkeit noch nicht ganz in ihren Adern versiegen lassen. Eher die Art als der Inhalt von Marias Beteuerungen ließ einen flüchtigen Verdacht in ihr aufsteigen, begleitet von entsprechendem Mitgefühl, doch andere Überlegungen und die Gewohnheit, Regungen des Gewissens zu unterdrücken, hinderten sie fürs erste, ihn genauer zu prüfen.

Doch als man ihr bedeutete, daß niemand mit Ausnahme des Arztes, den die Familie bestellt hatte, die Dame am Ende des Korridors besuchen dürfe, öffnete sie ihre wachen Augen noch etwas weiter und murmelte ein »Hem!«, bevor sie fragte: »Warum?« Man gab ihr kurz Bescheid, daß das Übel erblich sei und die Kranke, da die Anfälle nur in großen und unregelmäßigen Abständen aufträten, sorgsam bewacht werden müsse; die Länge der klaren Phasen würden sie nur um so gefährlicher machen, wenn ein Ärgernis oder eine Laune einen Anfall auslösten.

Hätte ihr Herr sie ins Vertrauen gezogen, hätten wohl weder Mitgefühl noch Neugier diese Frau dazu bewogen, vom geraden Weg ihres Eigeninteresses abzuweichen. Zu sehr hatte sie im Umgang mit den Menschen gelitten, um nicht entschlossen zu sein, sich die Unterstützung ihrer Herren eher dadurch zu sichern, daß sie deren Leidenschaften schmeichelte, als zu versuchen, durch die Reinheit ihres Wandels Anerkennung zu erringen. Ein tödlicher Schandfleck war schon an der Schwelle zum Leben auf sie gefallen, und das Elend ihrer Mutter schien wie ein totes Gewicht an ihrem unschuldigen Hals zu hängen und sie hinab ins Verderben zu ziehen. Es lag ihr nicht, heldenhaft den Entschluß zu fassen, einer Unglücklichen beizustehen; doch der bloße Verdacht, man könne sie hinters Licht führen wollen wie eine gewöhnliche Dienerin, beleidigte sie so sehr, daß sie ihrer Neugier nicht länger Zügel anlegte. Und wenn sie auch ihre eigenen Beweggründe niemals ernstlich prüfte, saß sie doch fortan in jedem unbeobachteten Augenblick bei Maria und lauschte der Geschichte, die die Gefangene mit all der überzeugenden Beredsamkeit des Schmerzes erzählte.

Der Anblick des menschlichen Antlitzes ist so tröstlich, selbst wenn nur ein Abglanz der göttlichen Tugend darin leuchtet, daß Maria der Rückkehr der Wärterin stets freudig entgegenbebte wie einem Lichtstrahl, der die Düsternis ihrer Eintönigkeit erhellte. Sie spürte, daß die völlige Hingabe an einen Kummer die Fähigkeit des Geistes im entgegengesetzten Extrem abstumpft oder aufstachelt: Entweder erzeugt sie Stumpfheit, die brütende Schwermut der Gleichgültigkeit, oder aber die fieberhafte Rastlosigkeit einer gestörten Einbildungskraft. Erschöpft von einem dieser Zustände, versank sie in den anderen, bis schließlich der Mangel an Beschäftigung noch quälender wurde als der Druck ihres Leids. Sie war wie eingefroren in einem Winkel des Lebens, und ihr Lebenslicht schien sich in der Anstrengung zu verzehren, die Schwermut aus einem Kerker zu vertreiben, den doch keine Kunst öffnen konnte. – Und wozu nur bot sie all ihre Kraft auf? – War nicht die ganze Welt ein gewaltiges Gefängnis, waren nicht Frauen zu Sklavinnen geboren?

Obwohl es ihr nicht gelang, unverzüglich ein lebhaftes Gefühl der Ungerechtigkeit in ihrer Wärterin zu wekken, die zur Menschenfeindlichkeit verformt worden war, rührte sie doch ihr Herz. Jemima (sie hatte nur Anspruch auf einen christlichen Namen, der ihr jedoch keine der christlichen Vorrechte garantierte)[1] konnte sich durchaus unbewegt die Erzählung von Marias Verhaftung unter falschen Vorwänden anhören, hatte sie doch selbst die erdrückende Hand der Macht zu spüren bekommen. Jemima hatte aufgehört, sich über die Perversionen des menschlichen Verstandes zu wundern, durch die Unterdrückung zum System erhoben wird. Doch als sie hörte, daß man Maria ihr Kind, das erst vier Monate alt war, fortgerissen hatte, just in dem Augenblick, als sie ihre zärtlichsten Mutterpflichten erfüllte, da beschloß Jemima, alles in ihrer Macht Stehende zu tun. Ohne ihre Stellung aufs Spiel zu setzen, wollte sie die Leiden einer elenden Mutter erleichtern, der man anscheinend Unrecht getan hatte, die aber mit Sicherheit unglücklich war. Ein Sinn für Gerechtigkeit scheint schon aus der geringsten Anwendung der Vernunft zu erwachsen und über alle Fähigkeiten des Gemüts zu herrschen als vornehmste der Empfindungen, die die übrigen lenkt. Doch (man kann den Vergleich noch fortführen) wie oft wird nicht die zarte Feinfühligkeit beider geschwächt oder zerstört durch die ordinären Beschäftigungen und niedrigen Vergnügungen des Lebens?

Ihre Stellung zu erhalten war tatsächlich ein wichtiges Ziel für Jemima, die man von einem Unterschlupf zum anderen getrieben hatte, als wäre sie ein jagdbares Wild oder mit einer moralischen Krankheit behaftet. Der Lohn, den sie bekam und von dem sie den größten Teil sparte, ihre einzige Chance zur Unabhängigkeit, war sehr viel höher als irgendwo anders, wäre es überhaupt möglich gewesen, daß man ihr, einer aus der Gesellschaft Ausgestoßenen, erlaubte, in einer wohlanständigen Familie ihren Unterhalt zu verdienen. Als sie Maria beständig darüber klagen hörte, daß sie sich von ihrem Kummer nicht durch die Fortsetzung ihrer gewohnten Beschäftigungen ablenken konnte, war sie schnell durch Mitleid und die unwillkürliche Hochachtung vor ungewöhnlichen Fähigkeiten, die auch in extremen Situationen unverlierbar sind, bewegt, ihr ein paar Bücher und Schreibzeug zu bringen. Die Gespräche mit Maria hatten sie unterhalten und ihr Interesse geweckt, und die natürliche Folge war der Wunsch, dessen sie sich freilich kaum selbst bewußt war, die Achtung eines Menschen zu gewinnen, den sie bewunderte. Die Erinnerung an bessere Tage wurde wieder lebendiger, und da die Gefühle, die sie damals empfand, ihr jetzt weniger romantisch erschienen, fachte ein Hoffnungsfunke Jemimas Geist zu neuer Tätigkeit an.

Wie dankbar empfand Maria ihre Aufmerksamkeit! Voll Eifer bemühte sie sich nun, die langen Tage zu verkürzen, die ohne Spur vorüberglitten. Sie schien auf dem weiten Ozean des Lebens dahinzusegeln, ohne eine Landmarke zu erspähen, die ihr das Fortschreiten der Zeit angezeigt hätte. Beschäftigung zu finden bedeutete Abwechslung, das belebende Prinzip der Natur.

ZWEITES KAPITEL

So ernsthaft Maria sich auch bemühte, durch Lektüre das Weh ihrer verwundeten Seele zu lindern, so irrten ihre Gedanken doch häufig vom Thema ab, und Tränen mütterlicher Zärtlichkeit ließen die nüchternen Zeilen auf der Seite verschwimmen. Bitterkeit erfüllte sie über »die tausend Stöße, unseres Fleisches Erbteil«[2], wenn die Erinnerung an ihr Kind durch die Erzählung eines fiktionalen Leidens geweckt wurde, das dem ihren ein wenig ähnelte. Und ihre Einbildungskraft war unablässig damit beschäftigt, die verschiedensten Formen des Elends heraufzubeschwören, die Torheit und Laster in die Welt gebracht hatten. Der Verlust ihres Kindes war ihre empfindliche Stelle; gegen andere grausame Erinnerungen suchte sie ihren Busen zu stählen, und gelegentlich glomm inmitten ihrer düsteren Träumereien ein Hoffnungsschimmer auf, selbst wenn sie sich sagte, sie müsse alle Hoffnung fahren lassen, da Glück nirgends zu finden sei. Doch an ihr Kind, das schon gezeichnet war, ehe es das Licht der Welt erblickte, konnte sie nicht ohne ungeduldiges Aufbegehren denken.

»Ich allein«, rief sie dann aus, »hätte diese süße Knospe durch wachsame Zärtlichkeit vor dem frühen Verkümmern retten können; dann gäbe es jetzt etwas, das ich lieben und hegen könnte.«

Da alle anderen Erwartungen ihr genommen waren, hing sie um so heftiger an dieser einen zärtlichen Hoffnung, die sich fest in ihrem Herzen verwurzelt hatte.

Die Bücher, die Jemima ihr gegeben hatte, waren schnell durchgelesen, gab es doch für Maria keine andere Flucht vor ihren Sorgen und den fiebrigen Träumen von äußerstem Elend oder Glück. Schreiben war nun die einzige Möglichkeit, die ihr noch blieb, und sie verfaßte einige elegische Verse über den Zustand ihrer Seele. Doch die Ereignisse ihrer Vergangenheit bedrängten sie dergestalt, daß sie beschloß, lieber diese niederzuschreiben, geleitet von den Empfindungen, die Erfahrung und eine gereifte Vernunft ihr eingeben würden. Vielleicht mochte die Erzählung eines Tages ihrer Tochter zur Lehre gereichen und sie vor dem Elend und der Tyrannei behüten, denen ihre Mutter nicht zu entgehen verstanden hatte.

Dieser Gedanke verlieh ihrer Sprache Lebendigkeit, ihre Seele floß hinein, und bald fand sie die Aufgabe, sich fast vergessene Eindrücke zu vergegenwärtigen, sehr fesselnd. Noch einmal lebte sie in den Empfindungen ihrer Jugend und vergaß die Gegenwart über der Erinnerung an Kümmernisse, die nicht mehr zu ändern waren.

Wiewohl diese Beschäftigung das Gewicht verringerte, mit dem die Zeit auf ihr lastete, ließ Maria doch keine Gelegenheit verstreichen, die Zuneigung Jemimas zu gewinnen. Sie hatte in ihr eine Stärke des Gemüts entdeckt, die ihr Achtung einflößte, war diese Stärke auch durch eine aus Verzweiflung geborene Menschenverachtung gehemmt.

Durch das Unglück ihrer Geburt zur Einsamkeit verurteilt, begegnete Jemima der Gesellschaft, die sie unterdrückt hatte, mit Verachtung und nutzte sie aus. Da sie nie geliebt worden war, liebte auch sie ihre Mitmenschen nicht. Keine Mutter hatte sie je liebkost, kein Vater oder Bruder sie je vor Untaten behütet; und der Mann, der sie in Schande gestürzt und verlassen hatte, als sie am dringendsten Hilfe brauchte, ließ sich nicht einmal erweichen, ihr die Straße in den Ruin durch Großzügigkeit zu glätten. Dergestalt erniedrigt, wurde Jemima in die Welt hinausgestoßen, und die Tugend, die nie durch Zuneigung gehegt und gepflegt worden war, nahm bei ihr das herbe Antlitz selbstsüchtiger Unabhängigkeit an.

Diesen Eindruck gewann Maria aus Jemimas Ausrufen und nüchternen Bemerkungen. Jemima legte in der Tat eine seltsame Mischung aus Interesse und Argwohn an den Tag; oft hörte sie Maria voller Aufmerksamkeit zu, um dann plötzlich die Unterhaltung abzubrechen, als fürchte sie, wenn sie ihrem Mitgefühl nachgäbe, gegen ihre teuer erkaufte Weltkenntnis zu verstoßen.

Maria sprach von der Möglichkeit der Flucht und erwähnte eine Entschädigung, eine Belohnung; doch die Zurückweisung, die sie erfuhr, machte sie vorsichtig, und sie beschloß, das Thema nicht wieder aufzugreifen, bevor sie den Charakter, auf den sie einwirken mußte, nicht besser kannte. Jemimas Miene und dunkle Andeutungen schienen zu sagen: »Sie sind eine außergewöhnliche Frau; doch wenn ich es recht bedenke, ist dies vielleicht nur eine Ihrer klaren Zeiten.« Ja, gerade die Stärke von Marias Persönlichkeit ließ Jemima argwöhnen, daß die außergewöhnliche Lebhaftigkeit, die sie beobachtete, vielleicht nur eine Form des Wahnsinns sei. Sollte ihr Gatte seinen Prozeß gewinnen und all ihren Besitz zugesprochen bekommen, woher sollte dann die versprochene Leibrente oder der noch mehr ersehnte Schutz kommen? Konnte außerdem eine Frau, die fliehen wollte, nicht einige der Umstände verbergen, die gegen sie sprachen? Durfte man die Wahrheit von einer erwarten, die sich auf die betrügerischste Weise in die Falle hatte locken und entführen lassen?

In diese Richtung gingen Jemimas Gedanken, nachdem eben noch Mitleid und Hochachtung sie fast hatten schwanken lassen. Und sie erneuerte ihren Entschluß, sich nicht verlocken zu lassen, mehr zu tun, als die Härte der Gefangenschaft zu mildern, bis sie klarer sehen würde.

Maria durfte nicht im Garten wandeln; doch manchmal, wenn sie am Fenster stand, wandte sie ihren Blick von den düsteren Mauern und richtete ihn auf die armen Wesen, die auf den Pfaden umherirrten, und dachte über den schrecklichsten Verfall von allen nach – den Verfall der menschlichen Seele. Was ist der Anblick der gestürzten Säule des erlesensten Bauwerks im Vergleich zu diesem lebenden Denkmal der Gebrechlichkeit, der mangelnden Standfestigkeit der Vernunft und der wilden Kraft schädlicher Leidenschaften? Ziellos gewordene Begeisterung eilt wie ein mächtiger Strom, der über die Ufer tritt, mit zerstörerischer Schnelligkeit voran und löst eine erhabene Einseitigkeit der Gedanken aus. So dachte Maria. Dies sind die Verwüstungen, über die die Menschheit voll Trauer und mit einem Maß an Schmerz wird nachsinnen müssen, das bröckelnder Marmor oder berstendes Metall nicht auszulösen vermögen, enttäuschen diese doch nur unser Vertrauen in ruhmreiche Baudenkmäler. Der Anblick dessen, was der Mensch geschaffen hat, erzeugt einen wohl melancholischen, aber auch erhebenden Sinn für das, was dem menschlichen Verstand noch zu erreichen bleibt; doch Erschütterungen des Geistes, die wie die Zerstörungen eines Erdbebens alle Elemente des Denkens und der Einbildungskraft durcheinanderwerfen, lassen den Betrachter furchtsam fragen, auf wie festem Boden er selbst steht.

Schwermut und Schwachsinn malten sich in den Zügen der armen Teufel, die freie Luft genießen durften, denn die Tobenden, denen in heftigen Wahnvorstellungen sogar das Bewußtsein ihres eigenen Leidens abhanden gekommen war, blieben hinter Schloß und Riegel. Den mutwilligen Einfällen und tückischen Listen ihrer kranken Einbildungskraft hätte man nicht wehren können, hätte man ihnen auch nur das kleinste Quentchen

Freiheit gewährt; ihre Einbildungskraft war so erregbar, daß jeder neue Gegenstand, der zufällig ihren Sinnen begegnete, ihre ruhelosen Leidenschaften zur Raserei anfachte, wie Maria unter der Bürde ihres unaufhörlichen Tobens lernte.

Manchmal erlaubte Jemima Maria unter strengem Schweigegebot, wenn der Abend sich neigte, an ihrem Arm durch die engen Gänge zu wandeln, die die verliesartigen Unterkünfte voneinander trennten. Welcher Wechsel des Schauplatzes! Maria sehnte sich danach, über die Schwelle ihres Kerkers zu treten, doch wenn sie zufällig dem Auge des Irrsinns begegnete, fuhr sie in größter Angst zurück, als wäre sie über einen verstümmelten Leichnam gestolpert. Ihre Phantasie malte sich den Gram eines liebenden Herzens aus, das über einen dergestalt fremd gewordenen Freund wachte, abwesend und doch gegenwärtig – über einen armen Kerl, der der Vernunft und den geselligen Freuden des Lebens verloren ist und im Übermaß seines Elends sogar alles Bewußtsein desselben vergessen hat. Was für eine Prüfung, das Licht der Vernunft im Auge aufflackern zu sehen oder voll banger Erwartung einen Strahl des Erkennens zu erhaschen, bebend vor Hoffnung, nur um desto schärfer die Verzweiflung zu empfinden, wenn der Kranke sich an das geliebte Gesicht oder die Stimme nur erinnert oder rührend fleht, um gleich darauf wieder zu vergessen oder voll Gleichgültigkeit oder Abscheu vor sich hin zu starren!

Die herzzerreißenden Seufzer der Melancholie drangen tief in Marias Seele, und wenn sie sich zur Ruhe legte, weckten die versteinerten Figuren, denen sie begegnet war – die einzigen menschlichen Gestalten, die sie verdammt war zu sehen und die sie in ihren Träumen mit Geschichten geheimnisvollen Unrechts verfolgten –, in ihr den Wunsch, »zu schlafen, nicht mehr zu träumen«[3].

Tag um Tag verstrich, und obwohl die Gegenwart trostlos erschien, verliefen die Tage so gleichförmig, daß Maria ganz überrascht war, als sie erfuhr, daß sie schon sechs Wochen lang lebendig begraben war und doch immer noch kaum Hoffnung hatte, ihre Befreiung zu erwirken. So dringend sie nach Beschäftigung verlangt hatte, so war sie jetzt zornig auf sich selbst, sich mit dem Schreiben ihrer Erzählung unterhalten zu haben, und sie litt bei dem Gedanken, auch nur für einen Augenblick an etwas anderes gedacht zu haben als an ihre Flucht.

Jemima hatte offensichtlich Freude an ihrer Gesellschaft. Doch wiewohl sie oft voll Wärme schien, wenn sie Maria verließ, so kehrte sie doch stets mit kalter Miene zurück. Und wenn ihr Herz sich auch für einen Augenblick öffnete, verschloß ein Einwand ihres Verstandes es wieder gewaltsam, bevor sie noch dem Vertrauen, das die Unterhaltung mit Maria ihr eingeflößt hatte, Ausdruck geben konnte.

Entmutigt von diesen Stimmungswechseln, verfiel Maria in Niedergeschlagenheit. Da erlebte sie plötzlich eine Aufmunterung. Voller Eifer brachte Jemima ihr ein neues Paket Bücher, wobei sie versicherte, es habe sie einige Mühe gekostet, sie von einem Wärter zu bekommen, der einen Herrn bewachte, dessen Zelle am anderen Ende des Korridors lag.

Bewegt nahm Maria die Bücher entgegen. »Vielleicht kommen sie«, sagte sie, »von einem Elenden, der wie ich verurteilt ist, über das Wesen des Wahnsinns nachzugrübeln, weil er ständig zerstörte Gemüter vor Augen hat, so daß er sich – wie ich – fast wünscht, auch wahnsinnig zu sein, um dem Nachdenken über den Irrsinn zu entfliehen.« Ihr Herz klopfte in mitfühlender Anteilnahme, und sie blätterte die Seiten voller Ehrfurcht um, als seien sie dadurch geheiligt, daß die Hände eines Unglücklichen sie berührt hatten.

Die kleine Sammlung bestand aus Drydens Fabeln, Miltons ›Verlorenem Paradies‹ und einigen modernen Werken.[4] Es war eine Schatzgrube. Einige Randbemerkungen zu Drydens Fabeln erregten ihre Aufmerksamkeit: Sie waren mit Entschiedenheit und Geschmack geschrieben. Und in einem der modernen Pamphlete fand sie das vergessene Fragment einer Abhandlung, das verschiedene Beobachtungen über den gegenwärtigen Zustand der Gesellschaft und der Regierung enthielt einschließlich eines Vergleichs der Politik in Europa und Amerika. Wo diese Bemerkungen auf den versklavten Zustand der arbeitenden Mehrheit anspielten, sprach aus ihnen eine großzügige Wärme, die ganz mit Marias Denkweise übereinstimmte.

Maria las diese Bemerkungen immer wieder, und die Phantasie, die trügerische Phantasie, begann, nach diesen schattenhaften Umrissen einen Charakter zu entwerfen, der dem ihren seelenverwandt war. – War er wahnsinnig? Sie las die Randbemerkungen erneut, und sie wirkten wie die Schöpfung einer lebhaften, aber nicht gestörten Einbildungskraft. Konzentriert auf diese Frage, war sie bei jeder Lektüre von einer neu entdeckten Feinheit der Empfindung oder Schärfe des Gedankens beeindruckt, die sie offenbar zuvor nicht bemerkt hatte.

Welch schöpferische Kraft ein fühlendes Herz hat! Es gibt Menschen, die nicht leben können, ohne zu lieben, so wie Dichter lieben, und die den elektrischen Funken des Genies fühlen, wo immer er Gefühle oder Bezauberung weckt. Maria hatte, wenn sie ihr stürmisches Herz zügelte, oft gedacht, zu bezaubern bedeute, tugendhaft zu sein. »Diejenigen, die in mir den Wunsch wecken, in ihren Augen am liebenswürdigsten und besten zu erscheinen«, rief sie dann aus, »müssen selbst die Vorzüge und Tugenden, die sie hervorlocken, in gewissem Grade besitzen.«

Sie nahm ein Buch über die Kräfte des menschlichen Geistes zur Hand, doch ihre Aufmerksamkeit irrte ab von den kalten Erörterungen der Natur dessen, was sie fühlte, und sie schnitt den Argumentationsfaden der Theorie ab, um lieber nach Drydens ›Guiscard und Sigismunda‹[5] zu greifen.

Im Verlauf des nächsten Tages gab Maria einige der Bücher zurück in der Hoffnung, weitere zu erhalten – und weitere Randnotizen. Derart von allem menschlichen Umgang abgeschnitten zu sein und nichts zu sehen als diesen Kerker voll kranker Geschöpfe, und dann einen Unglücklichen in gleicher Lage zu treffen, schien eine bessere Voraussetzung, einen Freund zu finden, als sie ein Reisender in einem fremden Land hat, in dem die menschliche Stimme dem begierigen Ohr nichts Verständliches mitteilt.

»Haben Sie jemals den Unglücklichen gesehen, dem diese Bücher gehören?« fragte Maria, als Jemima ihr das Abendessen brachte. »Ja. Zuweilen geht er spazieren, zwischen fünf und sechs Uhr morgens, bevor die Familie noch auf den Beinen ist, mit zwei Wärtern. Doch selbst dann sind seine Hände gefesselt.«

»Was? Ist er so ungebärdig?« fragte Maria in leicht enttäuschtem Ton.

»Nein, ich habe nichts dergleichen bemerkt«, lautete Jemimas Antwort, »doch er hat ein ungezähmtes Aussehen, einen wilden Blick, der Furcht einflößt. Er sieht aus, als könne er schnell mit beiden Wärtern fertig werden, wären seine Hände frei. Und doch erscheint er ruhig.«

»Wenn er so stark ist, muß er jung sein«, stellte Maria fest.

»Drei- oder vierunddreißig, vermute ich. Doch ist es schwer, eine Person in seiner Lage richtig einzuschätzen.«

»Sind Sie sicher, daß er wahnsinnig ist?« unterbrach Maria sie eifrig. Jemima verließ den Raum ohne Antwort.

Nein, nein, das ist er gewiß nicht, gab Maria sich selbst zur Antwort, der Mann, der diese Beobachtungen schreiben konnte, war nicht geistig verwirrt.

Nachdenklich saß sie da, betrachtete den Mond und verfolgte seine Bahn, wie er hinter den Wolken dahinzugleiten schien. Dann, als sie sich zur Nachtruhe vorbereitete, dachte sie: Wie könnte ich ihm helfen oder er mir, wenn es stimmt, daß er zu Unrecht eingekerkert ist? – Könnte er mir zur Flucht verhelfen, da er doch selbst noch strenger bewacht wird? – Aber ich würde ihn gern einmal sehen. Sie ging zu Bett, träumte von ihrem Kind und erwachte doch pünktlich um halb sechs Uhr morgens, sprang auf, warf nur ein Gewand um und eilte ans Fenster. Der Morgen war kühl, es war gegen Ende September. Und doch ging sie erst zurück ins Bett, um sich zu wärmen und nachzudenken, als das Geräusch der im Haus geschäftigen Dienstboten sie überzeugte, daß der Unbekannte an diesem Morgen keinen Gang durch den Garten machen würde. Sie schämte sich ihres Gefühls der Enttäuschung, sagte sich aber, als Entschuldigung vor sich selbst, daß kleine Dinge die Aufmerksamkeit erregen, wenn es nichts gibt, das den Geist fesseln könnte. Und sie dachte darüber nach, wie schwer es für Frauen ist, nicht ins romantische Schwärmen zu geraten, wenn sie keine wirklichen Pflichten und Aufgaben haben.

Zur Frühstückszeit fragte Jemima, ob sie Französisch verstehe? Denn falls nicht, sei der Buchvorrat des Fremden erschöpft. Maria bejahte, versagte sich aber, weitere Fragen nach dem Besitzer der Bücher zu stellen. Und Jemima gab ihr neue Nahrung zum Nachdenken, indem sie die Person einer schönen Wahnsinnigen beschrieb, die man gerade in den Nachbarkerker gebracht hatte. Soeben sang sie die tragische Ballade vom alten Robin Gray[6] mit tiefempfundenen Kadenzen und Pausen. Als Jemima die Stimme erkannte, öffnete sie die Tür halb; Maria stellte sich dicht davor und wagte kaum zu atmen, damit ihr keine der so wunderbar süßen, so leidenschaftlich wilden Modulationen entging. Gerade malte sie sich voller Mitgefühl das Bild eines weiteren Opfers aus, als gewissermaßen der liebliche Singvogel vom Zweig davonflog und ein Strom unzusammenhängender Ausrufe und Fragen aus der Sängerin herausbrach, von so gräßlichen Lachanfällen unterbrochen, daß Maria die Tür zuwarf und, die Augen gen Himmel richtend, rief: »Gütiger Gott!«

Einige Minuten verstrichen, bevor Maria in der Lage war, sich nach den Gerüchten zu erkundigen, die im Haus im Umlauf waren (denn dieses arme Wesen war augenscheinlich nicht ohne Grund in Gefangenschaft). Jemima wußte ihr nur zu berichten, es hieße, man habe sie gegen ihre Neigung mit einem reichen, alten Mann verheiratet, der äußerst eifersüchtig sei (kein Wunder, denn sie war ein bezauberndes Geschöpf), und daß sie, infolge seiner Behandlung oder wegen einer Gemütsbelastung, in ihrem ersten Kindbett den Verstand verloren habe.

Was für ein Gegenstand zum Nachdenken – selbst im Kerker des Wahnsinns.

Weib, du zerbrechliche Blume! Warum ließ man zu, daß du eine Welt schmückst, die den Angriffen solch stürmischer Elemente ausgesetzt ist? dachte Maria, während der Gesang der armen Irren noch immer in ihrer Seele nachklang.

Gegen Abend brachte Jemima Rousseaus ›Heloise‹, und Maria saß und las mit Augen und Herz, bis ihre Wärterin zurückkam, um das Licht zu löschen. Eine von Jemimas Freundlichkeiten war, daß sie Maria ein Licht erlaubte, bis sie selbst zu Bett ging. Maria hatte das Werk schon vor langer Zeit einmal gelesen, doch jetzt schien es ihr eine neue Welt zu eröffnen – die einzige, in der sich zu leben lohnte. Schlaf wollte sich nicht einstellen; doch weit davon entfernt, vom ruhelosen Kreisen der Gedanken erschöpft zu sein, stand Maria auf und öffnete ihr Fenster, gerade als durch feine Regenwolkenstreifen das Licht des Tagesanbruchs fiel und die langen, schweigenden Schatten sichtbar machte. Die Luft streichelte ihr Gesicht mit einer wollüstigen Frische, die bis ins Herz drang und unbestimmte Gefühle weckte. Nur der Laut eines im Wind sich wiegenden Zweiges oder das Zwitschern eines aufgeschreckten Vogels durchbrachen die Stille der ruhenden Natur. Erfüllt von der erhabenen Empfindsamkeit, die das Bewußtsein zu leben zur Seligkeit werden läßt, fühlte Maria sich beinahe glücklich. Dann aber erinnerte ein Duft von Herbst und gefallenen Blättern, den die Morgenbrise vom nahen Wald herüberwehte, sie daran, daß seit ihrer Gefangennahme die Jahreszeit gewechselt hatte und das Leben noch immer keine Veränderung zum Troste ihres bedrückten Herzens brachte. Entmutigt ging sie zu ihrem Lager zurück und dachte an ihr Kind, bis helles Tageslicht sie wieder ans Fenster rief. Diesmal hielt sie nicht nach dem Unbekannten Ausschau; doch befiel sie ein Gefühl der Enttäuschung, als sie den Rücken eines Mannes bemerkte, sicherlich »er« mit seinen beiden Wärtern, der eben in einen Seitenweg zum Haus einbog. Eine unklare Erinnerung, schon jemanden gesehen zu haben, der ihm ähnelte, stieg sofort auf, um sie mit endlosen Vermutungen zu verwirren und zu quälen. Nur fünf Minuten eher, und sie hätte sein Gesicht gesehen und wäre aller Zweifel enthoben. Sein fester, kühner Schritt und die Ausstrahlung seiner Erscheinung, die wie aus einer Wolke hervorzutreten schien, gefielen ihr und lieferten ihrer Einbildungskraft Anhaltspunkte, um die Person zu zeichnen, die sie wiederzuerkennen wünschte.

Die Enttäuschung war bitterer, als sie sich eingestehen wollte, und Maria nahm ihre Zuflucht zu Rousseau als der einzigen Möglichkeit, die Gedanken an ihn zu verscheuchen, der vielleicht ihr Freund werden könnte, vermöchte sie nur einen Weg zu finden, sein Interesse an ihrem Schicksal zu wecken. Doch das unvollkommene Modell, von dem sie nur einen Blick hatte erhaschen können, entsprach genau, bis in die Einzelheiten von Mantel und Hut, dem Fleisch gewordenen Saint Preux[7] oder einem noch idealeren Liebhaber. Doch wenn sie Saint Preux oder dem Halbgott ihrer Phantasie die Gestalt des Fremden verlieh, so lohnte sie es diesem wiederum reichlich, indem sie ihn mit all den Empfindungen und Gefühlen Saint Preuxs ausstattete, die ihren eigenen Wünschen am besten entsprachen. Darauf schien er ein unbestreitbares Recht zu haben, wenn sie am Rande eines leidenschaftlichen Briefes in der wohlbekannten Handschrift las: »Rousseau allein, der wahre Prometheus des Gefühls, besaß das Feuer des Genies, das notwendig ist, eine Leidenschaft zu schildern, deren Wahrheit unmittelbar zu Herzen geht.«

Allmorgendlich war Maria pünktlich zur Stelle. Sie hatte Rousseau zu Ende gelesen und dann begonnen, einige ausgewählte Passagen abzuschreiben, unfähig, vom Autor oder vom Fenster zu lassen, bevor sie nicht einen Blick auf das Antlitz geworfen hatte, das sie täglich zu sehen hoffte. Doch als sie es schließlich gesehen hatte, erwachte in ihr keine genaue Vorstellung, wo es ihr schon einmal begegnet war. Er mußte eine flüchtige Bekanntschaft sein; doch überhaupt einem Bekannten zu begegnen war ein glücklicher Zufall, wenn es ihr nur gelingen wollte, seine Aufmerksamkeit zu erregen und sein Mitgefühl zu wecken.

Jeder weitere Blick lieferte ihr neue Farben für das Bild, das sie in ihrem Herzen malte; und einmal, als das Fenster halb offenstand, drang der Klang seiner Stimme an ihr Ohr. Da war sie überzeugt; mit Sicherheit hatte sie diese Stimme schon einmal in einem Augenblick der Not gehört. Sie war männlich und zeugte von einem edlen Geist, ja sie war sogar lieblich – wenigstens erschien sie ihrem aufmerksamen Ohr so.

Maria fuhr zurück und zitterte, beunruhigt über die heftigen Gefühle, die diese seltsame Wiederbegegnung in ihr auslöste, und sie fragte sich, warum sie so viel an einen Fremden dachte, wenn sie ihm auch wegen seines rechtzeitigen Eingreifens Dank schuldete [denn sie erinnerte sich allmählich wieder an alle Einzelheiten ihrer früheren Begegnung]. Doch sie mußte feststellen, daß sie an nichts anderes denken konnte, und selbst wenn sie an ihre Tochter dachte, wünschte sie, die Kleine hätte einen Vater, den sie als Mutter achten und lieben könnte.

DRITTES KAPITEL

Als Maria die Bücher der ersten Sendung las, hatte sie in eines von ihnen einige Anmerkungen hineingeschrieben, die ihr Mitgefühl und Verständnis zum Ausdruck brachten. Dies war ihr fast entfallen, bis nun, da sie die Seiten eines ihr jüngst gebrachten Bandes umblätterte, ein Stück Papier herausfiel, das Jemima hastig aufhob.

»Lassen Sie es mich sehen«, verlangte Maria ungeduldig, »Sie haben doch gewiß nichts zu befürchten, wenn Sie mir die Auslassungen eines Wahnsinnigen anvertrauen?«

»Das muß ich erst überlegen«, antwortete Jemima und zog sich, das Papier in der Hand, zurück.

In einem derart eingeschränkten Dasein entfalten die Leidenschaften eine ungebührliche Heftigkeit. Daher empfand Maria übersteigerten Groll und Zorn, die zu unterdrücken sie nicht Zeit hatte, bevor Jemima schon wiederkam und ihr das Papier aushändigte.

»Wer immer Sie sind, die Sie an meinem Schicksal Anteil nehmen, empfangen auch Sie mein aufrichtiges Mitgefühl – ich würde gern Schutz sagen, doch dieses Vorrecht des Mannes ist mir versagt.

Meine eigene Lage zwingt mir einen furchtbaren Verdacht auf – vielleicht wird meine Sehnsucht nach Freiheit nicht für immer unerfüllt bleiben – sagen Sie, sind Sie – ich darf die Frage nicht stellen; doch ich werde an Sie denken, wenn mein Gedenken irgendwie von Nutzen sein kann. Ich werde fragen, *warum* Sie so rätselhaft gefangengehalten werden – und ich *werde* eine Antwort erhalten.

Henry Darnford.«

Durch inständiges Bitten erwirkte Maria, daß Jemima ihr gestattete, eine Antwort auf dieses Billett zu schreiben. Es folgte nun eins auf das andere, in denen freilich Erklärungen zu ihrer gegenwärtigen Lage nicht erlaubt waren. Doch Maria spielte hinreichend deutlich auf eine frühere Bindung an, und, ohne daß es auffiel, begannen sie, ihre Empfindungen zu den gewichtigsten Fragen auszutauschen. Diese Briefe zu schreiben war Marias Tagesarbeit, und sie zu erhalten der Augenblick, in dem die Sonne durchbrach. Irgendwie war es Darnford gelungen, Marias Fenster zu entdecken, und als sie das nächste Mal herantrat, machte er ihr, hinter dem Rücken seiner Wärter, eine tiefe Verbeugung zum Zeichen des Wiedererkennens und der Hochachtung.

Über diesem Briefwechsel vergingen zwei oder drei Wochen. In dieser Zeit hatte Jemima, der Maria notwendige Informationen über ihre Familie gegeben hatte, offensichtlich eine Auskunft erhalten, die ihre Bereitwilligkeit, ihrem Schützling zu Gefallen zu sein, gesteigert hatte, wiewohl sie sich noch nicht entschließen konnte, sie zu befreien. Maria spürte die günstige Wende, ohne zu genau nach den Umständen zu forschen. So groß waren ihr Hunger nach menschlicher Gesellschaft und ihr Wunsch, ihren früheren Beschützer, der noch immer ein Fremder für sie war, von Angesicht zu Angesicht zu sehen, daß sie ihre Wärterin unablässig bestürmte, ihr Begehren zu erfüllen, das mehr als bloße Neugier war.

Wenn sie an Darnford schrieb, war Maria von der traurigen Wirklichkeit abgelenkt und konnte die grausigen Geräusche in ihrer Nähe überhören, die zuvor unablässig ihre fiebernde Phantasie gefangengenommen hatten. Es erschien ihr selbstsüchtig, über ihre eigenen Leiden nachzugrübeln inmitten von bedauernswerten Wesen, die nicht nur alles verloren hatten, was das Leben lebenswert macht, sondern sogar ihr Ich selbst. Daher beschäftigte sich ihre Einbildungskraft damit, in melancholischem Ernst die Irrwege des Elends, auf denen so viele der armen Kerle in dieses düstere Asyl geraten sein mußten, zur großen Quelle menschlicher Verderbnis zurückzuverfolgen. Oft wurde sie um Mitternacht von Schreien dämonischer Wut oder gräßlicher Verzweiflung geweckt, ausgestoßen in so wüsten Lauten der Qual, daß sie vom Fehlen jeglicher Vernunft sprachen und Schreckensbilder in Marias Seele erzeugten, die weit furchtbarer waren als alles, was böse Träume je darin heraufbeschworen hatten. Dazu war oft etwas so erstaunlich Malerisches in den ständig wechselnden Gesten ungezügelter Leidenschaften, etwas so unwiderstehlich Komisches in ihren Ausbrüchen oder etwas so herzergreifend Trauriges in den kleinen Melodien, die die Kranken bisweilen sangen, häufig nach einem langen, drückenden Schweigen, daß Marias Aufmerksamkeit gefesselt war und die Phantasie sich unterhalten fühlte, während die Seele litt. Es war der Aufruhr der Leidenschaften, den mitzuerleben sie verurteilt war. Die Vernunft nahm Maria in diesen Unglücklichen nur wahr als gelegentlich aufzuckenden Strahl, wie das flackernde Licht einer verlöschenden Kerze oder wie den Blitz, der die Wolken eines zürnenden Himmels teilt, nur um die Schrecken zu enthüllen, die die Dunkelheit verbarg.

Jemima gab sich Mühe, Maria an den öden Abenden damit zu unterhalten, Person und Gehabe der unglücklichen Wesen zu beschreiben, deren Gestalt oder Stimme mitleidigen Schmerz in Marias Busen ausgelöst hatten. Die Geschichten, die Jemima erzählte, waren um so interessanter, als sie Raum ließen, etwas Außergewöhnliches zu vermuten. Und doch wurde Maria, gewohnt, allgemeine Schlüsse aus ihren Beobachtungen zu ziehen, allmählich überzeugt, daß es ein verbreiteter Irrtum war zu meinen, Menschen mit besonderen Geistesgaben gerieten am leichtesten in Gefahr, den Gebrauch ihrer Vernunft zu verlieren. Im Gegenteil, sie kam zu dem Schluß, daß die Leidenschaften nur heftig und unausgewogen erschienen, wo die Urteilskraft schwach und ungeübt war, und daß sie mit dem Verfall der Vernunft an Kraft gewannen, so wie die Schatten mit dem Sonnenuntergang länger werden.

Maria wünschte sich ungeduldig, ihren Leidensgefährten zu treffen, doch Darnford war noch entschlossener, eine Begegnung herbeizuführen. Da er gewohnt war, jedem Impuls der Leidenschaft nachzugeben und man ihn nie wie die Frauen gelehrt hatte, das Natürlichste zu unterdrücken und sich anstelle der bezaubernden Ungezwungenheit eine gekünstelte Schicklichkeit anzueignen, wurde jede seiner Begierden ein reißender Strom, der allen Widerstand fortriß.

Sein Reisekoffer, der die Bücher enthalten hatte, die er Maria lieh, war ihm nachgesandt worden, und mit einem Teil des Inhalts bestach er nun seinen Hauptwärter. Nachdem dieser das feierliche Versprechen erhalten hatte, Darnford werde in seine Gemächer zurückkehren ohne den Versuch, irgendeinen Teil des Hauses auszukundschaften, führte er ihn in der Abenddämmerung zu Marias Kerker.

Jemima hatte ihrem Schützling den Besuch angekündigt, und Maria, in bebender Ungeduld, entfacht von der unbestimmten Hoffnung, der Fremde werde sich erneut als ihr Retter erweisen, erwartete einen Mann zu sehen, der sie schon einmal vor Unterdrückung bewahrt hatte. Als er eintrat, sah sie in ein ungemein lebendiges Antlitz, wohl dazu angetan, die ohnehin schon Begeisterte vollends zu gewinnen. Schnell ließ er die Augen durch ihre

Unterkunft schweifen und empfand offensichtlich mitleidige Empörung. Rührung zeigte sich in seinem Blick, als er ihre Hand nahm, sich respektvoll darüber beugte und rief: »Dies ist außerordentlich! Ihnen wiederzubegegnen, und unter solchen Umständen!« Und doch, so beeindruckend der Zufall auch war, der sie wieder zusammengeführt hatte, ihre Herzen flossen nicht über.

(Das Manuskript mit den letzten Korrekturen der Autorin bricht hier ab, und die Seiten, die von hier an bis zum Schluß des vierten Kapitels folgen, sind nach einer weniger überarbeiteten Fassung gedruckt. William Godwin)

[Und obwohl sie nach diesem ersten Besuch einander häufig sehen durften, blieb] ihre Unterhaltung eine ganze Zeitlang so zurückhaltend, daß alle Welt hätte zuhören können. Nur zuweilen, wenn sie über Literatur sprachen, verrieten Aufwallungen des Gefühls, die sich um so deutlicher in ihren Zügen malten, je entspannter diese waren, daß ihre Seelen schon vertraut miteinander verkehrten.

[Nach und nach erzählte Darnford Einzelheiten seiner Lebensgeschichte.] Mit wenigen Worten teilte er Maria mit, daß er als junger Mann gedankenlos und verschwenderisch gewesen sei; doch indem er seine Fehler beschrieb, erschienen sie nur als der großzügige Leichtsinn eines edlen Gemüts. Keine Spur von Kleinlichkeit hatte den Glanz seiner Jugend getrübt und Selbstsucht auch dann nicht, als andere ihn betrogen. Spät erst hatte er die nötige Erfahrung gewonnen, um sich vor weiterem Betrug zu schützen.

»Ich werde Sie mit meinem Egoismus ermüden«, fuhr er fort, »und zögen mich nicht starke Gefühle zu Ihnen« – bei diesen Worten leuchteten seine Augen –, »würde ich diese kostbaren Augenblicke nicht damit vergeuden, über mich selbst zu sprechen.«

»Mein Vater und meine Mutter gehörten zur eleganten Gesellschaft und waren von ihren Eltern miteinander verheiratet worden. Er war vernarrt in die Rennbahn, sie ins Kartenspiel. Ich und zwei oder drei weitere Kinder, die alle schon tot sind, lebten so lange zu Hause, bis wir unerträglich wurden. Mein Vater und meine Mutter zeigten ständig ihre deutliche Abneigung gegeneinander; die Dienstboten gehörten zu der verkommenen Sorte, die man gewöhnlich im Hause vermögender Leute antrifft. Da meine Eltern und Brüder starben, wurde ich der Obhut eines Vormunds anvertraut und nach Eton geschickt. Die süßen Freuden häuslicher Zärtlichkeit habe ich nie kennengelernt, doch in der Schule fehlte mir die Nachsicht und die spöttische Ehrerbietung, an die ich gewöhnt war. Ich will Euch nicht mit einer Schilderung der Laster meiner Jugend anwidern, die weibliches Zartgefühl kaum verstehen kann. Die Liebe lernte ich bei einem Geschöpf, das ich mich zu erwähnen schäme, und die anderen Frauen, mit denen ich später vertrauten Umgang hatte, stammten aus einer Klasse, von der Sie nichts wissen können. Ich lernte diese Frauenzimmer in den Theatern kennen, und wenn der Übermut in ihren Augen tanzte, stieß mich die Gewöhnlichkeit der Rede, die über ihre Lippen floß, nicht so leicht ab. Einige Zeit nach meiner Großjährigkeit hatte ich bis auf ein paar hundert Pfund meine beträchtliche Erbschaft durchgebracht, so daß mir kein anderer Weg blieb, als mir ein Offizierspatent in einem neu aufgestellten Regiment zu kaufen, das dazu bestimmt war, an der Unterwerfung Amerikas mitzuwirken[8]. Das Bedauern, mit dem ich mein lustiges Leben aufgab, wurde aufgewogen durch meine Neugier, Amerika zu sehen, überhaupt zu reisen. Denn in meiner

Jugend gab es keine Einflüsse, die mein Herz an mein Vaterland gebunden hätten. Ich möchte Sie nicht mit den Einzelheiten des Soldatenlebens langweilen. Mein Blut war noch immer hitzig, bis ich gegen Ende dieses Kampfes verwundet und gefangengenommen wurde.

Während der langen Genesungszeit war ich ans Bett oder an einen Stuhl gefesselt und fand die einzige Befreiung von der Ruhelosigkeit meines Geistes in Büchern, die ich mit großem Eifer las, wobei mir die Unterhaltungen mit meinem Gastgeber, einem klugen und vernünftigen Mann, von großem Nutzen waren. Meine politischen Ansichten erfuhren einen tiefgreifenden Wandel, und beeindruckt von der Gastfreundschaft der Amerikaner, beschloß ich, mich im Land der Freiheit niederzulassen. Mit meinem üblichen Ungestüm verkaufte ich mein Patent und reiste in das Innere des Landes, um mein Geld vorteilhaft anzulegen. Außerdem waren die puritanischen Sitten der großen Städte nicht nach meinem Geschmack. Die Ungleichheit der Lebensbedingungen nahmen dort die widerwärtigste Gestalt an. Die einzige Freude, die der Wohlstand zu bieten schien, war, ihn zur Schau zu tragen, hatte doch in den ersten Kreisen nicht die Pflege der Künste und Literatur jene Verfeinerung der Sitten hervorgebracht, die in Europa die Reichen so wesentlich vor den Armen auszeichnet. Hinzu kam, daß durch die Revolution ein Strom der Laster Einlaß gefunden und die religiösen Grundsätze bis in die Grundfesten erschüttert hatte, bevor noch der Verstand Zeit hatte, sich von jenen Vorurteilen zu befreien, die einst die Vorväter der Amerikaner furchtlos in ein unwirtliches Klima und auf unbeackerten Boden getrieben hatten. Die Entschlossenheit, mit der sie damals auf der Suche nach Unabhängigkeit sich auf Flüssen, breit wie Seen, eingeschifft, nach unbekannten Ufern gesucht und sich unter den wallenden Nebeln endloser Wälder zur Ruhe gelegt hatten, deren schädliche Nässe in ihre Glieder kroch, hatte sich mittlerweile in kaufmännische Berechnung gewandelt, bis der Nationalcharakter ein neues Phänomen in der Geschichte des menschlichen Geistes darstellte: einen leidenschaftlich unternehmerischen Kopf, verbunden mit kalter Selbstsucht des Herzens. Und die Frauen, die lieblichen Frauen! – überall auf der Welt bezaubern sie – doch die Umgangsformen der amerikanischen Frauen sind von einem Maß an Prüderie und Mangel an Geschmack und Anmut geprägt, der sie trotz ihrer Rosen und Lilien unseren bezaubernden Europäerinnen weit unterlegen erscheinen läßt. Auf dem Lande besitzen sie oft eine entzückende Schlichtheit, doch in den Städten tragen sie Geziertheit und Ignoranz zur Schau wie die Damen, die in England in gehobenen Kreisen der großen Handelsstädte den Ton angeben. Sie lieben ihren Schmuck, nur weil er teuer ist, nicht weil er sie ziert, und ziehen größere Genugtuung daraus, mit diesen äußeren Vorzügen den Neid anderer Frauen zu erregen als die Liebe der Männer. All die Albernheit, die – entschuldigen Sie – die Gesellschaft sittsamer Damen in England so fade macht, schien hier ihren Reizen noch schwerere Bleiketten anzulegen. Da ich kein Meister der Galanterien bin, konnte ich mich in ihrer Gesellschaft nur wachhalten, indem ich ihnen ganz plump den Hof machte.

Doch ich will Ihre Geduld nicht zu sehr in Anspruch nehmen. Ich zog mich also auf das Stück Land zurück, das ich gekauft hatte, und die Zeit verging sehr angenehm, solange ich Bäume fällte, mein Haus baute und Getreide anpflanzte. Doch als der Winter kam, und mit ihm die Untätigkeit, spürte ich Verlangen nach eleganterer Gesellschaft, Lust zu hören, was in der Welt vorging, und etwas Besseres anzufangen, als mit den Tieren dahinzuvegetieren, die einen großen Teil meines Haushalts ausmachten. Also beschloß ich, mich auf Reisen zu begeben; indem ich über gewaltige Strecken Landes reiste, erschöpfte ich meine überschüssigen Lebensgeister, ohne viel an Erfahrung hinzuzugewinnen. Überall sah ich Geschäftigkeit als Vorbereiter, nicht als Folge des Überflusses. Doch dieses Land, in dem alles gewaltige Ausmaße hat, bot nicht die malerischen Bilder, die ein gewisses Maß an Kultivierung wie von selbst allmählich hervorbringt. Ohne auf einen Gegenstand zu treffen, der es hätte fesseln können, wanderte das Auge über unermeßliche Ebenen und Seen, während ewige Wälder mit dicht gedrängt stehenden, niedrigen Bäumen den freien Strom der Lüfte hemmten und den Pfad versperrten, ohne den ästhetisch geschulten Blick zu erfreuen. Keine Hütte lächelte in der Einöde, kein Gruß eines Reisenden belebte die schweigende Natur, und wenn wir doch einmal auf unserem Weg eine Fußspur entdeckten, war es nur eine schreckliche Warnung, sich davonzumachen, und der Kopf schmerzte ahnungsvoll wie unter dem Angriff des Skalpiermessers. Die Indianer, die am Rande der europäischen Siedlungen herumlungerten, hatten von ihren Nachbarn nur das Plündern gelernt, und sie stahlen deren Gewehre, um es in größerer Sicherheit tun zu können.

Aus den Wäldern und abgelegenen Siedlungen kehrte ich schließlich in die Städte zurück und lernte dort, gar tüchtig zu essen und zu trinken. Doch bald merkte ich, daß ich dort nicht existieren konnte, ohne ins Handelsleben einzutreten (und ich verabscheute den Handel). Allmählich wurde ich des Landes der Freiheit und jener vulgären Geldaristokratie, die auf ihren Dollarsäcken thronte, herzlich überdrüssig und beschloß, nach Europa zurückzukehren. Ich schrieb an einen entfernten Verwandten und nannte ihm den Namen des Schiffes, mit dem ich zu segeln beabsichtigte. Als ich in London eintraf, berauschten sich meine Sinne. Ich lief von Straße zu Straße, von Theater zu Theater, und die Frauen der Stadt (wieder muß ich um Vergebung für meine Offenheit bitten) erschienen mir wie Engel.

Eine Woche hatte ich auf diese gedankenlose Art zugebracht, als ich sehr spät auf dem Heimweg zu meinem Hotel, in dem ich seit meiner Rückkehr Logis genommen hatte, in einer Privatstraße niedergeschlagen und ohnmächtig in eine Kutsche gezerrt wurde, die mich hierherbrachte. Ich kam nur wieder zu Sinnen, um behandelt zu werden wie jemand, der sie verloren hat. Meine Wärter sind taub gegen meine Proteste und Fragen, versichern mir jedoch, daß meine Gefangenschaft nicht ewig dauern wird. Obwohl ich mir mit Vermutungen das Hirn zermartere, errate ich nicht, warum ich hier gefangen bin und in welchem Teil Englands sich dieses Haus befindet. Zuweilen glaube ich, die See rauschen zu hören, und ich wünschte mich wieder auf den Atlantischen Ozean, bis ich Sie erblickte.«*

Maria waren nur wenige Augenblicke vergönnt, um auf diese Erzählung zu antworten, bevor Darnford sie ihren eigenen Gedanken überließ, der »nie endenden, immer von neuem beginnenden«[9] Aufgabe, seine Worte abzuwägen, sich den Klang seiner Stimme zurückzurufen und in ihrem Herzen widerhallen zu fühlen.

* (Die Einführung Darnfords als Marias Retter bei einer früheren Gelegenheit scheint ein nachträglicher Gedanke der Autorin. So erklärt sich das Fehlen jeder Anspielung auf diesen Umstand in der voraufgehenden Erzählung. William Godwin)

VIERTES KAPITEL

Man sagt, Mitleid und der melancholische Ernst einer mißlichen Lage seien ein günstiger Nährboden für die Liebe; Satiriker wiederum haben diese Neigung der entspannenden Wirkung der Untätigkeit zugeschrieben. Welche Aussicht also hatte Maria zu entkommen, da doch Mitleid, Kummer und Einsamkeit zusammenwirkten, um ihr Gemüt weich zu stimmen und romantische Wünsche zu nähren und schließlich, als natürliche Folge, romantische Erwartungen?

Maria war sechsundzwanzig Jahre alt, doch war sie von Natur aus so gesund, daß die Zeit ihrem Gesicht nur den Stempel ihres Charakters hatte aufprägen können. Ständiges Nachdenken und die Erfahrung liebender Gefühle hatten etwas vom schelmischen Reiz der Unschuld verscheucht und unmerklich jene Unregelmäßigkeit der Züge hervorgebracht, die der Kampf der Vernunft, die heftigen Empfindungen des Herzens zu deuten und zu beherrschen, gewöhnlich hinterläßt. Gram und Sorge hatten die leuchtenden Farben der Jugend gemildert, jedoch nicht gelöscht, und die Nachdenklichkeit beeinträchtigte die weibliche Sanftheit ihrer Züge keineswegs; im Gegenteil, so stark war der Ausdruck der Empfindsamkeit, der häufig darüberhuschte, daß sie dann, wie ein großer Teil ihres Geschlechts, nur zum Fühlen geboren schien; und die Beweglichkeit ihrer wohlgeformten, sogar üppigen Gestalt vermittelte mehr den Eindruck eines starken Gemüts als eines kräftigen Körpers. Bisweilen war ihr Betragen von einer Einfachheit, das an kindliche Naivität grenzte und Menschen von durchschnittlicher Beobachtungsgabe verleitet hätte, ihre Talente zu unterschätzen und über die Ausflüge ihrer Phantasie zu lächeln. Doch auch wer die Feinheit ihrer Empfindungen nicht zu begreifen vermochte, fühlte sich von ihrer unfehlbaren Güte angezogen, so daß sie beliebt war bei Menschen unterschiedlichster Art. Dabei stand sie zu sehr unter dem Einfluß einer blühenden Einbildungskraft, um sich an landläufige Regeln zu halten.

Es gibt Fehler des Verhaltens, die mit fünfundzwanzig von Gemütsstärke zeugen, während sie zehn oder fünfzehn Jahre später nur Schwäche beweisen, nämlich die Unfähigkeit, zu einem gesunden Urteil zu kommen. Junge Menschen, die sich mit den gewöhnlichen Freuden des Lebens zufriedengeben und sich nicht nach den Idealbildern von Liebe und Freundschaft verzehren, werden nie wirklich reif und verständig werden. Doch hegt ein Mensch, wie es allzu häufig der Fall bei Frauen ist, diese Träumereien noch dann, wenn die Erfahrung ihn längst gelehrt haben sollte, worin wahres menschliches Glück besteht, macht ihn das ebenso unnütz wie elend. Zudem hängen die Leiden und Freuden solcher Frauen zu sehr von äußeren Umständen ab, von den Männern, denen sie zugeordnet sind, so daß sie nur selten aus dem Antrieb eines beherzten Gemüts handeln, das fähig ist, seinen eigenen Weg zu bestimmen.

Nachdem Maria unablässig mit den Lastern der Menschheit zu ringen gehabt hatte, fand ihre Einbildungskraft nun Erholung darin, sich die möglichen Tugenden auszumalen, die diese Welt beherbergen mochte. Pygmalion formte ein Mädchen aus Elfenbein und wünschte sich dafür eine lebendige Seele. Im Gegensatz dazu stellte Maria sich alle guten Eigenschaften einer Heldenseele vor, und das Schicksal gab ihr eine Statue, die sie damit ausstatten konnte.

Wir wollen den Fortgang dieser Leidenschaft nicht im einzelnen verfolgen oder erzählen, wie oft Darnford und

Maria mitten in einem angeregten Gespräch Abschied voneinander nehmen mußten. Jemima wachte in ständiger Furcht und trennte sie häufig auf falschen Alarm hin, wenn die Liebenden Welten dafür gegeben hätten, noch ein Weilchen zusammenbleiben zu können.

In Marias Kerker schien nun eine magische Laterne zu leuchten, und Märchenlandschaften huschten über die düsteren, einst so kahlen Mauern. Auf den Engelsflügeln der Hoffnung schwang sie sich aus den Tiefen der Verzweiflung empor und fühlte sich glücklich. – Sie wurde geliebt, und jede Empfindung war bezaubernd.

Darnford gegenüber zeigte sie ihre Zuneigung freilich nicht offen. Die Furcht, der seinen voranzueilen – ein sicheres Zeichen der Liebe –, ließ sie oft eine Kälte und Gleichgültigkeit zur Schau tragen, die ihrem Wesen eigentlich fremd waren. Und selbst wenn sie den Empfindungen eines Herzens nachgab, das gerade erst vom frostigen Band des Grams befreit war, brachte sie ihre Gefühle so zart zum Ausdruck, daß er zweifelte, ob sie ihn liebe.

Eines Abends, als Jemima beide alleingelassen hatte, um auf einen Schritt in der Ferne zu lauschen, der sich verstohlen zu nähern schien, ergriff er Marias Hand – und sie wurde ihm nicht entzogen. Sie sprachen voll Ernst über ihre Lage, und während dieser Unterhaltung zog er sie einige Male zärtlich an sich. Er spürte den Duft ihres Atems und sehnte sich, und doch fürchtete er, die Lippen zu berühren, über die der süße Hauch strömte. Engel der Reinheit schienen Maria zu bewachen, während zugleich alle bezaubernden Grazien der Liebe auf ihren Wangen spielten und in ihren Augen leuchteten.

Als Jemima eintrat, bereute er sein Zögern bitter, und als sie noch einmal aufgeschreckt hinausging, wagte er es, sich ihren Lippen mit einer Liebeserklärung zu nähern.

Ernst wich sie zurück, und er senkte beschämt das Haupt. Doch als er scheu die Augen wieder aufhob, begegnete er den ihren. Während dieses Augenblicks hatte sie sich entschieden und ließ es zu, daß ihre Blicke ineinander sanken. Beruhigt und mit größerer Glut raubte er ihr einen halb gewährenden, halb widerstrebenden Kuß, widerstrebend nur aus Sittsamkeit. Und aus der Würde, mit der sie ihr glühendes Gesicht an seine Schulter lehnte, sprach eine Reinheit, die ihn tief berührte. Begierde ging in tiefere Gefühle über, und sie vor Schande und Leid zu bewahren, sie glücklich zu machen, schien nicht nur der innigste Wunsch seines Herzens, sondern die edelste Pflicht seines Lebens. Solch engelsgleiches Vertrauen verlangte Treue um der Ehre willen; war es dennoch möglich, daß er, der nun Ehre in jedem Pulsschlag fühlte, jemals anderen Sinnes werden, sich als Schurke erweisen könnte? Die Empfindung, mit der sie sich einen Augenblick lang an seinen Busen drücken ließ, die Träne entzückter Zuneigung, in die sich leise Trauer über vergangene Enttäuschung mischte, sprach beredter von Aufrichtigkeit und Treue, als die Zunge in Stunden hätte erklären können. Sie schwiegen und tauschten sich doch höchst lebhaft aus, bis Maria nach einem Augenblick der Überlegung ihren Stuhl zu seinem heranzog und gefaßt mit lieblicher Stimme und engelhaft sanfter Miene sagte: »Ich muß dir mein ganzes Herz öffnen. Du mußt wissen, wer ich bin, warum ich hier bin, und warum ich, obwohl ich dir sagte, daß ich verheiratet bin, nicht erröte ...«, und ihr Erröten verriet alles weitere.

Jemima war zurückgekehrt, aber ihre Gegenwart behinderte die äußerst lebhafte Unterhaltung nicht, die nun folgte und während deren Amor, der Schelm, immer wieder um die Ecke lugte.

Sie erlebten einen solchen Himmel, daß das Paradies

um sie herum blühte oder sie sich durch einen mächtigen Zauber in Armidas Garten versetzt fühlten[10]. Die Liebe, diese große Zauberin, »trug sie nach Elysium«[11], und alle Sinne waren im Gefühl der Freude und des Glücks der Gemeinsamkeit befriedet. So beseelt von Zärtlichkeit waren ihre Worte, auch wenn sie Dinge besprachen, die unter anderen Umständen ganz gewöhnlich erschienen wären, daß Jemima erstaunt bemerkte, wie eine Freudenträne über ihre zerfurchte Wange rollte. Halb beschämt wischte sie diese fort, und als Maria freundlich und mit all der eifrigen Besorgnis eines glücklichen Herzens, das alle Welt an seiner überströmenden Glückseligkeit teilhaben lassen möchte, nach dem Grund fragte, gestand Jemima, daß es die erste Träne sei, die Freude über menschliche Gesellschaft ihr je entlockt habe. In der Tat schien sie freier zu atmen; die Wolken des Argwohns schienen sich von ihrer Stirn zu heben. Zum erstenmal in ihrem Leben fühlte sie sich als gleichberechtigter Mensch behandelt.

Einbildungskraft! Wer kann deine Macht beschreiben? Oder die flüchtigen Farben der Hoffnung, die du hervorzauberst, wiedergeben? Eine traurige Düsternis hatte Marias Horizont verdunkelt – jetzt brach die Sonne durch, ein Regenbogen leuchtete, und alle Aussichten schienen bezaubernd. Der Schrecken herrschte noch immer in den dunklen Zellen, und Argwohn lauerte in den Gängen. Die Schreie der Besessenen ließen die Herzensfreunde aufhorchen und staunen, daß sie sich so glücklich fühlten mitten in einer Grabstätte der lebend Toten. Sie tadelten sich sogar für ihre scheinbare Unempfindlichkeit; aber auf der Welt gab es keine drei glücklicheren Wesen. Und Jemima, die noch einmal den Korridor kontrolliert hatte, war durch die Atmosphäre des Vertrauens, die sie umgab, so weich gestimmt, daß sie freiwillig begann, ihre Geschichte zu erzählen.

FÜNFTES KAPITEL

»Mein Vater«, begann Jemima, »verführte meine Mutter, ein hübsches Mädchen, das im selben Hause diente wie er. Kaum hatte sie die natürliche, die gefürchtete Folge entdeckt, als die furchtbare Gewißheit ihres Ruins sie durchzuckte. Ehrlichkeit und eine gewisse Sorge für ihren guten Ruf waren die einzigen Grundsätze gewesen, die ihre Mutter ihr eingepflanzt hatte, und diese waren so tief verankert, daß sie die Schande mehr als die Armut fürchtete, zu der sie unweigerlich führen würde. Die inständigen Bitten, mit denen meine Mutter unablässig in ihren Geliebten drang, sie durch die Heirat vor allen Vorwürfen zu bewahren, wie er in der Hitze der Verführung versprochen hatte, entfremdete sie ihm so, daß ihr bloßer Anblick ihm widerwärtig wurde; und er begann, auch mich, schon bevor ich geboren war, zu hassen und zu verachten.

Meine Mutter, bis ins Herz getroffen von seiner Vernachlässigung und lieblosen Behandlung, beschloß, sich zu Tode zu hungern. Bei dem Versuch ruinierte sie ihre Gesundheit, obwohl sie nicht genügend Entschlossenheit besaß, den Plan entweder konsequent durchzuführen oder ihn ganz fallenzulassen. Der Tod wollte sich nicht auf ihr Geheiß einstellen. Doch der Kummer und die Methoden, die sie anwandte, um ihren Zustand zu verbergen, während sie weiterhin die Arbeit eines Hausmädchens verrichtete, hatten solche Auswirkungen auf ihre Gesundheit, daß sie in der elenden Dachkammer starb, wohin ihre tugendhafte Herrin sie verbannt hatte, als die Wehen bereits einsetzten. Mein Vater freilich durfte nach einer milden Ermahnung bleiben – geduldet von einer Mutter von sechs Kindern, die, wiewohl während ihres monatlichen Unwohlseins kaum ein Schritt im Haus zu hören sein durfte, keinerlei Mitgefühl für die arme Unglückliche hatte und ihr jegliche Bequemlichkeit, die die Situation erfordert hätte, verweigerte.

Am Tag nach dem Tode meiner Mutter, dem neunten nach meiner Geburt, wurde ich der Obhut der billigsten Amme übergeben, die mein Vater finden konnte. Gleichzeitig nährte diese ein eigenes Kind und beherbergte außerdem so viele weitere, wie sie kriegen konnte, in zwei kellerartigen Räumen.

Armut und die Gewohnheit, Kinder unter ihren Händen sterben zu sehen, hatten ihr Herz so verhärtet, daß die Ausübung der Mutterpflichten nicht die Zärtlichkeit eines Weibes in ihr weckte. Niemals bekam ich die mütterlichen Liebkosungen zu spüren, die unabdingbar zur Aufzucht eines Kindes zu gehören scheinen. Das Küken hat einen Flügel, unter den es schlüpfen kann, doch ich hatte keinen Busen, an den ich mich schmiegen konnte, keine warme Fürsorge verwandten Blutes, die mich behütet hätte. Man ließ mich im Schmutz liegen, und ich schrie mich vor Kälte und Hunger heiser; schlafen mußte ich, ohne je durch Spiel ermüdet oder zärtlich eingewiegt worden zu sein. Konnte ich da etwas anderes werden als ein schwächliches, rachitisches Baby? Und doch, trotz der Vernachlässigung, blieb ich am Leben und lernte, mein Dasein zu verfluchen.« Als sie das sagte, bekamen Jemimas Augen einen wilden Glanz. »Und die Behandlung, die mich so unglücklich machte, schien meinen Verstand zu schärfen. Eingesperrt in die feuchte Hütte, um einen ganzen Stamm nachfolgender Bälger in der Wiege zu schaukeln, sah ich aus wie eine kleine alte Frau oder verschrumpelte Hexe. Die Spuren des Grübelns und der Sorge höhlten meine jugendlichen Wangen aus und verliehen dem immer wachsamen Blick eine Art unnatürlicher Wildheit. Während dieser Zeit hatte mein Vater geheiratet, und zwar auch eine Dienerin aus dem Haushalt, in dem er arbeitete, doch eine, die ihn weniger liebte als meine Mutter und es besser verstand, seine Leidenschaft zu lenken. Als auch sie schwanger wurde, kamen sie überein, einen Laden zu eröffnen, nachdem meine Stiefmutter – wenn ich als uneheliches Kind sie so bezeichnen darf – von einem reichen Verwandten eine Summe Geldes zu diesem Zweck erhalten hatte.

Bald nachdem sie niedergekommen war, überredete sie meinen Vater, mich ins Haus zu holen, um die Kosten sowohl für meine Unterbringung wie für ein Mädchen, das ihr bei der Aufzucht des Kindes helfen sollte, zu sparen. Ich war zwar noch sehr jung, schien aber doch ein gewitztes kleines Ding und konnte mich vielleicht nützlich machen. Also wurde ich in ihr Haus gebracht, das doch kein Zuhause war – ein Zuhause habe ich nie kennengelernt. In dieses Kind, eine Tochter, war sie ganz vernarrt, und es gehörte zu meinen Aufgaben, zu ihrer Verwöhnung beizutragen, indem ich all ihren Einfällen nachgeben und ihre Launen ertragen mußte. Von ihrer eigenen Wichtigkeit durchdrungen, noch bevor sie sprechen konnte, lernte die Kleine schnell die Kunst, mich zu quälen, und wenn ich je wagte, mich zu wehren, setzte es Schläge von einer Hand, die keine Zurückhaltung kannte, oder ich wurde ohne Mittag- und Abendessen zu Bett geschickt. Ich sagte, daß ein Teil meiner täglichen Pflichten darin bestand, diesem kleinen Mädchen mit der Unterwürfigkeit einer Sklavin zu dienen, doch war das nur ein Teil. Bei jedem Wetter wurde ich von Ort zu Ort geschickt mit Lasten, die meine Kräfte weit überstiegen, ohne daß man mir erlaubte, mich am Feuer wieder aufzuwärmen, oder mich durch Ermutigung oder Freundlichkeit ermuntert hätte. Kein Wunder, daß ich, die ich wie ein Wesen anderer Art behandelt wurde, den Liebling des Hauses zu beneiden und schließlich zu hassen begann. Ich erinnere mich genau, daß es zuerst die Liebkosungen und die liebevollen Blicke meiner Stiefmutter waren, die meine neidische Unzufriedenheit erregten. Einmal, das kann ich nicht vergessen, lief ich, als sie ihr launisches Kind vergeblich zu sich rief, auf sie zu und sagte: ›Ich will Sie dafür küssen, Madam!‹ Wie sank mein Herz, das ich auf der Zunge getragen hatte, wie fühlte sich meine Seele erniedrigt, als ich weggestoßen wurde mit den Worten: ›Dich will ich nicht, du freches Ding!‹ Ein andermal, als ein neues Kleid sie in die beste Laune versetzt hatte und sie mich unerwartet mit ›Liebes‹ anredete, glaubte ich, ihr nicht genug Gutes tun zu können.

Als ihre Tochter heranwuchs, wurde sie mit Kuchen und Früchten verwöhnt, während ich ganz wörtlich mit den Brosamen, die vom Tische fielen, ernährt wurde. Ein Naschmäulchen ist, glaube ich, bei Kindern ganz natürlich, und ich begann alles Süße zu stehlen, dessen ich habhaft werden konnte, ohne entdeckt zu werden. Wenn meine Stiefmutter mich dennoch ertappte, gab sie sich nicht damit zufrieden, mich auf der Stelle zu bestrafen, sondern wenn mein Vater abends nach Hause kam (er arbeitete in einem Laden), machte sie die Aufzählung meiner Verfehlungen zu ihrem Hauptthema. Sie wurden meiner schlimmen Veranlagung zugeschrieben, die ich als Erbteil meiner Mutter mit auf die Welt gebracht haben sollte. Er versäumte nicht, die Spuren seines Zorns auf meinem Leib zu hinterlassen, und tröstete sich anschließend, indem er mit meiner Schwester spielte. In diesen Augenblicken hätte ich sie morden können. Um mich vor diesen unbarmherzigen Strafaktionen zu schützen, nahm ich meine Zuflucht zu Lügen, und die Unwahrheiten, an denen ich hartnäckig festhielt, wurden wiederum gegen mich verwandt, um meiner Tyrannin unmenschlichen Vorwurf, ich besäße eine natürliche Neigung zum Laster, zu erhärten. Da meine Schwester mich stets verächtlich behandelt sah und immer besser gekleidet und ernährt wurde als ich, entwickelte auch sie eine verächtliche Haltung mir gegenüber, die alle Zuneigung zwischen uns verhinderte. Und mein Vater, der sich ständig die Klagen über meine Fehler anhören mußte, begann mich als Fluch zu betrachten, wegen seiner Sünden über ihn verhängt. Daher ließ er sich leicht überreden, mich als Lehrling zu einer Freundin meiner Stiefmutter zu geben, die in Wapping einen Laden für Seemannsbekleidung betrieb. Dort wurde ich (nach den Worten meiner Stiefmutter) in meinem wahren Wesen vorgestellt, doch ihre Feundin ›wollte dafür einstehen‹ – und dabei schnippte sie mit den Fingern –, ›daß sie mein Mütchen schon kühlen oder mein Herz brechen wollte‹.

Meine Mutter jammerte daraufhin, wenn irgend jemand mich hätte bessern können, dann hätte es eine so kluge Frau wie sie wohl zustande bringen müssen, doch habe sie sich vergeblich abgemüht. Aber Gutmütigkeit sei nun einmal ihr Fehler.

Ich schaudere vor Entsetzen, wenn ich mich erinnere, welche Behandlung ich nun erdulden mußte. Ich stand nicht nur unter der Peitsche meiner Meisterin, sondern war obendrein noch das Arbeitstier des Dienstmädchens, der anderen Lehrlinge und der Kinder, und niemals schenkte mir jemand ein wenig menschliche Güte, die mir die Last der ständigen Arbeit hätte versüßen können. Ich war als ein Objekt des Abscheus in die Familie eingeführt worden, als eine Kreatur, aus der meine Stiefmutter, wiewohl sie mich gütigerweise mit ihrem eigenen Kind im Hause hatte leben lassen, nichts machen konnte. Ich wurde beschrieben als niederträchtiges Subjekt, das ständig zu harter Arbeit angehalten werden mußte – und das taten sie denn auch mit eisernem Griff. Es schien wahrhaftig das Vorrecht ihrer höheren Natur, mich wie einen Hund oder eine Katze mit Fußtritten zu traktieren. Wenn ich aufmerksam war, hieß man mich schmeichlerisch, war ich mürrisch, ein störrisches Maultier, und wie ein Maultier bekam ich auch ihre Unzufriedenheit auf meinem beladenen Buckel zu spüren. Oft hat mich meine Meisterin für ein Versehen quer durch die Küche geschleudert, meinen Kopf gegen die Wand geschlagen oder mir ins Gesicht gespien, gewürzt mit etlichen zusätzlichen Feinheiten der Gemeinheit, die ich hier nicht aufzählen möchte, und dann wurde alles noch einmal von der Dienerin unter weiteren Beschimpfungen wiederholt, wobei sie nie vergaß, mich unter Spott und Hohn ›Bastard‹ zu schimpfen. Doch ich will nicht versuchen, Ihnen eine wirklich angemessene Vorstellung von meiner Lage zu geben, damit Sie, die Sie vermutlich nie mit dem Bodensatz des menschlichen Elends in Berührung gekommen sind, nicht glaubten, ich übertreibe.

Jetzt stahl ich aus nackter Not – Brot. Doch alles, was verschwand, auch Dinge, an die ich gar nicht hätte herankommen können, wurde mir zur Last gelegt. Ich war die diebische Katze, der heißhungrige Köter, das stumme Biest, das alles ertragen mußte; wenn ich versuchte, mich zu verteidigen, brachte man mich zum Schweigen, ohne nachzuforschen, mit den Worten: ›Halt den Mund, du sagst ohnehin nie die Wahrheit.‹ Selbst die Luft, die ich atmete, war vergiftet mit Hohn, denn wenn ich zu den Läden in der Nachbarschaft geschickt wurde, schrieben sie mir Vielfraß, Lügnerin oder Diebin auf die Stirn. Das war anfangs die bitterste Strafe für mich, doch ein dumpfer Stolz, eine Art stumpfe Verzweiflung ließen mich mit der Zeit fast unempfindlich werden gegen die Verachtung, die mir so viele einsame Tränen entlockte in den wenigen Augenblicken, in denen mir erlaubt war auszuruhen.

So war ich bis zu meinem sechzehnten Jahr das Opfer von Grausamkeiten, und für die Zeit danach kann ich nur über eine andere Art der Leiden berichten, denn ein Ende erlebte ich nicht. Doch gestatten Sie mir zunächst einige Bemerkungen. Wenn ich jetzt zurückschaue, kann ich nicht umhin, den größten Teil meines Jammers dem unglücklichen Umstand zuzuschreiben, daß ich in die Welt gestoßen wurde ohne den wichtigsten Beistand – die Liebe einer Mutter. Ich hatte niemanden, der mich liebte und mir Achtung entgegenbrachte. Ich war ein Ei, das auf Sand gefallen war, von Natur aus auf Almosen angewiesen, von Familie zu Familie geschoben, zu niemandem gehörig – und niemand machte sich etwas aus mir. Da ich von Geburt an verachtet war, blieb mir die Aussicht versperrt, einen Platz in der Gesellschaft zu finden. Ja, ich wurde nicht einmal von den Menschen, unter denen ich lebte, als Ihresgleichen anerkannt – und doch waren sie, wiewohl hart geworden durch die Gerissenheit des Handelslebens und die Winkelzüge der Armut, nicht ohne Gefühle; doch niemanden zog es zu mir. Ich war buchstäblich als Sklavin geboren und durch die Schande für mein ganzes Leben an die Sklaverei gekettet, ohne einen Gefährten oder eine Gefährtin, die mein Los durch Verständnis erleichtert oder mich durch ihr Vorbild hätten lehren können, wie man sich darüber erhebt. Doch um den Faden meiner Geschichte wiederaufzunehmen –

Mit sechzehn wuchs ich plötzlich, und sonntags, wenn ich Zeit hatte, mein Gesicht zu waschen und mir saubere Kleider anzuziehen, wirkte ich fast hübsch. Ein- oder zweimal hatte mein Herr mich im Korridor gepackt, doch instinktiv entwand ich mich seinen widerwärtigen Umarmungen. Doch eines Tages, als die ganze Familie zu einer Methodistenversammlung gegangen war, stellte er es so an, daß er mit mir allein im Haus zurückblieb. Dann zwang er mich mit Schlägen – jawohl, mit Schlägen und Drohungen –, seiner wüsten Begierde nachzugeben. Und um dem Zorn meiner Meisterin zu entgehen, war ich in Zukunft gezwungen, ihm zu Willen zu sein und auf sein Geheiß in meine Bodenkammer hinaufzuschleichen, ungeachtet meines wachsenden Abscheus.

Die Qual, die ich nun in meiner Brust verschlossen trug, schien mir eine neue Welt zu eröffnen: Ich begann, über mich selbst hinauszudenken und das menschliche Elend im allgemeinen zu betrauern, bis ich mit Entsetzen entdeckte – ach! mit welchem Entsetzen! –, daß ich schwanger war. Ich weiß nicht, warum ich eine Mischung aus Verzweiflung und Zärtlichkeit empfand, wahrscheinlich, weil mir ein Bastard, da man mich stets so geschimpft hatte, als ein Wesen erschien, das alles Mitleid der Welt verdiente.

Ich teilte meinem Herrn den furchtbaren Umstand mit, und er war über die Nachricht fast ebenso entsetzt wie ich, denn er hatte Angst vor seiner Frau und dem öffentlichen Tadel der Kirchenversammlung. Nachdem einige Wochen mit Überlegungen verstrichen waren, wobei ich in ständigen Ängsten schwebte, meine veränderte Gestalt könne auffallen, gab mein Herr mir ein Fläschchen mit einer Medizin, die er mich zu nehmen hieß, wobei er mir ohne Umschweife deren Zweck mitteilte. Ich brach in Tränen aus, dachte, es würde mich selbst umbringen – aber war eine wie ich überhaupt wert, am Leben zu bleiben? Er schalt mich eine Närrin und überließ mich meinen eigenen Gedanken. Ich konnte mich nicht entschließen, den Trunk zu nehmen, doch wickelte ich ihn in ein altes Gewand und versteckte ihn in einem Winkel meiner Truhe.

Noch verdächtigte mich niemand, da alle gewohnt waren, mich als ein Wesen anderer Art zu betrachten. Doch eines Tages brach der drohende Sturm über mein demütiges Haupt herein – nie werde ich das vergessen! Eines Sonntagabends, als ich wie gewöhnlich allein zurückgelassen wurde, um das Haus zu hüten, kam mein Herr betrunken heim, und ich wurde wieder das Opfer seiner brutalen Lust. Seine außerordentlich starke Trunkenheit ließ ihn die gewohnte Vorsicht außer acht lassen, und als meine Herrin hereintrat, fand sie uns in einer Situation, die ihr nicht verhaßter sein konnte als mir. Ihr Mann war in dem Augenblick vom Mut des Betrunkenen beseelt, er zeigte keine Angst vor ihr, aber dazu hatte er auch wenig Grund, denn sofort lenkte sie ihre ganze Wut in eine andere Richtung. Sie riß mir die Haube herunter, kratzte und trat mich und versetzte mir Püffe, bis ihre Kräfte erlahmten. Als sie ihre Arme ausruhen mußte, schimpfte sie, ich habe ihr den Mann ausgespannt. Aber könne man etwas Besseres von einer Schlampe erwarten, die sie aus reinem Mitleid in ihrem Haus aufgenommen habe? Welch ein Strom der Verwünschungen ergoß sich über mich, bis sie schließlich, fast außer Atem, mit den Worten schloß, ich sei eine geborene Hure, es läge in meinem Blut, und denjenigen, die mir Obdach gewährten, erwüchse daraus nichts Gutes.

Natürlich wurde mein Zustand entdeckt, und sie erklärte, daß ich keine Nacht mehr mit einer ehrlichen Familie unter einem Dach verbringen dürfe. Also wurde ich vor die Tür gesetzt, und sie warf mir mein Bündel hinterher, nachdem sie es voller Verachtung im Korridor untersucht hatte, ob etwas Gestohlenes darin sei.

Stellen Sie sich vor, wie ich da völlig verzeifelt auf der

Straße stand! Wo konnte ich Zuflucht suchen? Auf meines Vaters Dach hatte ich schon keinen Anspruch gehabt, als noch keine Schande mich bedeckte; jetzt schreckte ich wie vor dem Tode selbst vor den grausamen Vorwürfen meiner Mutter und den Verwünschungen meines Vaters zurück. Ich hätte es nicht ertragen, ihn den Tag verfluchen zu hören, an dem ich geboren wurde, obwohl das Leben für mich nichts als ein Fluch war. Ich dachte ans Sterben, doch mit einer wirren Empfindung von Grauen, während ich dastand und meinen Kopf an einen Laternenpfahl lehnte und bei jedem Schritt zusammenfuhr aus Furcht, es könne meine Herrin sein, die käme, mir das Herz herauszureißen. Einer der Laufburschen aus dem Laden kam vorbei und hörte sich meine Geschichte an. Dann eilte er unverzüglich zu seinem Herrn, um ihm meine Lage zu schildern. Dabei schlug er den richtigen Ton an – er spielte auf den Skandal an, der entstehen würde, ließe man zu, daß ich jedem, der fragte, meine Geschichte erzählte. Dieser Appell leuchtete dem Verstand meines Herrn ein, der durch den Zorn seiner Frau, der ihn traf, nachdem ich außer Reichweite war, ernüchtert worden war, und er schickte den Jungen mit einer halben Guinee zu mir zurück und trug ihm auf, mich zu einem Haus zu begleiten, in dem Bettler und andere arme Teufel, der Abschaum der Gesellschaft, nachts Unterschlupf fanden.

Diese Nacht verbrachte ich in einem Zustand betäubter Verzweiflung. Ich verabscheute die Menschheit und haßte mich selbst.

Am Morgen wagte ich mich hinaus, um meinem Herrn zur Stunde seines täglichen Ausgangs in den Weg zu treten. Ich schritt auf ihn zu, aber er verfluchte mich als eine H . . ., warf mir vor, den Frieden seiner Familie gestört zu haben, und teilte mir mit, er habe seiner Frau geschworen, mich nie wiederzusehen. Damit wollte er mich stehenlassen. Doch kam er noch einmal zurück und sagte, er wolle seinen Freund, einen Gemeindeoffizier, bitten, eine Amme für den Balg zu besorgen, den ich ihm zur Last legte, und riet mir, wenn ich nicht in die Besserungsanstalt wolle, seinen Namen nicht herumzutragen.

Ich eilte zurück zu meinem Unterschlupf. Die Wut hatte der Verzweiflung Platz gemacht, und so suchte ich nach dem Trunk, der den Abort auslösen sollte, und schluckte ihn in dem Wunsch, er möge mich zugleich mit den Empfindungen neuen Lebens vernichten, die ich mit unbeschreiblichen Gefühlen in mir spürte. In meinem Kopf drehte es sich, mein Herz raste, und im Schrecken der herannahenden Zersetzung versank die Seelenpein. Die Medizin hatte eine äußerst gewaltsame Wirkung, und ich war mehrere Tage ans Bett gefesselt. Doch schließlich gewannen die Jugend und meine robuste Gesundheit die Oberhand, und ich kroch wieder heraus, um mir erneut die grausame Frage zu stellen: Wohin soll ich mich wenden? Ich hatte nur noch zwei Shillinge in meiner Tasche. Das übrige hatte eine arme Frau, die im selben Saal schlief, ausgegeben, um mein Logis zu bezahlen und das Lebensnotwendige einzukaufen, das sie mit mir teilte.

Mit dieser Frau zusammen ging ich nun in den benachbarten Straßen betteln, und mein elendes Aussehen entlockte den müßigen Spaziergängern ein paar Pennies, so daß ich noch mein Bett bezahlen konnte. Als ich mich von der Krankheit erholt hatte, wurde mir gezeigt, wie ich mich in meinen Lumpen so hübsch wie möglich herrichten konnte, so daß ich nun aus anderen Beweggründen angesprochen wurde, und ich gab mich dem Begehren der Wüstlinge, denen ich begegnete, mit dem gleichen Abscheu hin, den ich für meinen noch wüsteren

Herrn empfunden hatte. Seitdem habe ich in Romanen von den süßen Schmeicheleien der Verführung gelesen, doch mir wurde noch nicht einmal die Freude zuteil, zum Laster verlockt worden zu sein.

Ich will Ihrer Phantasie«, unterbrach sich Jemima hier, »nicht alle Szenen der Not und der Verkommenheit vorführen, die ich verdammt war zu durchleben, oder die verschiedenen Stadien meines erniedrigenden Elends aufzählen. Das Schicksal schleppte mich durch den wahren Sumpf der Gesellschaft; ich blieb eine Sklavin, ein Bastard, Freiwild für alle. Jetzt auf vertrautem Fuße mit dem Laster – denn ich will nichts verbergen –, stahl ich aus den Taschen der Betrunkenen, die mich mißbrauchten, und bewies durch mein Verhalten, daß ich die Verwünschungen wohl verdiente, die sie auf mein Haupt regnen ließen in Augenblicken, in denen das Mißtrauen eigentlich hätte verstummen sollen.

Ich verabscheute zwar meine nächtliche Arbeit, schätzte aber, wenn ich das Wort verwenden darf, meine Unabhängigkeit, die freilich nur darin bestand, die Straße zu wählen, in der ich flanierte, oder das Dach, unter dem ich, wenn das Geld reichte, mein Haupt bettete. Daher dauerte es lange, bis ich es über mich bringen konnte, einen Platz in einem verrufenen Haus anzunehmen, in dem ein Mädchen, mit dem ich bisweilen auf der Straße ein paar Worte wechselte, mich empfohlen hatte. Ich war von den Polizisten des Viertels, in dem ich meinem Gewerbe nachging, fast in ein Fieber getrieben worden, nachdem einer, den ich unabsichtlich beleidigt hatte, das ganze Rudel auf mich gehetzt hatte. Sie können sich kaum vorstellen, welche Tyrannei diese Schurken ausüben. Sie betrachten sich als Arm des Gesetzes, das sie selbst brechen, und dieser Vorwand, mit dem sie ihr Gewissen stählen, verhärtet ihre Herzen. Nicht damit zufrieden, von uns, den Geächteten der Gesellschaft (andere Frauen mögen von Gunst reden), kostenlos brutale Befriedigung als ein Privileg ihres Amtes zu bekommen, verlangen sie einen Anteil am Erlös der Prostitution und verfolgen mit ihren Drohungen die armen Kreaturen, deren Beruf nicht genügend abwirft, um das Knurren ihrer Habsucht zum Schweigen zu bringen. Um dieser Verfolgung zu entgehen, begab ich mich erneut in Knechtschaft.

Das verhältnismäßig geregelte Leben dort stellte meine Gesundheit wieder her, und – erschrecken Sie nicht! – meine Umgangsformen besserten sich in einer Atmosphäre, in der das Laster sich anziehend zu machen suchte und unser Geschmack gebildet wurde, damit wir unser Äußeres gefälliger gestalteten, wenn man auch nicht gerade unseren Geist verfeinern wollte. Überdies wirkte der höfliche Umgangston, der sich so wohltuend von der vulgären Grobheit unterschied, an die ich gewöhnt war, fast wie der Schliff feinerer Bildung. Ich war nicht mehr von allem menschlichen Umgang ausgeschlossen. Und doch litt ich unter dem Joch der Knechtschaft, und häufige Wutausbrüche meiner Herrin ließen mich eine plötzliche Entlassung befürchten, die, wie ich erfuhr, die Regel war. Daher ließ ich mich überreden, trotz meines Abscheus vor Männern, das Angebot eines schon recht betagten Gentleman anzunehmen, ihm das Haus zu führen, das in einem kleinen Dorf bei Hampstead hübsch gelegen war.

Er war ein hochbegabter und äußerst geistreicher Mann. Doch da er auch ein ausgebrannter Jünger der Wollust war, wurden seine Begierden immer abartiger, und die natürliche Zärtlichkeit seines Herzens war verdorben von einer unreinen Phantasie. Ein gedankenloses Leben im Libertinismus und der geselligen Freuden hatten seine Gesundheit dergestalt geschädigt, daß, welche

Freude mir auch die Unterhaltungen mit ihm bereiteten (und Beweise seiner großherzigen Menschlichkeit gewannen ihm meine Achtung), ich das Dasein als seine Geliebte doch als einen sehr hohen Preis dafür erachtete. Wie konnte er nur, begabt mit einer so wachen Wahrnehmung für die feineren Empfindungen, dergestalt in die derben Tiefen der Sinnlichkeit herabsinken!

Doch lassen Sie mich über diesen schmerzlichen Punkt rasch hinweggehen und die oft gestellte Frage beantworten, warum meine Empfindungen und Sprache meinem Stand überlegen scheinen. Ich begann jetzt nämlich zu lesen, um die Langeweile der Einsamkeit zu vertreiben und meinem wißbegierigen, wachen Geist Nahrung zu geben. Als Kind war ich oft Balladensängern gefolgt, um einer schaurigen Geschichte zu lauschen, obwohl ich genau wußte, daß eine harte Strafe mich erwartete für die Säumigkeit, mit der ich mit meinen Einkäufen nach Hause kam. Jetzt konnte ich gerade eben lesen und Sätze zusammenbringen, und ich lauschte den verschiedenen Gesprächen, die, freilich oft mit Obszönitäten versetzt, an der Tafel geführt wurden, der ich vorsitzen durfte. Denn mein Herr brachte oft den einen oder anderen literarisch gebildeten Freund mit nach Hause, um dort mit ihm zu dinieren und den Abend zu verbringen. Da ich den Respekt, der das Vorrecht meines Geschlechts ist, verwirkt hatte, befreite meine Gegenwart eher die Zungen der Herren, anstatt sie zu zügeln; das brachte mir immerhin den Vorteil, Diskussionen zu hören, von denen Frauen im normalen Gang des Lebens ausgeschlossen sind.

Leicht können Sie sich vorstellen, daß ich manches, was sie erörterten, nur allmählich verstand und beim Anhören ihrer Auseinandersetzungen nur langsam so etwas wie moralische Urteilskraft entwickelte. Doch mein Vergnügen am Lesen wuchs, und da mein Herr sich oft wochenlang zum Schreiben in sein Refugium zurückzog, hatte ich reichlich Gelegenheit, Fortschritte zu machen. Anfangs betrachtete ich Geld als das einzige Mittel, mir nach Verlust meiner Ehre Achtung zu verschaffen oder wenigstens die Duldung der Gesellschaft, und ich hatte nicht die geringsten Skrupel, einen Teil der mir anvertrauten Summe Geldes für mich zu verwenden und mich durch ein Netz von Lügen vor Entdeckung zu schützen. Doch als ich nun neue Grundsätze entwickelte, wuchs in mir der Ehrgeiz, zum ehrbaren Teil der Gesellschaft zurückzukehren, und ich war schwach genug, das für möglich zu halten. Die Aufmerksamkeit meines uneitlen Lehrers, der, wiewohl seiner eigenen Gaben durchaus bewußt, sich im persönlichen Umgang sehr einfach gab, nährte diese Illusion. Nachdem er zuweilen aus meinen ungebildeten Bemerkungen Anregungen zum Nachdenken empfangen hatte, diskutierte er gern mit mir die Themen, an denen er arbeitete, und er las mir seine Schriften vor der Veröffentlichung vor, weil er aus der Kritik eines unverstellten Empfindens Nutzen zu ziehen hoffte. Ziel seines Schreibens war, die einfachen Antriebsfedern des Herzens zu berühren, denn er verachtete die Möchtegern-Orakel, die selbsternannten Philosophen, die die Phantasie in die Flucht jagen, während sie jeden Gedankenkrümel langatmig prüfen, um zu beweisen, daß langsames Begreifen Weisheit ist.

Ich hätte diese Zeit als einen Augenblick des Sonnenscheins erkennen sollen, als eine glückliche Phase meines Lebens, wäre nicht der Abscheu, den der widerwärtige Libertinismus meines Beschützers in mir hervorrief, täglich unerträglicher geworden. Und tatsächlich dachte ich bald voll Schmerz in diesem Licht an jene Zeit zurück, als sein Tod (denn er hatte starke Aufputschmittel genommen, um sein Gemüt ständig in heiterer Stimmung zu halten) mich wieder in die Wüste der menschlichen Gesellschaft hinaustrieb.

Hätte er Zeit zum Nachdenken gehabt, hätte er mir sicherlich sein kleines Vermögen hinterlassen; doch da ihn der tödliche Schlag in der Stadt traf, kam sein Erbe, ein Mann von strengsten moralischen Grundsätzen, mit seiner Frau heraus, um Haus und Vermögen in Besitz zu nehmen, noch bevor man mich von seinem Tod in Kenntnis gesetzt hatte. Man wollte, wie die Frau mich spitz wissen ließ, verhindern, daß eine Kreatur wie die, für die sie mich hielt, etwas entwendete, hätte man mich rechtzeitig unterrichtet.

Dem Schmerz, den ich bei dem plötzlichen Schock empfand, den die Nachricht mir versetzte und in dem anfangs nichts Selbstsüchtiges war, begegneten sie mit Verachtung. Man befahl mir, meine Kleider einzupacken, während mir einige Schmuckstücke und Bücher, die mir der großherzige Verstorbene geschenkt hatte, verweigert wurden, wobei sie mit vorwurfsvollem Kopfschütteln der frommen Hoffnung Ausdruck gaben, Gott möge meiner sündigen Seele gnädig sein! Mit einigen Mühen erreichte ich die Auszahlung meines ausstehenden Lohnes, doch als ich – so sehen die niederdrückenden Folgen von Armut und Schande aus – um ein Zeugnis bat, das meine Ehrlichkeit und Sparsamkeit unter Beweis gestellt hätte und das ich weiß Gott verdiente, beschied mir diese – warum muß ich sie Frau nennen? –, es ginge ihr gegen das Gewissen, eine ausgehaltene Geliebte zu empfehlen. Tränen, brennende Tränen schossen mir in die Augen; es gibt wahrhaftig Situationen, in denen arme Unglückliche von einer Verachtung gedemütigt werden, die sie nicht verdient haben.

Ich kehrte nach London zurück, doch die Einsamkeit

meiner armseligen Behausung empfand ich als unvorstellbar trostlos nach der Geselligkeit, die ich genossen hatte. Wieder vom Umgang mit Menschen abgeschnitten zu sein, nachdem ich ihn nun zu schätzen gelernt hatte, war, als müßte ich wie ein Geist unter den Lebenden wandeln. Zudem sah ich voraus, daß meine wenigen Ersparnisse bald dahinschmelzen müßten, was meine Lage noch bedeutend verschlimmern würde. Ich versuchte, Näharbeiten zu bekommen, doch weil ich nicht früh darin unterwiesen und überdies meine Hände von der harten Arbeit unbeholfen geworden waren, war ich nicht geschickt genug, um von den Läden, die Leinenwäsche verarbeiten ließen, beschäftigt zu werden, während so viele andere, besser qualifizierte Frauen sich um diese Arbeit bewarben. Weil ich kein Zeugnis hatte, konnte ich auch nicht wieder in Stellung gehen; denn so unangenehm mir das Dienen auch war, ich hätte noch einen Versuch unternommen, wäre es nur denkbar gewesen. Nicht daß ich die Arbeit an sich gescheut hätte; wovor ich zurückschreckte, waren die so ganz anderen Bedingungen, denen ich mich hätte unterwerfen müssen. Während der fünf Jahre, in denen ich unter gebildeten Menschen lebte und zuweilen gar mit den ersten Geistern des Zeitalters zusammentraf, hatte ich Geschmack an der Literatur bekommen. Jetzt wieder auf die niedrigsten Stufen der Gewöhnlichkeit herabzusteigen war ein Maß an Elend, das Sie sich gewiß nicht ohne Mitgefühl vorstellen können. Freilich hatte ich nicht die Freuden echter Zuneigung gekostet, das ist wahr, doch war mir immerhin der Umgang mit kultivierten Menschen vertraut geworden.

Einer der Herren, mit dem ich häufig in Gesellschaft gespeist hatte, als ich noch als gleichberechtigte Gefährtin behandelt wurde, begegnete mir auf der Straße und erkundigte sich nach meinem Wohlbefinden. Ich ergriff die Gelegenheit und begann, meine Lage zu schildern. Doch er hatte es eilig, zu einem Diner in erlesener Runde zu gelangen, und drückte mir daher, ohne mich weiter anzuhören, eine Guinee in die Hand mit den Worten, es sei sehr bedauerlich, daß eine so verständige Frau in Schwierigkeiten sei – und er wünsche mir von Herzen alles Gute.

An einen anderen Freund meines Gönners schrieb ich, um ihn um Rat zu fragen. Er war ein Verfechter absoluter Aufrichtigkeit und hatte oft in meiner Gegenwart über die Übel geklagt, die in der Gesellschaft durch die Despotie von Rang und Reichtum entstehen.

Als Antwort erhielt ich einen langen Essay über die Kraftreserven des menschlichen Gemüts, angereichert mit ständigen Anspielungen auf seine eigene Charakterstärke. Dann fuhr er fort, eine Frau, die in der Lage sei, einen solchen Brief, wie ich ihm geschickt habe, zu schreiben, könne nie um die Mittel für ihren Lebensunterhalt verlegen sein, wenn sie nur in sich hineinschaue und ihre Fähigkeit einsetzte. Elend sei die Folge von Trägheit, und was meinen Ausschluß aus der Gesellschaft anging, so sei es das Los des Menschen, sich mit gewissen Entbehrungen abzufinden.

Wie oft« – unterbrach Jemima ihre Erzählung – »habe ich in Gesprächen gehört und in Büchern gelesen, daß jeder Mensch, der bereit ist zu arbeiten, auch Beschäftigung findet! Soweit das Urteil sich auf Männer bezieht, mag es sich auf ein tatsächlich vorhandenes Maß an uneinsichtiger Trägheit beziehen; doch was die Frauen angeht, bin ich davon überzeugt, daß es falsch ist, falls sie sich nicht den niedrigsten körperlichen Arbeiten unterwerfen wollen. Selbst Schwerarbeit zu bekommen ist für manche, deren Ruf durch Unglück oder Torheit befleckt ist, unmöglich.

Wie Menschen, die sich für Freunde der Freiheit und einer Verbesserung der Moral ausgeben, behaupten können, Armut sei kein Übel, kann ich nicht begreifen.«

»Ich auch nicht«, fiel Maria ein, »und dabei verbreiten sie sich sogar über das besondere Glück der Bedürftigkeit, wiewohl ich mir nicht vorstellen kann, woraus das bestehen sollte als aus stumpfer Untätigkeit, wenn ein Mensch kaum das Lebensnotwendige verdienen kann. Der Geist ist zwangsläufig eingekerkert in seine eigene kleine Mietwohnung und hat, voll damit beschäftigt, sie instand zu halten, keine Zeit, auf der Suche nach Bildung auszuschwärmen. Das Buch des Wissens ist fest verschlossen für die, welche täglich ihre schwere körperliche Arbeit verrichten oder sonst sterben müssen, und Wißbegier, kaum einmal angefacht von einem Gedanken oder einer Information, rührt sich selten auf dem stehenden Gewässer des Unwissens.«

»Soweit ich beobachten konnte«, antwortete Jemima, »halten arme Leute so hartnäckig an Vorurteilen fest, die sie einmal zufällig gefaßt haben, daß Entwicklung zum Besseren ausgeschlossen ist. Sie haben keine Zeit zum langen Nachdenken und Überlegen, und ihr Geist ist nicht geübt genug, um den Grundsatz ständiger Tätigkeit als richtig anzuerkennen, der vielleicht die einzige Grundlage für Zufriedenheit in jeder Lebenslage ist.«

(Die Fassung mit den letzten Verbesserungen der Autorin endet an dieser Stelle.)

»Und auch Unabhängigkeit des Denkens ist ihnen notwendigerweise fremd«, warf Darnford ein, »selbst die Unabhängigkeit, ihre Unterdrücker zu verachten. Manche Leute sagen, wenn die Armen nur zufrieden sind, dann *stünde alles zum Besten*. Ich begreife nicht, auf welcher Grundlage Philosophen, die diese Meinung vertreten, für eine Veränderung des Systems plädieren können. Im gegnerischen Lager ist man da sehr viel logischer. Man gibt die mißlichen Tatsachen zu und besteht darauf, es sei das Los der Mehrheit, in diesem Leben unterdrückt zu werden, verweist aber – als die einzige Möglichkeit, die Fügungen der Vorsehung zu rechtfertigen – die armen Teufel freundlich auf das nächste Leben, in dem falsche Verteilung der Güter ausgeglichen werden soll. Von wenigen Einsichten bin ich nach langer Beobachtung fester überzeugt als von der, daß zwar Reichtum nicht unbedingt glücklich macht, daß aber Armut Glück ganz ausschließt, weil sie alle Wege zur Verbesserung der eigenen Lage versperrt.«

»Und was die Neigungen angeht«, seufzte Maria, »wie grob und sogar quälend werden sie, wenn sie nicht von einem sich verfeinernden Geist gelenkt werden! Die Bildung des Herzens, glaube ich, geht immer einher mit der des Geistes. Doch fahren Sie bitte fort«, bat sie Jemima, »obwohl Ihre Erzählung die schmerzlichsten Gedanken über den gegenwärtigen Zustand der Gesellschaft weckt.«

»Um Sie nicht mit einer ausführlichen Beschreibung der schmerzlichen Empfindungen zu belästigen, die die vergeblichen Bemühungen um Arbeit in mir auslösten«, fuhr Jemima fort, »will ich nur sagen, daß ich schließlich Arbeit als Wäscherin bei einigen Familien fand, die so gütig waren, mich ohne allzu genaue Nachforschungen in ihr Haus einzulassen. Dort wusch ich von ein Uhr morgens bis acht Uhr abends für achtzehn oder zwanzig Pennies am Tag.[12] Über das Glück an der Waschbütte brauche ich wohl nichts zu sagen. Doch Sie werden mir gestatten anzumerken, daß diese elende Lage typisch für mein Geschlecht ist. Ein Mann, der auch nur die Hälfte meines Fleißes und, das darf ich wohl sagen, meiner Fähigkeiten besitzt, hätte sich einen anständigen Lebensunterhalt verdienen und einige Pflichten erfüllen können, die die Menschen miteinander verbinden. Ich dagegen, die einen Sinn für das Vernünftige entwickelt hatte, ja, lassen Sie mich in ehrlichem Stolz sagen, einen Sinn für die tugendhaften Freuden des Lebens, ich wurde wie der Abfall der Gesellschaft beiseite geworfen. Verdammt, zu arbeiten wie eine Maschine, nur um das tägliche Brot zu verdienen, und kaum das, wurde ich schwermütig und verzweifelt.

Jetzt muß ich eine Episode erzählen, die mich in Gewissensnöte stürzt, und ich fürchte, sie wird mir Ihre Achtung rauben. Ein Kaufmann entwickelte eine Neigung zu mir und besuchte mich häufig. Schließlich gewann ich solche Macht über ihn, daß er mir anbot, mich in seinem Haus aufzunehmen. Bedenken Sie, ich war am Verhungern: Wundern Sie sich nicht, daß ich zur Wölfin wurde! – Der einzige Grund, warum er mich nicht sofort zu sich nahm, war, daß ein Mädchen bei ihm wohnte, das ein Kind von ihm erwartete – und dieses Mädchen – ich riet ihm – ja, ich tat es! – Könnte ich es nur vergessen! – ich riet ihm, sie vor die Tür zu setzen; und eines Abends entschloß er sich, meinem Rat zu folgen. Das arme Ding! Sie fiel auf die Knie, erinnerte ihn an sein Heiratsversprechen und daran, daß ihre Eltern ehrliche Leute waren! – Was nützte das alles? – Sie wurde hinausgeworfen.

Sie ging zu ihres Vaters Haus in einem Vorort von London, lauschte an den Fensterläden, brachte es aber nicht übers Herz zu klopfen. Ein Polizist sah sie mehrere Male kommen und wieder gehen – die arme Seele!«

Die Gewissensbisse, von denen Jemima sprach, schienen sie bis ins Herz zu martern, als sie fortfuhr.

»Schließlich ging sie, und als sie an einen Trog kam, aus dem Pferde getränkt wurden, setzte sie sich hinein und blieb mit verzweifelter Entschlossenheit in dieser Position sitzen – bis Entschlossenheit nicht mehr nötig war.

Am nächsten Morgen ging ich wieder zum Waschen und freute mich schon auf den Augenblick, da ich dieser harten Fron entfliehen konnte. Ich kam an jener Stelle vorbei, gerade in dem Augenblick, als ein paar Männer, die auf dem Wege zur Arbeit waren, den steifen, kalten Leichnam herauszogen. – Ersparen Sie mir, diesen furchtbaren Augenblick zu beschreiben! Ich erkannte ihr bleiches Gesicht, ich lauschte der Geschichte, die die Zuschauer sich erzählten, und doch zersprang mein Herz nicht. Ich dachte an meine eigene Lage und fragte mich, wie ich so ein Ungeheuer hatte werden können. Ich arbeitete schwer wie immer an diesem Tag, und als ich nach Hause kam, befiel mich ein Fieber. Ich litt körperlich und seelisch. Ich beschloß, nicht mit dem Elenden zusammenzuleben. Doch er fragte mich auch nicht mehr und verließ die Gegend. Ich kehrte an den Waschzuber zurück.

Doch so jammervoll dieser Zustand auch war, es sollte noch schlimmer kommen. Als ich eines Tages eine schwere Last Wäsche hob, stieß ich mit dem Schienbein gegen einen Waschzuber, was sehr schmerzte. Gezwungen, wie üblich weiterzuarbeiten, um nicht zu verhungern, achtete ich nicht weiter auf die Verletzung, bis eine schlimme Wunde daraus wurde. Doch als ich schließlich nicht mehr richtig stehen konnte, dachte ich daran, in ein Spital zu gehen. Man sollte meinen, Spitäler seien ausdrücklich gestiftet für die Einsamen, die ohne die Unterstützung von Freunden dastehen (sind sie doch ein trostloses Obdach für Kranke); doch mir, der nach dieser Begründung das Recht auf Hilfe zustand, fehlte die Empfehlung reicher und geachteter Leute, und so mußte ich wochenlang auf Einlaß warten. Bei der Aufnahme verlangte man eine Gebühr und, was noch merkwürdiger war, eine Garantie, daß meine Beerdigungskosten übernommen werden würden, da sie in der Stiftungsurkunde nicht vorgesehen waren. Man verlangte eine Guinee – ebensogut hätte ich eine Million aufbringen können –, und ich hatte Angst, mich um Unterstützung an die Gemeinde zu wenden, weil ich fürchtete, sie könnten mich wer weiß wohin schicken. Die arme Frau, bei der ich wohnte, dauerte mein Zustand; sie brachte mich schließlich ins Spital. Und die Familie, in deren Dienst ich mich verletzt hatte, schickte mir fünf Shilling, von denen ich drei Shilling sechs Pence bei meiner Aufnahme bezahlte – wofür, weiß ich nicht.

Mein Bein wurde zwar schnell besser, doch ich wurde entlassen, bevor meine Heilung abgeschlossen war, weil ich es mir nicht leisten konnte, meine Wäsche waschen zu lassen, um anständig auszusehen, wenn die Herren Ärzte kamen, wie die Hexe von einer Schwester sagte. Von der Trostlosigkeit eines Spitals kann ich Ihnen kein angemessenes Bild vermitteln; alles ist in Händen von Leuten, die auf Profit aus sind. Die Pfleger scheinen im geschäftigen Getriebe ihrer Pflichten alle Gefühle des Mitleids verloren zu haben; der Tod ist ihnen so vertraut, daß sie sich keine Mühe mehr geben, ihn abzuwehren. Alles schien vor allem zur Bequemlichkeit der Mediziner und ihrer Schüler eingerichtet, die kamen und zum Nutzen der Reichen Experimente an den Armen vornahmen. Freilich sollte ich doch auch einen der Ärzte erwähnen, der mir eine halbe Krone schenkte und etwas Wein bestellte, als es mir ganz schlecht ging. Ich dachte daran, der Oberin, die wie eine Lady wirkte, meinen Fall zu unterbreiten, doch ihre hochmütige Miene hielt mich ab. Zwei- bis dreimal in der Woche ließ sie sich herab, einen Blick auf die Patienten zu werfen. Doch die Schwestern wußten genau, wann die Stunde der Zeremonie beginnen würde, und dann war alles, wie es sein sollte.

Nach meiner Entlassung war ich mehr denn je um einen Weg, meinen Unterhalt zu verdienen, verlegen. Mit der Wiederholung der erfolglosen Versuche will ich Sie nicht langweilen, und am Waschzuber konnte ich nicht mehr stehen. Allmählich begann ich, Arme und Reiche als natürliche Feinde zu betrachten, und wurde Diebin aus Überzeugung. Ich verachtete mich, hielt aber mein Verhalten für gerechtfertigt. Ich wurde gefaßt, vor Gericht gestellt und zu sechs Monaten in einer Besserungsanstalt verurteilt. Meine Seele schreckt voll Entsetzen vor der Erinnerung an die Erniedrigungen zurück, die ich erdulden mußte, bis ich, von der Schande gebrandmarkt, ohne einen Pfennig auf die Straße entlassen wurde. Ich wanderte von Straße zu Straße, bis ich, erschöpft von Hunger und Müdigkeit, ohnmächtig an einer Tür niedersank, an der ich vergebens um einen Bissen Brot gebettelt hatte. Von dem Bewohner wurde ich ins Armenhaus geschickt, wohin er mich bereits vorher, als ich mit ausgedörrter Zunge um eine milde Gabe bat, säuerlich zu gehen aufgefordert hatte mit der Bemerkung, er zahle mit seinen Steuern schon genug für die Armen. Wenn all diese wohlmeinenden Leute, die sich über Bettler empören, wüßten, wie man die Armen in vielen dieser elenden Asyle behandelt, würden sie nicht so leicht ihr spontanes Mitleid unterdrücken und sagen, es gäbe ja Gemeinden, an die die Bedürftigen sich wenden könnten, oder sich wundern, warum die Armen schaudern, in die düsteren Gemäuer einzutreten. Was sind die meisten Armenhäuser anderes als Gefängnisse, in denen viele ehrenhafte alte Leute, von übermäßiger Arbeit ausgezehrt, voll Gram ins Grab sinken, zu dem sie wie Hunde geschleppt werden!«

Aufgeschreckt von einem undeutlichen Geräusch, sprang Jemima hastig auf und lauschte. Maria sagte, zu Darnford gewandt: »Ich war tatsächlich zutiefst erschüttert, als ich einmal dem Leichenzug eines Armenhausbewohners begegnet bin. Der Sarg schwankte auf den Schultern von drei oder vier Galgenvögeln, die die Phantasie leicht in eine Mörderbande hätte verwandeln können. Sie hatten es eilig, den Leichnam zu verscharren, und stritten unterwegs über die Beute. Ich weiß, es ist nicht sehr wichtig, auf welche Weise wir der Erde übergeben werden; doch die brutale Gefühllosigkeit gegenüber dem, was selbst die Tiere tief zu fühlen scheinen, ließ mich die erbärmliche, einsame Art ihres Sterbens ahnen.«

»Sehr wahr«, antwortete Darnford, »und bis die Reichen nicht mehr hergeben wollen als einen Teil ihres Wohlstandes, bis sie nicht den Bedürfnissen der Notleidenden Zeit und Aufmerksamkeit widmen, sollten sie sich nicht der Wohltätigkeit rühmen! Laßt sie ihre Herzen öffnen und nicht nur ihre Geldbörsen und ihren Geist im Dienst der Elenden einsetzen, wenn sie wirklich von Menschlichkeit bewegt sind! Andernfalls werden wohltätige Einrichtungen immer die Beute der niedrigsten Sorte von Schurken bleiben.«

Jemima kam zurück und schien es eilig zu haben, mit ihrer Geschichte zu Ende zu kommen. »Der Aufseher des Armenhauses vermittelte die Armen verschiedener Gemeinden als Arbeitskräfte, und mit dem solchermaßen abgepreßten Geld kaufte er dieses Gebäude hier, machte es zu einer privaten Bewahranstalt für Geistesgestörte. In einem Haus gleicher Art war er einst Wärter und meinte, in seinem alten Beruf sehr viel mehr Geld verdienen zu können. Er ist ein gerissener – soll ich es sagen? – Gauner. Weil er in meinem Benehmen etwas Beherztes bemerkte, bot er mir an, mich mitzunehmen und mich in der Behandlung der gestörten Gemüter zu unterweisen, die er meiner Obhut anzuvertrauen gedachte. Das Angebot von vierzig Pfund im Jahr, dazu die Aussicht, dem Armenhaus zu entkommen, war nicht zu verachten, wenn auch daran die Bedingung geknüpft war, meine Augen zu verschließen und mein Herz zu verhärten.

Ich willigte ein, ihn zu begleiten, und vier Jahre lang bin ich nun schon Pflegerin bei manchen armen Unglücklichen und« – sie senkte die Stimme – »Zeugin vieler Ungeheuerlichkeiten. Wenn ich allein war, schien mein Gemüt sich zu erholen, und etliche der Empfindungen, die in der einzigen erträglichen Phase meines Lebens keimten, kehrten mit ihrer ganzen Kraft zurück. Doch was sollte mich dazu bewegen, mich zur Verteidigerin der leidenden Menschheit aufzuschwingen? – Wer hat jemals etwas für mich gewagt? – Wer hat mich je als Mensch behandelt?«

Maria ergriff ihre Hand, und Jemima, heftiger von der Freundlichkeit erschüttert, als es Grausamkeit je vermocht hatte, eilte aus dem Raum, um ihre Gefühle zu verbergen.

Kurz darauf wurde Darnford abgerufen, und als sie sich verabschiedeten, versprach Maria, seine Neugier auf ihre eigene Geschichte bei der nächsten Gelegenheit zu befriedigen.

SECHSTES KAPITEL

Sosehr die Liebe auch von Marias Herz Besitz ergriffen hatte, so lenkte die Geschichte, die sie gerade gehört hatte, ihre Gedanken doch in allgemeinere Bahnen. Die Knospen der Hoffnung, die sich eben öffnen wollten, schlossen sich wieder, als hätten sie sich zu früh hervorgewagt, und der glücklichste Tag ihres Lebens wurde überschattet von melancholischen Betrachtungen. Der Gedanke an Jemimas und ihr eigenes Schicksal löste Überlegungen zur bedrängten Lage der Frauen im allgemeinen aus, und sie beklagte, eine Tochter geboren zu haben. Der Schlaf floh ihre Augenlider, während sie über das Elend einer unbehüteten Kindheit nachgrübelte, bis Mitleid mit Jemima in eigenen Schmerz überging, als sie daran dachte, daß ihr Kind womöglich in diesem Augenblick in eben der Lage war, die Jemima so eindringlich geschildert hatte.

Maria grübelte und grübelte. Die Menschlichkeit war in Jemima eher betäubt als abgetötet worden durch den scharfen Frost, dem sie schon zu Beginn ihres Lebens ausgesetzt war. Ein Appell an ihre Gefühle, der diesen zarten Punkt betraf, würde sicherlich nicht auf taube Ohren stoßen. Und Maria begann sich schon die Freude auszumalen, die eine Nachricht von ihrem Kind ihr bringen würde. Ungeduldig erwartete sie die Morgenröte mit jener Entschlossenheit, die gewöhnlich von Erfolg gekrönt ist.

Zur gewohnten Stunde brachte Jemima ihr das Frühstück und ein zärtliches Billett von Darnford. Schnell überflog Maria die Zeilen, und ohne daß sie ihren Plan auch nur für einen Augenblick darüber vergaß, verwahrte ihr Herz still für sich wie einen Schatz das Entzücken, das die erneute Versicherung seiner Zuneigung in ihr auslöste, einer Zuneigung von der Art, die sie zu erregen wünschte. Während Jemima darauf wartete, das Frühstück abtragen zu können, sprach Maria von den Gedanken, die sie in der Nacht so bedrängt hatten, daß der Schlaf sie floh. Mit Nachdruck sprach sie von Jemimas unverdienten Leiden und vom Schicksal verlassener Frauen, die wie von einem Wirbelsturm umgetrieben werden, aus dem es so gut wie kein Entrinnen gibt. Als sie am Gesicht ihrer Wärterin die Wirkung ihrer Worte ablas, ergriff sie Jemimas Arm mit jener unwiderstehlichen Inbrunst, die Ablehnung unmöglich macht, und rief: »Mit Ihrem guten Herzen und so schrecklichen Erfahrungen, können Sie wirklich dabei mitwirken, meine Tochter der Zärtlichkeit ihrer Mutter, der Fürsorge ihrer Mutter zu berauben? Im Namen des Herrn, helfen Sie mir, sie der Verderbnis zu entreißen! Ermöglichen Sie es mir, ihr eine Erziehung angedeihen zu lassen, ihren Körper und ihren Geist zu stählen, damit sie den Übeln begegnen kann, die auf ihr Geschlecht lauern; dafür will ich sie lehren, Sie als ihre zweite Mutter zu betrachten und sich selbst als die Stütze Ihres Alters! Ja, Jemima, schauen Sie mich an – sehen Sie mich genau an, und lesen Sie meine Seele in meinen Augen; Sie verdienen ein besseres Los«, dabei streckte sie ihr die Hand entgegen mit einer entschlossenen Geste des Versprechens, »und ich werde es für Sie verwirklichen, als Beweis meiner Achtung und meiner Dankbarkeit.«

Diesem mächtigen Strom der Überredung vermochte Jemima nicht zu widerstehen und, nachdem sie enthüllt hatte, daß das Haus, in dem Maria gefangengehalten wurde, am Ufer der Themse nur wenige Meilen von London entfernt lag und nicht an der Küste, wie Darnford vermutet hatte, versprach sie, einen Vorwand für ihre Abwesenheit zu finden und sich selbst aufzumachen, um die Lage zu erforschen und sich nach der Gesundheit der verlassenen Tochter zu erkundigen. Ihr Verhalten deutete an, daß sie noch mehr vorhatte, doch sie schien nicht willens, über ihre Absichten zu sprechen, und Maria, froh, ihr wichtigstes Anliegen erreicht zu haben, hielt es für das Beste, sie ihren eigenen Plänen zu überlassen. Sie war überzeugt, daß es in ihrer Macht lag, Jemima durch eine schlichte Erzählung der Tatsachen noch mehr für sich und ihr Kind einzunehmen.

Am Abend unterrichtete Jemima die ungeduldige Mutter, daß sie am Morgen, noch vor der Stunde, zu der die Familie gewöhnlich aufstand, in die Stadt eilen würde, und sie erhielt alle Informationen, die als Hinweis für ihre Suche dienlich sein konnten. Marias »Gute Nacht!« war an diesem Abend besonders feierlich und voller Wärme. Frohe Erwartung funkelte in ihren Augen, und zum erstenmal seit ihrer Gefangennahme sprach sie den Namen ihres Kindes mit liebevoller Freude aus, beschrieb in allen Einzelheiten das erste Lächeln, mit dem die Kleine ihre Mutter erkannt hatte. Doch dann besann sie sich und entließ Jemima mit einem noch wärmeren »Adieu!« und einem »Gott segne Sie!«, das wie ein mütterlicher Segen klang.

Die Einsamkeit des folgenden Tages, der sich durch die Ungeduld, mit der sie an das eine dachte, noch mehr in die Länge zog, lastete schwer auf Maria. Sie lauschte auf die Schläge einer Uhr, die sie hören konnte, wenn der Wind günstig stand. Sie bemerkte, wie die Schatten auf der Mauer wuchsen, und als das Zwielicht sich zur Dunkelheit verdichtete, ging ihr Atem schwer, während sie ungeduldig neun zählte. Der letzte Schlag war ein Schlag der Verzweiflung für ihr Herz, denn da Jemima nicht zurück war, fürchtete sie jeden Augenblick, das unfreundliche Frauenzimmer, das Jemima vertrat, werde ihr Licht löschen. Um ihre neue Wärterin nicht zu verärgern, mußte Maria sich trotz ihrer Ruhelosigkeit zur Nacht vorbereiten. Sie war gewarnt worden, nicht zu offen mit ihr zu sprechen. Doch die Warnung war überflüssig; das Gesicht allein hätte sie zurückschrecken lassen. So scharf war jedes Wort, jede Geste dieser Hexe, daß Maria nicht wagte zu fragen, warum Jemima, die feierlich versprochen hatte, zu ihr zu kommen, bevor die Tür zur Nacht verschlossen wurde, nicht kam. Und als sich der Schlüssel im Schloß drehte und sie einer Nacht quälender Ungewißheit überlassen war, fühlte sie einen Grad der Verzweiflung, der den Umständen kaum angemessen schien.

Unablässig lauschte sie; das Geräusch einer Tür, die ins Schloß fiel, oder ein Schritt ließen sie zusammenfahren und in böser Vorahnung erzittern, ähnlich wie vor ein paar Wochen, als man sie bei ihrer Ankunft den Korridor entlanggeschleppt hatte.

Erschöpft vom endlosen Kreisen der Gedanken und von immer neuem Erschrecken, sah sie wie ein Gespenst aus, als Jemima am Morgen eintrat. Angstvoll hob sie die Augen, um in Jemimas Antlitz, das fast ebenso bleich war, die Nachricht zu lesen, nach der sie nicht zu fragen wagte. Jemima stellte das Teegeschirr ab und machte sich sehr geschäftig daran, den Tisch zu decken. Maria ergriff mit zitternder Hand eine Tasse, doch dann rief sie, indem sie ihre ganze Kraft zusammennahm und das Zucken unterdrückte, das die Muskeln um ihren Mund zittern ließ: »Sparen Sie sich die Mühe, mich auf die Nachricht vorzubereiten, ich beschwöre Sie! – Mein Kind ist tot!« Feierlich antwortete Jemima »Ja« mit einem Ausdruck, in dem sich Mitleid und zornige Gefühle mischten. »Lassen Sie mich allein«, sagte Maria mit einer neuen Anstrengung, ihre Gefühle zu beherrschen, und verhüllte ihr Gesicht mit ihrem Tuch, um ihren Schmerz zu verbergen – »Es reicht – ich weiß, daß mein Kind nicht mehr lebt – die Einzelheiten will ich hören, wenn ich ...« *ruhiger geworden bin* bekam sie nicht mehr heraus. Und Jemima ging, ohne sie mit müßigen Tröstungsversuchen zu belästigen.

In die tiefste Verzweiflung gestürzt, wollte Maria nicht einmal Darnfords Besuche dulden. So mächtig ist der Einfluß frühester Assoziationen selbst auf starke Gemüter, daß Maria eine Zeitlang den abergläubischen Gedanken hegte, der Tod ihres Kindes sei die gerechte Strafe dafür, daß sie auch nur für einen kurzen Augenblick aufgehört hatte, den Verlust zu beklagen. Zwei oder drei Briefe von Darnford, voller tröstender, männlicher Zärtlichkeit, steigerten diese Selbstvorwürfe noch. Und doch erfüllten sie die leidenschaftlichen Worte, mit denen er ausdrückte, was er den ersten und innigsten Wunsch seines Herzens nannte, daß nämlich seine Liebe sie ein wenig für die Grausamkeit und Ungerechtigkeit, die sie erleiden mußte, entschädigen möge, mit einem Gefühl der Dankbarkeit gegen den Himmel. Und ihre Augen füllten sich mit Tränen, wenn er am Schluß dieser Briefe dem Wunsch Ausdruck gab, den Platz ihrer unwürdigen Verwandten einzunehmen, deren Mangel an Grundsätzen er anprangerte, und ihr versicherte, wobei er sie sein liebstes Mädchen nannte, daß es künftig die Aufgabe seines Lebens sein solle, sie glücklich zu machen.

In einem Billett, das er ihr am nächsten Morgen sandte, bat er inständig, sie sehen zu dürfen, wenn seine Gegenwart sie nicht in ihrem Gram störe. Und so eindringlich bat er um die Erlaubnis, ihrem Versprechen gemäß die öde Zeit ihrer Abwesenheit dadurch verkürzen zu dürfen, daß er sich über die Ereignisse in ihrer Vergangenheit unterrichtete, daß sie ihm die Erinnerungen schickte, die sie für ihre Tochter geschrieben hatte. Jemima versprach sie, daß sie die Aufzeichnungen lesen dürfe, sobald Darnford sie zurückschickte.

SIEBENTES KAPITEL

»Da ich diese Erinnerungen Dir widme, mein Kind, ungewiß, ob ich je Gelegenheit haben werde, Dich zu erziehen, werden viele Beobachtungen aus meinem Herzen strömen, die nur eine Mutter, geschult im Leid, machen kann.

Die Zärtlichkeit eines Vaters, der die Welt kennt, mag groß sein; doch könnte sie je der einer Mutter gleichen, einer Mutter, die unter einem Anteil an dem Elend leidet, das die Einrichtung der Welt über ihr ganzes Geschlecht verhängt zu haben scheint? Mein Kind, meine liebste Tochter, nur eine solche Mutter wird wagen, alle Zurückhaltung abzuwerfen, um Deines Glückes willen; nur sie wird freiwillig das Risiko öffentlichen Tadels auf sich nehmen, um Kummer von Dir fernzuhalten. Aus meiner Erzählung, mein liebes Mädchen, kannst Du die Lehren, den Rat entnehmen, die weniger Dein Gemüt beeinflussen als zu seiner Übung dienen sollen. – Der Tod mag mich Dir entreißen, bevor Du meinen Rat abwägen oder an meinen Überlegungen teilhaben kannst: Deshalb möchte ich Dich, in liebevoller Besorgnis, sehr früh im Leben dazu bringen, das große Prinzip des Handelns zu entdecken, um Dich vor dem müßigen Bedauern zu bewahren, aus Unentschlossenheit den Frühling Deines Lebens vertan zu haben. Sammle Erfahrungen – ach! sammle sie –, solange Erfahrung noch etwas wert ist, und entwickle genügend Stärke, Dein eigenes Glück zu suchen; das schließt auch, auf direktem Wege, Deine Nützlichkeit ein. Was ist Weisheit oft anderes als die Eule jener Göttin, die mürrisch in einem trostlosen Herzen hockt?[13] Ich höre wohl ihre Schreie um mich herum, doch ich möchte lieber all die heiteren Singvögel des

Frühlings einladen, ihr Nest in Deinem blühenden Herzen zu bauen. – Hätte ich nicht Jahre mit Grübeln vergeudet, nachdem der Zweifel zur Gewißheit geworden war – ich könnte jetzt nützlich und glücklich sein. Um meinetwillen, gewarnt durch mein Beispiel, erscheine immer als das, was Du bist, und Du wirst nicht durchs Leben gehen, ohne seine echten Segnungen zu genießen, Liebe und Achtung.

Ich wurde in einer der romantischsten Gegenden Englands geboren, und Begeisterung für die Reize der Natur ist die erste Empfindung, an die ich mich erinnere; oder, besser gesagt, es war die erste bewußte Freude, die meine Einbildungskraft beschäftigte und formte.

Mein Vater war Kapitän bei der Kriegsmarine gewesen. Doch der Waffendienst widerte ihn schließlich an wegen der Bevorzugung von Männern, deren Hauptverdienst in ihren Familienbeziehungen oder der Protektion durch ihre Heimatgemeinde bestand, und er zog sich aufs Land zurück. Da er nicht wußte, was er sonst anfangen sollte – heiratete er. Um den Verlust an Bedeutung auszugleichen, war er entschlossen, in seiner Familie absoluten Gehorsam aufrechtzuerhalten wie auf den Schiffen, die früher unter seinem Kommando standen. Seinen Befehlen durfte niemand widersprechen, und alle im Haus mußten auf sein Kommando hin eilen, als gälte es, in einem Kampf auf Leben und Tod die Wanten zu bemannen oder in die Takelage hinaufzufliegen. Alle mußten ihm unverzüglich gehorchen, besonders aber meine Mutter, die er äußerst großmütig aus Liebe geheiratet hatte; freilich versäumte er nie, sie an diese Verpflichtung zu erinnern, wenn sie auch nur den geringsten Versuch machte, seine absolute Autorität in Frage zu stellen. Mein ältester Bruder, das ist wahr, wurde, als er heranwuchs, von meinem Vater mit mehr Respekt behandelt und entwickelte sich zum würdigen Stellvertreter des Haustyrannen. Er galt als Beauftragter meines Vaters, ein von der Natur begünstigtes Wesen, nämlich ein Junge, der Liebling meiner Mutter, und er versäumte nicht, sich als der designierte Thronfolger aufzuführen. So stark war die Vorliebe meiner Mutter, daß man im Vergleich mit ihrer Zuneigung zu ihm sagen konnte, daß sie ihre anderen Kinder überhaupt nicht liebte. Und dennoch schien keines dieser Kinder auch so wenig Zuneigung für sie zu empfinden. Grenzenlose Verwöhnung hatte meinen Bruder so selbstsüchtig gemacht, daß er nur an sich dachte; und nachdem er erst Insekten und andere Tiere gequält hatte, wurde er schließlich der Despot seiner Brüder und noch mehr seiner Schwestern.

Es ist vielleicht schwierig, Dir eine Vorstellung von den kleinlichen Sorgen zu vermitteln, die den Morgen meines Lebens überschatteten: ständige Verbote in den kleinsten Angelegenheiten; bedingungsloser Gehorsam gegenüber Befehlen, die ich schon als kleines Kind als unvernünftig erkannte, weil sie ungereimt und in sich widersprüchlich waren. So ist es unser Los, zusammen mit der Erinnerung an unsere unschuldigsten Freuden ein Maß an Bitternis zu kosten.

Die Umstände, die mein Gemüt in der Kindheit formten, waren vielfältiger Natur. Doch da es mir wahrscheinlich mehr Freude bereiten würde, beim Schreiben die blaß gewordenen Erinnerungen wiederzubeleben, als Dir, mein Kind, davon zu lesen, will ich Dich nicht verleiten, mit mir über die grünen Wiesen zu streifen und nach den Blumen zu suchen, die die jugendliche Hoffnung auf jeden Pfad streute, obwohl ich, während ich dies schreibe, das frische Grün des Frühlings riechen kann – jenes Frühlings, der nie wiederkehrt!

Ich hatte zwei Schwestern und noch einen jüngeren

Bruder. Mein Bruder Robert, der zwei Jahre älter war als ich, könnte mit Fug und Recht als Idol seiner Eltern und als der Schrecken der übrigen Familie bezeichnet werden. So stark ist die Macht des Vorurteils, daß das, was man bei ihm Schneid und Witz nannte, in mir als Dreistigkeit grausam unterdrückt wurde.

Meine Mutter war von Natur aus träge, was sie davon abhielt, sich allzusehr mit unserer Erziehung zu beschäftigen. Und die gesunde Brise von der nahen Heide, auf der wir nach Herzenslust herumtollten, glich die Folgen aus, die falsche Ernährung hätte erzeugen können. Frische Luft und Freiheit zu genießen war das Paradies nach dem unnatürlichen Zwang an unserem häuslichen Kamin, wo wir oft drei oder vier Stunden lang saßen und nicht wagten, ein Wort zu sagen, wenn mein Vater schlechter Laune war, sei es aus Mangel an Beschäftigung, sei es nach einer Reihe lärmender Vergnügungen. Ich hatte jedoch einen Vorteil, einen Lehrer, den Bruder meines Vaters, der, da er zum Geistlichen bestimmt war, eine umfassende Bildung genossen hatte. Da er sich in eine junge Dame von besonderer Schönheit und großem Vermögen verliebte und in der Welt einige Meinungen faßte, die nicht mit dem Beruf vereinbar waren, für den er bestimmt war, nahm er, mit den heitersten Erwartungen des Erfolges, das Angebot eines adligen Herrn an, ihn als persönlichen Sekretär nach Indien zu begleiten.

Mit der Dame seines Herzens pflegte er einen regelmäßigen Briefwechsel; und die Schwierigkeiten des Geschäftswesens, besonders beschwerlich für einen Mann von romantischer Veranlagung, trugen zusammen mit der erzwungenen Abwesenheit dazu bei, seine Neigung noch zu verstärken. Alle anderen Leidenschaften gingen unter in dieser einen alles überragenden. Mit offenen Augen träumte er, die Verwandten seiner Angebeteten, die ihn verachteten, würden eines Tages den Umgang mit ihm suchen, und der Beifall des guten Geschmacks würde den Triumph der Liebe krönen. – Während er sich im warmen Sonnenschein der Liebe sonnte, versprach auch Freundschaft, ihren erfrischenden Tau regnen zu lassen. Ein Freund, dem er nächst seiner Geliebten am meisten zugetan war, war der Vertraute, der die Briefe zwischen den Liebenden beförderte, um die Aufmerksamkeit spionierender Verwandter zu täuschen. Daß ein Freund sich unter solchen Umständen als falsch erweisen kann, ist, mein liebes Kind, eine alte Geschichte. Doch laß nicht zu, daß dieses Beispiel oder die Vorsicht Dich bewegt, die Hoffnungen ersticken zu wollen, welche die Knospen sind, die sich ganz natürlich im Frühling unseres Lebens entfalten! Solange Dein eigenes Herz aufrichtig ist, erwarte immer, eines zu finden, das im gleichen Gefühl glüht; denn zu fliehen bedeutet noch nicht, Schmerz zu vermeiden!

Mehr durch Glück als durch Geschäftstüchtigkeit verdiente mein Onkel ein ansehnliches Vermögen, und als er auf den Flügeln der Liebe, in die bezauberndsten Träumereien versunken, nach England zurückkehrte, um seinen Schatz mit seiner Geliebten und seinem Freund zu teilen, fand er sie – vereint.

Durch einige Umstände, die ich hier nicht wiedergeben muß, wurde die Schuld seines Freundes über alles Maß hinaus erschwert, und die Täuschung, die bis zum letzten Augenblick aufrechterhalten wurde, war so niederträchtig, daß sie die heftigsten Auswirkungen auf Gesundheit und Gemüt meines Onkels hatte. Sein Heimatland, die Welt, eben noch ein Garten blühender Freuden, nun zerstört durch Verrat, schien in eine Wüste verwandelt, eine Heimstatt zischender Schlangen. Enttäuschung nagte an seinem Herzen; und er brütete so heftig über dem Unrecht, das ihm widerfahren war, daß ein rasendes Fieber ihn befiel, gefolgt von einer Verwirrung des Geistes, die, als der Körper wieder zu Kräften kam, nur einer anhaltenden Melancholie wich.

Da er erklärt hatte, er wolle niemals heiraten, scharten sich seine Verwandten um ihn und umschmeichelten ihn mit den gröbsten Lobhudeleien, die er, angewidert von der Menschheit, mit Hohn oder bitterem Sarkasmus quittierte. Doch als ich zu plappern begann, gefiel ihm etwas in meinem Gesicht. Seit seiner Rückkehr schien er stumpf gegen jede Zuneigung; doch ich, die ich ihm unschuldige Liebe entgegenbrachte, wurde bald sein Liebling. Und als ich mich bemühte, meinen Geist zu bilden und zu stärken, wuchs ich ihm im gleichen Maß ans Herz, wie ich seine Einstellungen übernahm. Er hatte eine kraftvolle Art zu sprechen, die noch unterstrichen wurde von einer gewissen eindrucksvollen Wildheit des Blicks und der Gesten, dazu angetan, die Aufmerksamkeit eines jungen und glühenden Geistes zu fesseln. So ist es nicht erstaunlich, daß ich ihn verehrte wie ein Wesen höherer Art. Mit großer Wärme pflanzte er mir Selbstachtung ein und eine stolze Entschlossenheit, stets richtig zu handeln, unabhängig von Tadel oder Beifall der Welt; ja, er lehrte mich sogar, mutig zu sein und ihren Tadel zu verachten, wenn ich von der Rechtschaffenheit meiner Beweggründe überzeugt wäre.

Indem er versuchte, mir zu beweisen, daß es auf der Welt nichts gäbe, was den Namen der Liebe oder Freundschaft verdiente, malte er mir gleichzeitig so lebhafte Bilder von seinen Gefühlen, die durch die Enttäuschung nur verewigt worden waren, daß sie sich meinem Herzen tief eingruben und meine Phantasie beflügelten. Diese Bemerkungen sind nötig, um einige Besonderheiten meines Charakters zu erklären, den die Welt immer wieder phantastisch nennt.

Aus wachsender Zuneigung besuchte mein Onkel mich häufig. Dennoch blieb er, unfähig, es an einem Ort auszuhalten, nie lange genug im Lande, um die Tyrannei in meinem Elternhaus zu mildern. Doch brachte er mir Bücher, für die ich eine Leidenschaft besaß, und sie, zusammen mit unseren Gesprächen, bewirkten, daß ich mir ein Idealbild vom Leben zusammenreimte. Über die Tyrannei meines Vaters will ich hinweggehen, sosehr ich auch darunter litt. Doch erwähnen muß ich, daß sie die Gesundheit meiner Mutter untergrub und daß ihr Wesen, ständig durch die häuslichen Zänkereien irritiert, unerträglich mürrisch wurde.

Mein ältester Bruder wurde zu einem Advokaten in der Nachbarschaft in die Lehre gegeben, dem gerissensten und, wie ich wohl hinzufügen kann, dem skrupellosesten Mann in der Gegend. Da mein Bruder gewöhnlich jeden Samstag nach Hause kam, um meine Mutter mit seinen Fortschritten in Erstaunen zu setzen, maßte er sich allmählich das Recht an, über die ganze Familie zu herrschen, meinen Vater nicht ausgenommen. Besonderes Vergnügen schien es ihm zu bereiten, mich zu quälen und zu erniedrigen, und wenn ich je wagte, mich bei Vater oder Mutter über seine Behandlung zu beklagen, wurde ich brüsk zurechtgewiesen, weil ich mir herausgenommen hatte, über das Verhalten meines ältesten Bruders zu urteilen.

Um diese Zeit ließ sich eine Kaufmannsfamilie aus London in unserer Gegend nieder. Während des Frühlings war ein stattliches Haus im Dorf, das sie kürzlich gekauft hatten, hergerichtet worden, und der Anblick der kostspieligen Möbel, die aus London geschickt wurden, hatten den Neid meiner Mutter erregt und den Stolz meines Vaters gereizt. Meine Empfindungen waren anderer und durchaus angenehmerer Art. Ich sehnte mich danach, neue Bekanntschaften zu machen, und wünschte mir, eine Freundin zu finden, wie meine Phantasie sie sich erdacht hatte. Meine Gefühle an jenem Sonntag, als sie zum ersten Mal in die Kirche kamen, kann ich nicht beschreiben. Meine Augen waren fest auf die Säule geheftet, hinter der sie auftauchen mußten, und flogen von da zu einem Diener, der einer Gruppe von Damen voraneilte, deren weiße Gewänder und wehender Federschmuck das düstere Kirchenschiff hinunterzufließen und dabei das Licht auszustrahlen schien, in dem ich ihre Gestalten betrachtete.

Wir machten ihnen unsere Aufwartung, und ich wählte schnell die älteste Tochter zu meiner Freundin. Der zweite Sohn, George, zollte mir besondere Aufmerksamkeit, und da seine gesellschaftliche Gewandtheit und seine Manieren denen der jungen Männer im Dorf überlegen waren, hielt ich ihn bald für vortrefflicher als die übrige Welt. Wäre mein Heim liebevoller gewesen oder hätte ich mehr Menschen gekannt, wäre ich wahrscheinlich nicht so begierig gewesen, mein Herz neuen Neigungen zu öffnen.

Mr. Venables – so hieß der Kaufmann – hatte durch unermüdlichen Einsatz für sein Geschäft ein großes Vermögen erworben. Doch da seine Gesundheit sich verschlechterte, war er gezwungen, sich zurückzuziehen, bevor noch sein Sohn George die nötigen Erfahrungen hatte sammeln können, um die Geschäfte nach dem gleichen umsichtigen Plan zu führen, dem sein Vater stets gefolgt war. Tatsächlich hatte George bereits Anstrengungen unternommen, die Autorität seines Vaters abzuschütteln, weil er dessen bescheidene Pläne und vorsichtige Spekulationen verachtete. Der älteste Sohn war nicht zu gewinnen, in die Firma einzutreten, und um seiner Frau eine Freude zu machen und Frieden im Haus zu halten, hatte Mr. Venables ihm ein Patent für das Garderegiment gekauft.

Ich komme jetzt auf Umstände zu sprechen, von denen ich erst sehr viel später erfuhr; doch es ist notwendig, daß Du, mein liebstes Kind, den Charakter Deines Vaters erkennst, um zu verhindern, daß Du Deine Mutter verachtest, den einzigen Elternteil, der bereit ist, Elternpflicht an Dir zu erfüllen. In London hatte George die Gewohnheiten eines Libertins angenommen, die er sorgfältig vor seinem Vater und seinen Geschäftsfreunden verbarg. Seine Maske deckte sein wahres Gesicht so vollkommen, daß das Lob, mit dem sein Vater – der arme, irregeleitete Mann! – enthusiastisch sein Betragen und seine Grundsätze pries, die Aufmerksamkeit, die George mir zollte, besonders schmeichelhaft erscheinen ließ. Ohne festen Plan, wie ich jetzt überzeugt bin, fuhr er fort, mich beim Tanz auszuzeichnen, meine Hand beim Abschied zu pressen und bedeutungslose Worte der Leidenschaft zu murmeln, denen ich einen Sinn gab, den mir meine schwärmerische Veranlagung nahelegte. Sein Aufenthalt auf dem Lande war kurz; sein Betragen gefiel mir nicht immer; doch als er uns verließ, wurden die Farben meines Bildes leuchtender. Wohin nur führte mich meine Phantasie? Kurz gesagt, ich glaubte zu lieben – das heißt die Uneigennützigkeit, Kraft, Großherzigkeit, Würde und Menschlichkeit, mit denen ich den Helden ausstattete, den ich zum Ritter geschlagen hatte. Ein Ereignis, das wenig später eintrat, schien alle diese Eigenschaften zu bestätigen. (Der Vorfall ist vielleicht aus anderen Gründen erzählenswert, und deshalb will ich ihn genau schildern.)

Ich liebte meine Amme, die alte Mary, innig und nahm ihr oft Arbeiten ab, damit sie ihre Augen schonen konnte. Meine Mutter stillte nämlich nur meinen ältesten Bruder, was vielleicht der Grund für ihre außerordentliche Vorliebe für ihn war. Peggy, Marys Schwester, die einen Seemann geheiratet hatte, lebte bei Mary, bis ihr Mann in der Welt vorankam und Maat auf einem Handelsschiff wurde, das nach den Westindischen Inseln fuhr. Nach seiner äußerst erfolgreichen Fahrt schrieb er seiner Frau aus dem ersten Hafen im Ärmelkanal und bat sie, ihn in London zu treffen. Er wünschte sogar, sie möge sich entschließen, für immer dorthin zu ziehen, um ihm die Mühe zu ersparen, zu ihr zu reisen, kaum daß er an Land kam. Außerdem könne sie vielleicht auch etwas Geld verdienen, wenn sie einen Gemüseladen aufmachte. Peggy packte all ihre Habseligkeiten zusammen und fuhr nach London – traf aber ihren geliebten Daniel nicht. Ein verbreitetes Mißgeschick war ihm widerfahren: Die Armen müssen für das Wohl ihres Vaterlandes leiden – er war auf dem Fluß zum Eintritt in die Marine gepreßt worden und kam nicht mehr an Land.

Peggy fühlte sich in London unglücklich, wo sie, wie sie sich ausdrückte, keine lebendige Seele von Angesicht kannte. Außerdem hatte sie sich einen Monat oder gar sechs Wochen des Glücks mit ihrem Mann allzu lebhaft ausgemalt. Daniel hatte mit ihr zum Sadler's Wells Ballett und zur Westminster Abtei gehen wollen und zu vielen Sehenswürdigkeiten, von denen sie, wie er wohl wußte, auf dem Lande nie etwas zu hören bekam. Peggy dachte auch wirtschaftlich, aber wie konnte sie es anstellen, seinen Plan allein in die Tat umzusetzen? Er hatte Bekannte, doch sie wußte nicht einmal deren Anschrift. Seine Briefe hatten aus vielen Wie-geht-es-Dir und Gott-segne-Dich bestanden; Nachrichten waren auf die Stunde des Wiedersehens verschoben worden.

Auch sie hatte Neuigkeiten auf dem Herzen. Molly und Jacky waren zu so herzigen kleinen Lieblingen herangewachsen, daß sie fast zornig war, daß der Papa ihre Streiche nicht miterlebte. Ihr Geplapper bereitete ihr nur halb soviel Freude, als wenn sie ihm jeden Abend die drolligen Aussprüche des Tages hätte wiedergeben können. Doch einige Geschichten merkte sie sich – und Jacky konnte mit einem so süßen Stimmchen »Papa« sagen, daß es sein Herz entzücken mußte. Doch als sie in London ankam und kein Daniel sie begrüßte, weinte sie, als Jacky »Papa« rief, und bat Gott, seine unschuldige Seele zu segnen, die nicht wußte, was Kummer ist. – Doch noch schlimmerer Kummer erwartete Peggy in ihrer Unschuld. – Daniel wurde beim ersten Gefecht getötet, und danach war das »Papa« nur noch ein Stich in ihr Herz.

Solange Hoffnung auf seine Rückkehr bestand, hatte Peggy sparsam von seinem Lohn gelebt. Doch als diese Hoffnung zunichte war, kehrte Peggy mit gebrochenem Herzen aufs Land zurück, in einen kleinen Marktflecken, etwa drei Meilen von unserem Dorf entfernt. Nachdem sie ihre eigene Herrin gewesen war, schreckte sie davor zurück, in Dienst zu gehen und hochmütig behandelt zu werden. Ihre Kinder außer Haus beaufsichtigen zu lassen war unmöglich: Wie weit würde ihr Lohn überhaupt reichen? Und sie zum Unterhalt in die Heimatgemeinde ihres Vaters, die weit entfernt lag, zu schicken würde eine weitere schmerzhafte Trennung bedeuten.

Ich hörte das alles von Mary und bewog meinen Onkel, ihr ein kleines Häuschen einzurichten, damit sie ein wenig Obst, Spielzeug und Kuchen verkaufen konnte – so heilig war des armen Daniel Rat geworden. Die Kinder und der Laden beanspruchten nicht all ihre Zeit, und so nahm sie Wäsche ins Haus und mühte sich von früh bis spät, das Brot für ihre Kinder zu verdienen, während sie noch immer um Daniel weinen mußte, wenn Jackys schelmische Blicke sie an seinen Vater erinnerten. – Für ihre Kinder zu arbeiten machte ihr Freude, hätten sie nur einen Kuß von ihrem Vater bekommen können. Ja, hätte es der Vorsehung gefallen, ihn ohne ein Bein oder einen Arm zurückkommen zu lassen, hätte es ihr nichts ausgemacht – denn sie liebte ihn, nicht weil er die Familie ernährte – nein; sie hatte selber Hände.

Die Leute auf dem Lande waren ehrlich, und Peggy ließ die Wäsche oft noch bis spät abends draußen trocknen. Ein durchziehender Trupp von Rekrutenanwerbern, vermutete sie, war es, der sich an ihrer Wäsche vergriff; eines Tages war alles fort, einschließlich ihres und ihrer Kinder kleinem Vorrat.

Das war ein furchtbarer Schlag; zwei Dutzend Hemden, Halsbinden und Taschentücher. Sie nahm das Geld, das sie für die Halbjahresmiete beiseite gelegt hatte, und versprach, wöchentlich zwei Shilling abzuzahlen, bis alles ersetzt war; so verlor sie ihre Arbeit nicht. Diese beiden Shillinge und ein paar dringend notwendige Dinge, die sie für die Kinder kaufen mußte, trieben sie so in die Enge, daß sie keinen Penny hatte, als die Jahresmiete fällig wurde.

Sie war gerade bei Mary und hatte ihre Geschichte erzählt, als ich zu Besuch kam. Mary wiederholte sie unverzüglich für mich. Viele Häuser in der Stadt, an die auch eine Wahlstimme geknüpft war, gehörten zu dem Landbesitz, den Mr. Venables gekauft hatte, und der Advokat, bei dem mein Bruder lebte, wurde als Agent eingesetzt, um die Mieten einzutreiben.

Auch Peggys Miete verlangte er, und trotz ihres Flehens nahm man ihr die kümmerliche Habe fort und verkaufte sie. Jetzt hatten weder sie – und, was noch schlimmer war, denn sie selbst war an Kummer schon gewöhnt – noch ihre Kinder ein Bett zum Schlafen. Sie wußte, daß ich gutherzig war – sehr freigebig; doch da sie nicht gern um mehr bat, als unbedingt notwendig, verschmähte sie es, Bittgesuche zu machen, solange ihre Kunden sich irgendwie zum Warten bewegen ließen. Doch jetzt, sollte man sie vor die Tür setzen, müßte sie mit dem Verlust all ihrer Kunden rechnen, und dann müßte sie betteln gehen oder verhungern – und was würde aus ihren Kindern?

Ich hatte zwei Matratzen auf meinem Bett; wozu brauchte ich zwei? Meine Mutter würde zürnen, doch ich konnte es geheimhalten, bis mein Onkel kam; und dann würde ich ihm die ganze Wahrheit erzählen, und wenn er mir vergab, würde es auch der Himmel tun.

Ich bat das Hausmädchen, mit mir nach oben zu kommen (Dienstboten haben immer Mitleid mit dem Unglück der Armen, und so ginge es auch den Reichen, wenn sie nur wüßten, was Armut ist). Sie half mir, die Matratze zusammenzubinden, und ich stellte fest, daß mir bis zum Winter eine Wolldecke ausreichen würde, könnte ich meine Schwester, mit der ich zusammen schlief, überreden, mein Geheimnis zu bewahren. Als sie mitten im Packen eintrat, schenkte ich ihr ein paar neue Federn, damit sie schwieg. Unbemerkt schafften wir die Matratze die Hintertreppe hinunter, und ich half sie tragen, wobei ich alles Geld, das ich besaß, mitnahm und dazu noch etwas, das ich mir von meiner Schwester lieh.

Als ich bei ihrem Häuschen eintraf, erklärte Peggy, sie würde nichts von dem nehmen, was ich heimlich gebracht hatte. Doch als ich mit all der eifrigen Beredsamkeit, die wahre Entschlossenheit verleiht, ihre Hand ergriff und ihr versicherte, mein Onkel werde mich vor allem Tadel schützen, wenn er erst wieder im Lande sei, und ihr gleichzeitig vor Augen hielt, wie sie leiden würde, müßte sie sich von ihren Kindern trennen, da nahm sie widerstrebend mein Angebot an.

Meine Absicht zu helfen war hier noch nicht zu Ende.

Ich beschloß, mit dem Advokaten zu sprechen, der mir oft Komplimente gemacht hatte. Sein schlimmer Ruf machte mir keine Angst. Und da ich mir einbildete, Peggy müsse sich irren und kein Mensch könne eine solche Geschichte vertrackten Unglücks mit tauben Ohren anhören, beschloß ich, am nächsten Morgen mit Mary zur Stadt zu gehen und ihn zu bitten, die Miete zu stunden und mein Geheimnis bis zur Rückkehr meines Onkels zu bewahren.

Meine Nachtruhe war süß; und nachdem ich beim ersten Morgengrauen aufgewacht war, eilte ich zu Marys Häuschen. Welchen Zauber wirft ein leichtes Herz über die Natur! Jeder Vogel, der im Busch zwitscherte, jede Blume, die die Hecke zierte, schien nur dazu da, mich zum Entzücken hinzureißen – ja, zum Entzücken. Der gegenwärtige Augenblick war voller Freuden, und über die Zukunft machte ich mir keine Gedanken, außer daß ich meinen Erfolg bei dem Advokaten als sicher voraussetzte.

Dieser Mann von Welt, mit rosigen Wangen und stets beflissener Miene, empfing mich höflich, sogar freundlich, und lauschte wohlwollend meinen Darlegungen, wenn er auch Marys Tränen – sie begleitete mich – kaum beachtete. Ich argwöhnte damals nicht, daß meine Beredsamkeit in der Farbe meiner Wangen lag, im Erröten der Siebzehnjährigen, und daß in einer Welt, in der Menschlichkeit gegenüber Frauen erst ein charakteristischer Zug des Fortschritts der Zivilisation ist, die Schönheit eines jungen Mädchens so viel bewegender ist als das Unglück einer alten Frau. Er drückte meine Hand und versprach, Peggy dürfe so lange in dem Haus bleiben, wie ich es wünschte. – Ich erwiderte den Druck kräftig – so dankbar und glücklich war ich. Kühn geworden durch meine unschuldige Wärme, küßte er mich – und ich zuckte nicht zurück –, ich nahm seinen Kuß als einen der Nächstenliebe.

Heiter wie eine Lerche ging ich zum Essen zu Mr. Venables. Vorher hatte ich bereits meinem Vater fünf Shilling abgebettelt, um neue Kleider für die Kinder meines Schützlings kaufen zu können, und meine Mutter überredet, eins der Mädchen ins Haus zu nehmen, wo ich sie in Handarbeit und Lesen unterweisen wollte.

Nach dem Essen, als die Jüngeren sich ins Musikzimmer zurückzogen, erzählte ich voller Eifer meine Geschichte, das heißt, ich erzählte von Peggys Unglück, ohne die Schritte zu erwähnen, die ich schon unternommen hatte, um ihr zu helfen. Miss Venables gab mir eine halbe Krone; der Erbe fünf Shilling; doch George saß unbeweglich da. Die Enttäuschung traf mich grausam – es hielt mich kaum auf meinem Stuhl, und hätte ich unbemerkt aus dem Zimmer flüchten können, wäre ich nach Hause gerannt, als liefe ich vor mir selbst davon. Nach mehreren vergeblichen Versuchen, mich zu erheben, lehnte ich meinen Kopf an den marmornen Kaminsims, starrte auf die immergrünen Pflanzen, die den Sommer über im Kamin standen, und grübelte über die Eitelkeit aller menschlichen Erwartungen nach. Meine Umgebung hatte ich vergessen. Da klopfte mir jemand heimlich sanft auf die Schulter. Als ich den Kopf wandte, ließ George eine Guinee in meine Hand gleiten, wobei er den Finger an den Mund legte, um sich meines Schweigens zu versichern.

Welche Revolution ereignete sich nicht nur im Gang meiner Gedanken, sondern in meinen Gefühlen! Ich bebte vor Empfindung – jetzt liebte ich wirklich. Dazu solche Diskretion, die seine Güte in noch hellerem Licht erstrahlen ließ! Alle fünf Minuten griff ich in meine Tasche, nur um die Guinee zu fühlen, und durch diese magische Berührung schien mein Held in überirdische Schönheit gekleidet. Meine Phantasie hatte ihr Fundament gefunden, auf dem sie ihr Idol der Vollkommenheit errichten konnte, und machte sich eilends mit all der glücklichen Gutgläubigkeit der Jugend ans Werk, sein Herz zu einem Schrein der Tugend zu erheben.«

ACHTES KAPITEL

»Vielleicht habe ich mich zu lange mit einem kleinen Vorfall aufgehalten, der nur von Bedeutung ist als Meilenstein im Fortgang einer Täuschung, die verheerend für meinen Frieden werden sollte. Überdies lerntest Du dabei ein Mädchen kennen, das ich, in der Absicht, ihm zu helfen, in den Ruin stürzte. Und doch bin ich wahrscheinlich nicht nur Opfer eines Irrtums gewesen, denn Dein Vater, im Laufe der Zeit von der Welt geprägt, wurde nicht sofort zu dem, als was ihn zu bezeichnen ich mich scheue – aus Respekt vor meiner Tochter.

Doch laß mich zurückeilen zu den Ereignissen in meinem Leben. Mr. Venables und meine Mutter starben im selben Sommer, und ich, völlig in Anspruch genommen von der Pflege meiner Mutter, dachte an wenig anderes. Die Vernachlässigung durch ihren Liebling, meinen Bruder Robert, wirkte sich schlimm auf ihren geschwächten Gemütszustand aus. Jungen mögen vielleicht als die tragenden Säulen außerhalb des Hauses gelten, doch die Töchter sind oft der einzige Trost darinnen. Allzu häufig ruinieren sie Gesundheit und Lebensmut bei der Pflege eines sterbenden Elternteils, der sie dann beinahe in Armut zurückläßt. Nachdem sie mit töchterlicher Demut dem Vater die Augen zugedrückt haben, werden sie aus dem Elternhaus gejagt, um dem Erstgeborenen, dem Sohn, Platz zu machen, der dazu bestimmt ist, den Familiennamen fortzupflanzen, wiewohl er, mit seinen eigenen Vergnügungen vollauf beschäftigt, am Lebensabend seines Vaters selten daran dachte, die Schuld abzutragen, die sich auch für ihn in der Kindheit angesammelt hat. Zu solchen Gedanken regte mich das Verhalten meiner Mutter an. So stark auch meine Belastung war und so groß meine unermüdliche Fürsorge, die meine Mutter durchaus wahrzunehmen schien und die auch ihre Anhänglichkeit an mich steigerte, so wog das doch alles nichts im Vergleich mit der Gegenwart meines Bruders. Als er, den ich kaum überreden konnte, wenigstens eine Viertelstunde in ihrer Kammer zu verweilen, kurz vor ihrem Tode allein mit ihr war, übergab sie ihm einen kleinen Schatz, den sie über einige Jahre hin zusammengespart hatte.

Während der Krankheit meiner Mutter mußte ich meines Vaters Laune in Zaum halten, denn weil ihre Krankheit sich so lange hinzog, begann er zu glauben, ihre Leiden seien nur eingebildet. Um diese Zeit erregte ein durchtriebenes Dienstmädchen mit einer höheren Stellung in unserem Hause die Aufmerksamkeit meines Vaters. Die Nachbarn machten schon spitze Bemerkungen über ihre feinen Kleider, die sie beim Abendgottesdienst zur Schau trug und die nicht ehrlich erworben sein konnten. Doch ich war zu sehr mit meiner Mutter beschäftigt, um eine Veränderung in ihrer Kleidung oder in ihrem Betragen zu bemerken oder auf das Wispern des Klatsches zu hören.

Ich will nicht lange bei der Szene am Sterbebett verweilen, so lebhaft sie mir in Erinnerung ist, und auch nicht bei den Empfindungen, die der letzte Druck der kalten Hand meiner Mutter auslöste, als sie mich segnete und hinzufügte: ›Noch ein wenig Geduld, und alles wird vorüber sein!‹ Ach, mein Kind, wie oft haben mir diese Worte melancholisch in den Ohren geklungen, und ich habe selbst ausgerufen: ›Noch ein wenig Geduld, und auch ich werde meine Ruhe haben!‹

Mein Vater war von ihrem Tode heftig erschüttert, erinnerte sich seiner vielen Unfreundlichkeiten und weinte wie ein Kind.

Meine Mutter hatte mir das feierliche Versprechen abgenommen, für meine Schwestern zu sorgen und Mutterstelle an ihnen zu vertreten. Tatsächlich wuchsen sie mir um so mehr ans Herz, je trauriger ihre Lage sich darstellte; denn während der Krankheit meiner Mutter hatte ich die zerrüttete Vermögenslage meines Vaters entdeckt und festgestellt, daß er den Schein nur mit Geld wahren konnte, das er sich von meinem Onkel lieh.

Meines Vaters Trauer und die daraus folgende Zärtlichkeit gegen seine Kinder legten sich bald, und im Haus wurde es noch düsterer, die Verhältnisse wurden noch ungeordneter. Ich fand Zuflucht vor meinen Sorgen wiederum im Haus der Venables, in dem nun der junge Squire den Platz seines Vaters eingenommen hatte und in dem zur Zeit noch seine Schwester der Tafel vorsitzen durfte. George, wiewohl unzufrieden mit seinem Anteil am Vermögen, das bis vor kurzem ganz im Geschäft gesteckt hatte, besuchte wie gewohnt die Familie. Er war jetzt ganz mit Geschäftsspekulationen beschäftigt, und Sorgen begannen seine Stirn zu umwölken. In seinen Aufmerksamkeiten gegen mich schien er nachzulassen, als sich sein Verhalten durch die Gegenwart meines Onkels erneut änderte. Ich war zu arglos, zu uneigennützig, um nach der Ursache dieser Veränderungen zu forschen.

Mein Zuhause wurde mir täglich mehr verleidet; unnötig wurde meine Freiheit beschnitten, und man nahm mir meine Bücher fort unter dem Vorwand, sie machten mich pflichtvergessen. Meines Vaters Geliebte erwartete ein Kind, und er, der vernarrt in sie war, ließ ihre vulgäre Art, uns zu tyrannisieren, durchgehen oder übersah sie. Ich war empört, besonders als ich sah, wie sie versuchte, meinen jüngeren Bruder für sich zu gewinnen, oder soll ich sagen, ihn zu verführen? Indem die Gesellschaft Frauen nur einen Weg offen läßt, um in der Welt aufzusteigen, nämlich dem Libertinismus der Männer zu schmeicheln, macht sie Ungeheuer aus ihnen, und dann werden ihre gemeinen Laster als Beweis für die Unterlegenheit der weiblichen Geistesgaben angeführt.

Die Mißlichkeit meiner Lage kann ich kaum beschreiben. Obwohl das Leben mit meiner Mutter wahrlich nicht immer harmonisch gewesen war, so war es doch das Paradies im Vergleich zu dem, das ich nun mit der Geliebten meines Vaters erdulden mußte, die eifersüchtig über ihre illegitime Autorität wachte. Früher waren die Zärtlichkeiten, die mein Vater mir trotz seines cholerischen Temperaments gelegentlich schenkte, ein Trost, doch jetzt begegnete er mir nur noch mit Vorwürfen oder drohendem Stirnrunzeln. Die Haushälterin, wie sie jetzt genannt wurde, war die vulgäre Despotin der Familie. Und da sie nun die feine Dame spielen wollte, konnte sie mir nie die Verachtung verzeihen, die sich bisweilen in meinem Gesicht malte, wenn sie voller Gespreiztheit ihr schlechtes Englisch verlauten ließ oder vornehm tun wollte.

Meinem Onkel wagte ich mein Herz auszuschütten, und er, in seiner gewohnten Güte, begann zu überlegen, auf welche Weise er mich aus meiner gegenwärtigen Lage erlösen könne. Trotz seiner eigenen Enttäuschung, und sehr wahrscheinlich angetrieben von seinen damaligen Gefühlen, die in ihrer hoffnungsvollen Glut erstarrt waren wie ein glühender Lavastrom, der sich ins Meer ergießt, hielt er eine Heirat gegenseitiger Neigung für die einzige Möglichkeit, in dieser trostlosen Welt glücklich zu werden. George Venables stand in dem Ruf, sich gewissenhaft um seine Geschäfte zu kümmern, und das Beispiel meines Vaters verlieh diesem Umstand großes Gewicht. Mein Onkel vermutete, daß regelmäßige Gewohnheiten im Geschäftsleben sich auf die Regelung des Gefühlslebens in der Familie übertragen würden. George sprach selten in Gegenwart meines Onkels, höchstens daß er bisweilen, bei aller gebührenden Achtung für dessen überlegenes Urteil, kurze, klug wirkende Fragen stellte oder eine sachliche Bemerkung fallenließ, so daß mein Onkel sich selten von ihm trennte, ohne festzustellen, in diesem jungen Mann stecke mehr, als die Leute vermuteten.

Mit dieser Meinung stand er nicht alleine da. Und doch, glaub mir, und ich bin in diesem Punkte nicht vom Groll beeinflußt, diese so wohlausgewogenen Reden, dieser stumme Respekt, wo andere junge Leute im jugendlichen Überschwang hitzige Übertreibungen heraussprudelten, waren nicht das Ergebnis von Nachdenken oder Bescheidenheit, sondern schlichte Stumpfheit des Geistes und Mangel an Einbildungskraft. Ein vollblütiges Füllen wird seine unbeholfenen Sprünge machen und munter ausschlagen. Doch diese allzu gesetzten jungen Leute, mein liebes Mädchen, nennt man weise, bloß weil sie nicht dumm sind. Es ist wahr, daß ich nicht mehr so von George eingenommen war wie im ersten Jahr unserer Bekanntschaft. Doch da seine Ansichten oft mit den meinen übereinzustimmen schienen und er vorgab, meine Gefühle zu teilen, da ich außerdem keine andere Neigung hatte, hörte ich den Vorschlag meines Onkels mit Freuden. Freilich dachte ich dabei mehr daran, meine Freiheit zu gewinnen, als an meinen Freier. Doch als George, anscheinend ängstlich um mein Glück besorgt, mich beschwor, meine gegenwärtige Lage aufzugeben, füllte sich mein Herz mit Dankbarkeit – ich wußte nicht, daß mein Onkel ihm fünftausend Pfund versprochen hatte.

Hätte dieser wahrhaft großherzige Mann mir von seiner Absicht gesprochen, hätte ich darauf bestanden, daß je tausend Pfund auf meine Schwestern ausgesetzt würden; George hätte widersprochen; ich hätte seine Selbstsucht erkannt und mir wäre – gütiger Gott! das Elend erspart geblieben, erst zu spät zu entdecken, daß ich mit einem herz- und gewissenlosen Schurken verbunden worden war. All meine Pläne für ein nützliches Leben wären nicht zunichte geworden. Die Zärtlichkeit meines Herzens hätte meiner erhitzten Einbildungskraft nicht Bilder von den unaussprechlichen Freuden glücklicher Liebe vorgegaukelt, und die süßen Pflichten einer Mutter wären nicht so grausam unterbrochen worden.

Doch ich darf meine so mühevoll errungene Stärke nicht durch sinnlose Reue untergraben. Laß mich weitereilen und den schmutzigen Strom beschreiben, in dem ich waten mußte; doch laß mich auch triumphierend erklären, daß es vorüber ist – meine Seele hält keine Gemeinschaft mehr mit ihm. Und ich sollte jubeln im Bewußtsein meiner Befreiung, obwohl ich in der Hölle selbst gefangen bin; das ist wahrlich der einzige Platz, den die Phantasie sich noch schrecklicher ausmalen kann als meinen gegenwärtigen Aufenthaltsort.

Die wechselnden Empfindungen erlauben mir nicht, weiter fortzufahren. Was erwartet mich noch? Warum wurde ich nicht als Mann geboren, und warum wurde ich überhaupt geboren?«

NEUNTES KAPITEL

»Wieder greife ich zur Feder, um dem Grübeln zu entfliehen. Wir heirateten und zogen nach London. Ich hatte geplant, eine meiner Schwestern zu mir zu nehmen, denn ein starkes Motiv meiner Heirat war der Wunsch, ein Heim zu besitzen, in dem ich meine Schwestern empfangen konnte. Doch mein Mann erhob einen Einwand gegen ihre Begleitung, der plausibel schien, und ich schickte mich widerstrebend. Doch wurde mir gern erlaubt, Molly mitzunehmen, die Tochter der armen Peggy. Auf dem Lande verbindet man mit London gewöhnlich die Hoffnung auf ein Vorwärtskommen, und Molly, frisch wie der junge Mai, nahm weinend Abschied von ihrer Mutter. Ich fühlte mich noch nicht einmal verletzt wegen der Zurückweisung meiner Pläne für meine Schwester, bis ich erfuhr, was mein Onkel für uns getan hatte, und so naiv war zu verlangen, indem ich mit Wärme von ihrer Lage sprach, mein Mann möge jeder meiner Schwestern tausend Pfund abgeben. Er küßte mich und fragte, ob ich den Verstand verloren hätte. Ich fuhr zurück, als hätte ich in einem Rosenbusch eine Wespe gegriffen. Ich protestierte; er höhnte; und der Dämon der Zwietracht drang in unser Paradies ein, um jede aufkeimende Freude zu vergiften.

Bisweilen hatte ich schon Mängel am Verstand meines Mannes bemerkt. Doch in die Irre geleitet von der verbreiteten Meinung, Güte sei das Wichtigste in allen Lebenslagen, übertrieb meine Phantasie in dem gleichen Maße, in dem sich mir die Beschränktheit seines Verstandes offenbarte, die Großzügigkeit seines Herzens. Welch furchtbarer Irrtum!

Einer meiner Charakterzüge war außergewöhnliche

Gutgläubigkeit. Doch waren mir die Augen erst einmal geöffnet, sah ich nur allzu klar, was ich vorher übersehen hatte. Mein Mann sank in meiner Achtung; doch gibt es jugendliche Gefühle, die eine Zeitlang die Risse in Liebe und Freundschaft zu überbrücken vermögen. Zudem brauchte es einige Zeit, bis ich seinen ganzen Charakter im richtigen Licht zu sehen vermochte oder, besser gesagt, bis ich es zuließ, daß das Bild sich festigte. Während die Umstände meinen Geschmack bildeten und meine Fähigkeiten reifen ließen, hinderten das Geschäftsleben und derbe Vergnügungen die seinen an jeder Möglichkeit der Vervollkommnung, bis er, indem er jeden Funken der Tugend in sich erstickte, sich einzubilden begann, sie existiere nirgends.

Doch ich will Dich nicht irreleiten, mein Kind. Ich möchte nämlich nicht behaupten, daß irgendein Mensch gänzlich unfähig ist, die großherzigen Empfindungen zu spüren, die das Fundament jedes wahrhaft tugendhaften Grundsatzes sind. Doch oft sind sie, fürchte ich, so schwach, daß sie, wie die unbrennbare Substanz, die mehr oder weniger in allen Körpern ruht, oft für immer schlummern, da die Umstände, die sie zum Handeln aufrufen, nie eintreten.

Durch Zufall entdeckte ich jedoch, daß wegen einiger Verluste im Geschäft – einer natürlichen Folge seines spielerhaften Wunsches, mit einem Schlag reich zu werden – die fünftausend Pfund von meinem Onkel als Rettung im richtigen Augenblick gekommen waren. Diese Entdeckung erfreute mich, wenn Dir das auch seltsam vorkommen mag; die Notlage meines Mannes rührte mich. Ich war froh, eine Entschuldigung für sein Verhalten gegenüber meiner Schwester gefunden zu haben, und wurde ruhiger.

Mein Onkel führte mich in literarische Kreise ein, und die Theater wurden eine ständige Quelle des Vergnügens für mich. Mein entzücktes Auge verfolgte die große Tragödin Mrs. Siddons, wie sie mit würdigem Feingefühl die Calista in Nicholas Rowes Drama ›Die schöne Büßerin‹ spielte, und unwillkürlich sprach ich im gleichen Tonfall, begleitet von einem langen Seufzer, die Worte nach:

Herzen wie die uns'ren wurden
gepaart ... nicht vereint.[14]

Anfangs waren dies Gefühle des Augenblicks, doch im Lauf der Zeit, als ich Männer von Geist und vollendeten Manieren kennenlernte, konnte ich manchmal nicht umhin, meine frühe Heirat zu bereuen und zu bedauern, daß ich in meiner Ungeduld, einer augenblicklichen Unfreiheit zu entfliehen und meine mir eben gewachsenen Flügel in einem unbekannten Himmel auszubreiten, in eine Falle geraten und fürs Leben in einen Käfig gegangen war. Dennoch ließen die Neuheit von London und die verliebte Aufmerksamkeit meines Gatten – denn ich gefiel ihm schon – mehrere Monate dahingleiten. Die Situation meiner Schwestern, die noch sehr jung waren, vergaß ich darüber jedoch nicht. Ich erwirkte bei meinem Onkel, daß er auf jede von ihnen tausend Pfund aussetzte und sie in einer Schule in der Nähe von London unterbrachte, wo ich sie häufig besuchen oder von dort zu mir holen konnte.

Jetzt begann ich zu versuchen, den Geschmack meines Mannes zu verfeinern, doch hatten wir wenige gemeinsame Interessen. Tatsächlich schien er bald nur noch geringe Freude an meiner Gesellschaft zu haben, außer wenn er mir gegenüber Andeutungen fallenließ, welchen Gebrauch er vom Reichtum meines Onkels machen könnte. Wenn wir Gäste hatten, war ich oft angewidert, wie aufdringlich Reichtum zur Schau gestellt wurde, und ich verließ den Raum, um seine Prahlereien nicht mit anhören zu müssen, wie er durch einen glücklichen Schachzug Geld gemacht habe.

Trotz all meiner Aufmerksamkeit und meines liebevollen Interesses spürte ich, daß es mir nicht gelang, die Freundin oder Vertraute meines Mannes zu werden. Alles, was ich über seine Angelegenheiten wußte, erfuhr ich zufällig, und vergeblich bemühte ich mich, an unserem häuslichen Kamin jenen Austausch im Gespräch herzustellen, der Menschen verschiedenen Charakters einander lieb und wert machen kann. Wenn ich aus dem Theater oder von einer anregenden Gesellschaft kam, erzählte ich gern, was ich gesehen und sehr genossen hatte, doch mit seinem mürrischen Schweigen brachte er mich bald zum Verstummen. So verzagte in seiner Gesellschaft meine Seele, deren Kräfte gerade eben noch so lebhaft gespielt hatten. Seine kalte, reservierte Art wirkte sich dergestalt auf mich aus, daß ich, war ich ein paar Tage mit ihm allein, mich für das dümmste Wesen auf der Welt hielt, bis die Anregung durch einen zufälligen Besucher mich überzeugte, daß in mir doch eine gewisse Lebhaftigkeit des Geistes schlummerte. Sogar das Gesicht meines Mannes veränderte sich: Die Farbe seiner Haut wurde fahl, und alle Reize der Jugend schwanden.

Ich lasse Dich hier nur einen Blick auf die Situation werfen. In Wahrheit erstreckten sich diese Versuche und Veränderungen über einen Zeitraum von fünf Jahren. In dieser Zeit hatte ich höchst widerstrebend mehrfach meinem Onkel Summen abgenötigt, um meinen Gatten vor der Vernichtung zu retten, wie er sich ausdrückte. Zuerst war es angeblich, um zu verhindern, daß der Bank Rechnungen vorgelegt würden, was seinen Kredit schmälern würde, dann für eine Sicherheitszahlung und schließlich, um zu verhindern, daß der Gerichtsvollzieher ins Haus kam. Endlich erkannte ich, daß mein Mann vermutlich mehr eigene Anstrengungen unternommen hätte, um sich zu helfen, hätte er sich nicht auf die meinen verlassen, so unangenehm die Aufgabe auch für mich war. Und ich faßte den festen Entschluß, auf keine Vorwände mehr einzugehen.

Von dem Augenblick an, als ich ihm meinen Entschluß mitteilte, verwandelte sich seine Gleichgültigkeit in Grobheit und noch Schlimmeres.

Jetzt kam er nur noch selten zum Essen nach Hause und ging ständig sehr spät und betrunken zu Bett. Ich zog mich in ein anderes Zimmer zurück. Ich war, das gebe ich zu, froh, aus seinem zu entfliehen, denn körperliche Intimität ohne Liebe schien mir die erniedrigendste und qualvollste Lage, in die eine Frau geraten kann. Meines Gatten Vorliebe, was Frauen angeht, war von der primitivsten Art, und an Phantasie mangelte es ihm so vollständig, daß nur Promiskuität, und zwar solche der brutalsten Art, ihm Befriedigung verschaffte. Meine Gesundheit hatte bereits gelitten, bevor mein Herz durch die ekelerregende Nachricht ihm endgültig entfremdet wurde. Hätte ich danach noch in seine besudelten Arme zurückkehren können – außer als Opfer der verblendeten Meinung der Mehrheit, die Frauen zum Eigentum ihrer Ehemänner erklärt hat? Wenn er berauscht war, erzählte er mir gar, daß er Dirnen der untersten Klasse am meisten schätzte, die durch ihre vulgäre, unanständige Ausgelassenheit, die er Natürlichkeit nannte, seine erschlafften Sinne zu erregen vermochten. Aufreizende Aufmachung und ebensolches Benehmen waren nötig, um ihn zu animieren. Eine sittsame Frau schaute er kaum zweimal an, und in ihrer Gesellschaft saß er stumm da. Selbst die Reize von Jugend und Schönheit machten nicht den leisesten Eindruck auf seine Sinne, es sei denn, die Eigentümerinnen wären schon ins Laster eingeweiht. Der intime Umgang mit gefallenen Frauen und seine Denkgewohnheiten flößten ihm Verachtung für weibliche Intelligenz ein, und wenn der Wein seine Zunge löste, pflegte er die üblichen höhnischen Bemerkungen zu wiederholen, die gewisse Männer über Frauen ausschütten, weil sie ihnen keinen Verstand zugestehen wollen. Männer, die anderen unterlegen sind, achten stets besonders darauf, ihre Herrschaft über Frauen zu errichten. Doch wohin führen mich diese Überlegungen?

Frauen, die die Zuneigung ihres Mannes verloren haben, werden mit Recht getadelt, wenn sie ihre Person vernachlässigen und nicht die gleiche Mühe darauf verwenden, ein Herz zu halten, wie darauf, es zu gewinnen. Doch wer denkt daran, Männern den gleichen Rat zu erteilen, obwohl man Frauen doch ständig wegen ihrer Vorliebe für Stutzer neckt und sie wegen der Art ihrer Erziehung anfälliger sind für Ekel? Warum eine Frau einen Liederjan geduldiger als ein Mann eine Schlampe ertragen sollte, kann ich nicht begreifen. Und ist es denn arrogant, wenn sie, außer Unterhalt von ihrem Mann zu verlangen, auch noch Achtung von ihm erwartet? Es ist nicht leicht, wenn wir, nachdem wir unter anderen Umständen versprochen hatten, jemanden zu lieben, hören müssen, es sei unsere Pflicht. Ich selbst werde mit Sicherheit nie vergessen (obwohl ich bei der Pflege von Kranken niemals Ekel empfand), was in mir vorging, wenn ich am Morgen heiter und gesund aufgestanden war, die süße Frische des jungen Tages geatmet hatte und dann meinem Mann am Frühstückstisch begegnete. Die Aufmerksamkeit, die ich schon auf Anweisungen für den Haushalt verwandt hatte, oder auch ein Spaziergang verliehen meinem Gesicht einen rosigen Schimmer, der in lebhaftem Gegensatz zu seiner ungepflegten Erscheinung stand. Allein die Empfindlichkeit seines Magens, hervorgerufen vom unmäßigen Trinken der vergangenen Nacht, das zu verbergen er sich keine Mühe gab, zerstörte meinen Appetit. Ich sehe ihn genau vor mir, wie er in einem Lehnstuhl hängt im befleckten Pudergewand, mit schmutziger Wäsche, Strümpfen ohne Strumpfbänder und ungekämmtem Haar, wie er gähnt und sich streckt. Unverzüglich rief er nach der Zeitung, wenn sie nicht schon auf dem Tablett mit hereingekommen war, und hob dann kaum je den Blick, während ich den Tee eingoß, es sei denn, um nach etwas Brandy zu verlangen, den ich hineinschütten sollte, oder um zu erklären, er könne nichts essen. Wenn er bei besserer Laune war, bekam ich auf jede Frage ein dröhnendes ›Was sagt du, mein Kind?‹ zur Antwort. Doch wenn ich um Geld für den Haushalt bat, was ich immer bis zum letzten Moment aufschob, war seine übliche Antwort, oft eingeleitet von einem Fluch: ›Glauben Sie, Madam, ich sei aus Geld gemacht?‹ Der Schlachter, der Bäcker mußten warten; und was noch schlimmer war, oft mußte ich mit ansehen, wie er unwirsch Lieferanten fortschickte, die ihr Geld brauchten. Oftmals bezahlte ich sie von dem, was mein Onkel mir für meine persönlichen Bedürfnisse schenkte.

Zu diesem Zeitpunkt überredete die Geliebte meines Vaters ihn zur Heirat, indem sie seinem Gewissen heftig zusetzte; Methodist war er schon geworden. Und mein Bruder, der jetzt seine eigene Kanzlei besaß, hatte einen juristischen Fehler im Vermächtnis meiner Mutter zugunsten ihrer Kinder entdeckt, der es ungültig machte, und er bewilligte meinem Vater, dessen Zwangslage ihn zu allem bereit machte, ein Zehntel seines eigenen, besser gesagt unser aller Vermögen.

Meine Schwestern hatten die Schule beendet, konnten

es aber zu Hause nicht länger aushalten, da die neue Frau meines Vaters es so unbehaglich wie möglich zu gestalten versuchte, um die Mädchen loszuwerden, die sie verdächtigte, ihr Verhalten zu bespitzeln. Sie waren feingebildet, und doch kannst Du Dir kaum vorstellen (mögest Du nie in die gleiche verzweifelte Lage geraten!), welche Schwierigkeiten ich hatte, für sie Stellungen als Erzieherinnen zu finden! Es ist der einzige Beruf, in dem gebildete Frauen mit überdurchschnittlichen Talenten für ihren Lebensunterhalt sorgen können, und selbst das ist eine Arbeit in fast erniedrigender Abhängigkeit. Ist es da erstaunlich, daß so viele einsame Frauen, die doch menschliche Leidenschaften und Gefühle haben, sich ins Laster flüchten? Einsam in großen Herrenhäusern – ich sage einsam, weil sie keine Gefährten hatten, mit denen sie auf gleichem Fuße verkehren oder von denen sie freundliche Zuwendung erwarten konnten –, wurden meine Schwestern melancholisch. Die Jüngere, von besonders zarter Gesundheit, begann dahinzusiechen. Nur mit größter Schwierigkeit erreichte ich, die ich jetzt den Haushalt fast ganz mit von meinem Onkel geliehenem Geld bestritt, daß der *Hausherr* ihr ein Zimmer gewährte, in dem sie sterben durfte. Monatelang wachte ich an ihrem Krankenbett und drückte ihr dann für immer die Augen zu, der sanften Seele! Sie war hübsch und besaß gewinnende Umgangsformen, und doch hatte sie nie eine Gelegenheit gehabt zu heiraten, außer einen sehr alten Mann. Sie besaß Fähigkeiten, mit denen sie in jedem Berufe hätte glänzen können, hätte es Berufe für Frauen gegeben; doch vor dem Titel Hutmacherin oder Schneiderin schreckte sie als für eine Dame von Stand erniedrigend zurück. Nur Dir gegenüber, mein Kind, würde ich diese Einstellung als falschen Stolz bezeichnen. Ich hoffe nämlich von Herzen (ja, für einen Augenblick will ich mich in dieser Hoffnung wiegen), daß Du jene Charakterstärke besitzen wirst, die jeder Stellung Würde verleiht, und jene klare, feste Haltung, die Dich befähigt, Dir selbst eine Arbeit zu wählen oder Dich mit der niedrigsten abzufinden, falls es die einzige ist, in der Du Deine Handlungen selbst bestimmen kannst.

Bald nach dem Tode meiner Schwester ereignete sich ein Vorfall, der mir bewies, daß im Herzen eines Libertins alle natürlichen Gefühle abgestorben sind und daß derselbe Mann, der die reine Zärtlichkeit schien, solange es galt, seine selbstsüchtige Leidenschaft zu befriedigen, ebenso rücksichtslos gegen die unschuldige Frucht wie gegen die Partnerin seiner Lust ist, wenn der Anfall vorüber ist. Zufällig hatte ich eine alte, verschlagen aussehende Frau bemerkt, die alle zwei bis drei Monate zu meinem Mann kam, um Geld zu holen. Eines Tages, als ich den Korridor seines kleinen Kontors betrat, während sie gerade fortgehen wollte, hörte ich sie sagen: ›Das Kind ist sehr schwach; es kann nicht mehr lange leben, es wird bald sterben und Ihnen nicht mehr im Wege sein. So können Sie ihm doch ein wenig Medizin gönnen.‹

›Um so besser!‹ antwortete er, ›und kümmern Sie sich um Ihre eigenen Angelegenheiten, gute Frau.‹

Sein gefühlloser, unmenschlicher Ton erschreckte mich, und ich zog mich zurück, entschlossen, wenn die Frau wiederkäme, zu versuchen, mit ihr zu sprechen, nicht aus Neugier, denn ich hatte genug gehört, vielmehr in der Hoffnung, einem armen, ausgestoßenen Mädchen helfen zu können.

Ein oder zwei Monate vergingen, bis ich die Frau wiedersah. Diesmal führte sie ein Kind an der Hand, das auf seinen Beinchen schwankte, kaum fähig, sein eigenes Gewicht zu tragen. Sie wollten wieder gehen, da

Mr. Venables nicht zu Hause war. Ich bat die Frau ins Empfangszimmer. Sie zögerte, folgte mir aber. Ich versicherte, ich würde meinem Mann (das Wort schien mir den Atem zu nehmen) nicht sagen, daß ich sie oder sein Kind gesehen hätte. Die Frau starrte mich verwundert an, und ich betrachtete das armselige Wesen, das sie begleitete. Es konnte sich kaum auf den Beinchen halten, seine Gesichtsfarbe war fahl, und um die entzündeten Augen, die einen unbeschreiblichen Blick der Durchtriebenheit hatten, zeigten sich grämliche Runzeln, eingegraben von Schmerzen.

›Armes Kind!‹ rief ich aus. ›Ach, mit Recht sagen Sie armes Kind‹, antwortete die Frau. ›Ich habe sie hierher gebracht, um zu sehen, ob er das Herz hätte, sie anzusehen und nicht auf Abhilfe zu sinnen. Ich weiß nicht, was die verdienen, die sie zuerst in Pflege hatten. Ihre Beine bogen sich unter ihr, als sie zu mir kam, und sie ist seitdem nie richtig gesund gewesen. Doch wenn sie nicht besser bezahlt wurden als ich, braucht man sich gewiß nicht zu wundern.‹

Auf weitere Nachfragen erfuhr ich, daß dieser jammervolle Anblick die Tochter eines Dienstmädchens war, eines Mädchens vom Lande, auf das Mr. Venables' Auge gefallen war und das er verführt hatte. Als er heiratete, schickte er sie fort, da ihr Zustand unübersehbar war. Nach der Niederkunft wurde sie der Wohlfahrt der Stadt überlassen und starb kaum ein Jahr später in einem Spital. Das Kind wurde einer Gemeindeamme übergeben und später dieser Frau, die nicht viel besser schien; doch was war schon von einem so schlechten Handel zu erwarten? Sie bekam nur drei Shilling die Woche für Unterkunft und Wäsche.

Die Frau flehte mich an, ihr ein paar alte Kleider für das Kind zu geben, indem sie mir versicherte, sie fürchte sich, den Herrn um Geld zu bitten, und sei es nur für ein Paar Schuhe.

Mir wurde übel. Und da ich fürchtete, Mr. Venables könnte jeden Augenblick hereinkommen und mich nötigen, meine Abscheu zu äußern, erkundigte ich mich hastig, wo sie wohnte, versprach ihr zwei Shilling mehr in der Woche und einen Besuch in ein bis zwei Tagen. Dabei steckte ich ihr eine Kleinigkeit in die Hand als Beweis meiner guten Absicht.

Wenn der Zustand dieses Kindes mich erschütterte, was waren da erst meine Gefühle, als ich eine Entdekkung über Peggy machte – – – – – – – – –?«

(Hier ist das Manuskript lückenhaft. Offenbar war hier eine Episode geplant, die nie zu Papier gebracht wurde. William Godwin)

ZEHNTES KAPITEL

»Die Vermögenslage meines Vaters war jetzt so verzweifelt, daß ich meinen Onkel bat, mich zu ihm zu begleiten und mir seinen Beistand zu gewähren, um zu verhindern, daß das gesamte Familienvermögen der Habgier meines Bruders zum Opfer fiel, denn wenn es galt, sich aus momentanen Schwierigkeiten zu befreien, blendete mein Vater jeden Gedanken an die Zukunft gänzlich aus. Für meine Stiefmutter nahm ich einige Geschenke mit; freundlich zu ihr zu sein und die Vergangenheit zu vergessen, fiel mir nicht schwer.

Es war das erste Mal, daß ich seit meiner Hochzeit mein Heimatdorf besuchte. Doch mit wie veränderten Empfindungen, unter welcher Last von Erfahrungen kehrte ich aus der geschäftigen Welt zurück zu Szenen, die meinem Herzen Erinnerungen an Freude und Hoffnung zuflüsterten! Als der erste Duft der wilden Blumen von der Heide mich erreichte, erwachten freudig alle Sinne. Die eisige Hand der Verzweiflung schien von mir zu weichen und, indem ich meinen Gatten vergaß, begrüßte ich erneut als heitere Wirklichkeit die alten Träume meiner Seele. Mit gleicher Leichtigkeit vergaß ich, daß mich je Kummer oder Sorgen auf dem Lande bedrückt hatten, und über dem bewölkten Himmel der Niedergeschlagenheit leuchtete ein zarter Regenbogen auf. Mit der heiteren Verspieltheit kindlicher Lebhaftigkeit erkannte ich die malerischen Formen einiger meiner Lieblingsbäume wieder und die Pforten der einfachen Häuser mit den schmucken Hecken davor. Am liebsten hätte ich die Hühner geküßt, die auf der Gemeindewiese pickten, und mich kam Lust an, die Kühe zu streicheln und mit den Hunden zu tollen, die dort herumsprangen.

Mit Entzücken betrachtete ich die Windmühle und erachtete es für ein Glück, daß sie sich gerade drehte, als ich vorbeikam. Und als ich in den lieben grünen Pfad einbog, der direkt zum Dorf führte, verlieh der vertraute Lärm der Krähen den Empfindungen meiner erregten Seele jenen sentimentalen Beigeschmack, der den Glanz des reichen Bildes erhöhte. Doch als ich im Näherkommen, über die zerzausten Wipfel der alten Ulmen hinweg, in denen die Krähen hausten, den Kirchturm erspähte, flogen meine Gedanken voraus zum Friedhof, und Tränen der Liebe – so stark stand ich unter dem Eindruck meiner Phantasie – benetzten das Grab meiner Mutter. Trauer machte frommen Gefühlen Platz. Im Geiste ging ich durch die Kirche, wie ich es an Samstagabenden zu tun pflegte. Ich erinnerte mich, mit welch inniger Glut ich mich in meiner Jugend Gott zugewandt hatte, und wieder schaute ich voll glühender Liebe über meine Kümmernisse hinweg auf den Schöpfer der Natur. Ich halte inne – zu stark spüre ich alle Gefühle wieder, die ich beschreibe. Und indem ich mich, wenn ich an meine gegenwärtigen Leiden denke, an die erhabene Ruhe erinnere, die ich oft fühlte, wenn in einer gewaltigen Einsamkeit meine Seele in sich selber ruhte und das Universum zu füllen schien, atme ich unwillkürlich behutsamer und gebiete jeder aufrührerischen Empfindung Schweigen.

Nachdem ich meines Vaters Angelegenheiten geregelt und mir durch den Einsatz für ihn meinen Bruder zum erklärten Feind gemacht hatte, kehrte ich nach London zurück. Das Verhalten meines Mannes hatte sich verändert. Während meiner Abwesenheit hatte ich mehrere liebevolle, reuige Briefe von ihm erhalten, und bei meiner Ankunft schien er durch sein Betragen seine Aufrichtigkeit beweisen zu wollen. Ich konnte mir damals nicht erklären, warum er sich so verhielt; und als mir der Verdacht durch den Kopf schoß, der Grund sei vielleicht, daß er meinen wachsenden Einfluß auf meinen Onkel bemerkte, verachtete ich mich fast selbst für den Argwohn, es könne einen solchen Grad an niedriger Selbstsucht geben.

So unerklärlich auch die Wandlung meines Mannes war, er wurde zärtlich und aufmerksam, und, an meinem schwachen Punkt ansetzend, legte er ein Bekenntnis seiner Verirrungen ab und beklagte alle Peinlichkeiten, in die ich, die ich ein ganz anderes Los verdiente, verwickelt worden sein mochte. Er bat mich, ihm mit meinem Rat zur Seite zu stehen, lobte meine Verständigkeit und appellierte an die Güte meines Herzens.

Dieses Betragen weckte freilich nur mein Mitleid. Ich wollte wohl gern seine Freundin sein, doch die Liebe hatte ihre rosigen Schwingen ausgebreitet und war weit, weit fort geflohen und hatte (wie ein erlesenes Parfum, dessen empfindliche Substanz ständig der Luft ausgesetzt ist) keinerlei Duft mehr hinterlassen an der Stelle, wo sie ihr Gefieder geschüttelt hatte. Die neuerlichen Zärtlichkeiten meines Mannes waren mir verhaßt; im Vergleich zu seinen widerwärtigen Liebkosungen hatte ich seine Brutalität noch leichter ertragen. Doch aus Mitleid und aus Furcht, durch einen Mangel an Entgegenkommen seine vermeintlichen Gefühle zu verletzen, heuchelte ich und tat meinem Feingefühl Gewalt an.

Diejenigen, die einem System dessen, was ich falsche Kultiviertheit nennen würde, das Wort reden und nicht zugeben wollen, daß ein großer Teil der Liebe in der weiblichen wie in der männlichen Brust unwillkürlich entsteht, wollen vielleicht nicht eingestehen, daß äußerliche Reize der Person ebenso unerläßlich sind, um die Leidenschaft zu nähren, wie Tugenden, um den reifenden Geist zur Freundschaft zu lenken. Vertretern dieser Meinung habe ich ebensowenig zu sagen wie Moralisten, die behaupten, Frauen sollten und könnten ihre Ehemänner lieben, einfach weil es ihre Pflicht ist. Wenn ich ruhig auf diese Phase meines Lebens zurückblicke, möchte ich zu Deinem Wohle, mein Kind, mit einem Herzen, das um Dein zukünftiges Verhalten bangt, einige Beobachtungen hinzufügen, die mir meine gegenwärtigen Empfindungen aufdrängen. Wenn Romanautoren oder Moralisten die angeborene Kälte einer Frau und ihren Mangel an Leidenschaft als Tugend preisen und darstellen, wie sie der Glut ihres Liebhabers nur aus purem Mitleid nachgibt oder aber um einen kalten Plan zu ihrer künftigen Versorgung zu verwirklichen, ekelt es mich. Sie mögen vielleicht im landläufigen Sinne gute Frauen sein und kein Unheil anrichten; doch mir scheinen sie nicht jene ›fein gestimmten Nerven‹[15] zu besitzen, die die Sinne kostbar machen. Sie mögen zur Zärtlichkeit fähig sein; doch es fehlt ihnen jenes Feuer der Phantasie, die *tätige* Empfindsamkeit und *positive* Tugend hervorbringt. Welchen Namen verdient eine Frau, die einen Mann heiratet, wenn ihr Herz und ihre Träume einem anderen gehören? Muß man ihr nicht mit Mitleid oder gar Verachtung begegnen, wenn sie auf diese Weise frevlerisch der Reinheit ihrer eigenen Gefühle Gewalt antut? Ja, genauso geschmacklos ist es, wenn sie ihrem Manne gegenüber gleichgültig ist, es sei denn, sie ist von Natur aus unempfindlich. Dann freilich handelt es sich um einen reinen Tauschhandel, und mit den Geheimnissen des Handels habe ich nichts zu schaffen. Ja, so innig ich mir für Dich Rechtschaffenheit des Gemüts und Reinheit der Empfindungen wünsche, so muß ich doch darauf bestehen, daß gefühlloses Betragen das Gegenteil von Tugendhaftigkeit ist. Die Wahrheit ist die einzige

Grundlage der Tugend, und wenn wir unsere Seele nicht verderben wollen, können wir einem Liebhaber oder Ehemann nur in dem Maße Freude bereiten, wie er sie uns bereitet. Um uns desto wirksamer zu versklaven, wollen einige Männer uns vielleicht diese halbe Moral einimpfen und verlieren die Tugend als Ganzes aus dem Blick, indem sie sie in Einzelpflichten zerpflückte; doch wir wollen nicht grundlos für die Natur erröten!

Nach diesen Bemerkungen schäme ich mich zu gestehen, daß ich schwanger wurde. Das größte Opfer meiner Grundsätze, das ich in meinem ganzen Leben gebracht habe, war, daß ich meinem Gatten erlaubte, sich mir wieder körperlich zu nähern, wiewohl Du diesem grausamen Akt der Selbstverleugnung Deine Geburt verdankst und ich die unsagbare Freude, Mutter zu sein. In der ersten Zeit unserer Ehe sprach aus den Liebkosungen meines Mannes noch ein gewisses Feingefühl, doch jetzt waren sein verdorbener Atem, sein mit Pusteln bedecktes Gesicht und seine blutunterlaufenen Augen meinen Sinnen ebenso zuwider, wie seine ungehobelten Manieren und lieblose Vertraulichkeit meinen Geschmack beleidigten.

Ist eine Frau ihrem Mann durch Trunksucht entfremdet worden, erwartet man von ihm nur, daß er sie ernährt, ja, gerade eben für das Lebensnotwendigste sorgt. Doch wer würde von ihm erwarten oder es auch nur für möglich halten, daß er sie liebt? Und wenn nicht seine ›Jugend und die heiteren Jahre bereits verflossen sind‹[16], hält man es für ebenso unvernünftig zu verlangen, daß er keine andere lieben sollte. Frauen dagegen, mit weniger ausgebildeter Vernunft und willensschwach, sollen sich selbst zu Steingötzen moralisieren und dahinschmachten, während sie sich abmühen, ihren verrohten Gefährten zu bessern. Er darf sogar in Verschwendung und Trunksucht ihr Vermögen verschleudern und, indem er ihre Ausgaben beschneidet, sie daran hindern, in Gesellschaft zu gefallen. Und wenn sie Mutter ist – und bei der gegenwärtigen Lage der Frauen ist es ein großes Unglück, gehindert zu sein, die Pflichten einer solchen zu erfüllen und mütterliche Gefühle zu entwickeln –, was muß sie dann nicht alles ertragen? – Doch mich hat die Zärtlichkeit einer Mutter zu Betrachtungen verleitet, die ich nicht anstellen wollte, so daß ich meine Erzählung unterbrach – ein volles Herz fließt gern über.

Mr. Venables' Schwierigkeiten rührten mich nicht mehr wie früher. Dennoch wollte ich gern auf gutem Fuße mit ihm bleiben und versuchte, auf ihn einzuwirken, seine Ausgaben einzuschränken. Doch er hatte immer eine gute Ausrede, um meinen Rat nicht zu befolgen. Menschlichkeit, Mitleid und das Interesse aneinander, das aus dem Zusammenleben erwächst, veranlaßten mich zu versuchen, ihm zu helfen und ihm Verständnis entgegenzubringen. Doch wenn ich mir vor Augen hielt, daß ich ein Leben lang mit einem solchen Menschen zusammenleben mußte – sank mein Herz. Mein Verlangen nach Bildung ließ nach und bekam einen bitteren Beigeschmack; zersetzende Schwermut ergriff Besitz von meiner Seele. Die Ehe hatte mich fürs Leben eingekerkert. Ich hatte in mir die Fähigkeit entdeckt, die verschiedensten Freuden zu genießen, die das Leben bietet; doch gefesselt durch die einseitigen Gesetze der Gesellschaft, war der bunte Erdball für mich zu einer großen, blinden Fläche geworden.

Wenn ich meinen Mann zur Sparsamkeit ermahnte, meinte ich seine persönlichen Ausgaben. Ich war genötigt, sehr knapp zu wirtschaften oder Schulden zu machen, die wir vermutlich nie würden zurückzahlen können. Ich verachtete dieses schäbige Vorrecht einer Ehefrau und beschloß, die Flut nicht zu verstärken, die auf ihn zukam. Damals kannte ich das Ausmaß seiner betrügerischen Spekulationen noch nicht, die hinzunehmen ich verpflichtet war.

Eine Frau, die von ihrem Gatten vernachlässigt wird oder deren Umgangsformen in krassem Gegensatz zu den seinen stehen, wird immer Bewunderer haben, die darauf warten, sie zu trösten und ihr zu schmeicheln. Zudem ist der traurige Zustand einer vernachlässigten Frau, der es an persönlichen Reizen nicht mangelt, stets besonders interessant und weckt jene Sorte von Mitleid, die so nah verwandt ist mit der Liebe, daß sie leicht in diese übergeht. Ein Mann von Feingefühl denkt nicht ans Verführen; er wird selbst verführt durch die edelsten Empfindungen seiner Seele. Er hält sich all die Opfer vor Augen, die eine empfindsame Frau in einer solchen Lage bringen muß, und jede Situation, in der er sie sich vorstellt, rührt sein Herz und facht seine Leidenschaft an. Indem er sich sehnt, das geschorene Lamm an seine Brust zu drücken und die welkenden Knospen der Hoffnung zu neuer Blüte zu bringen, verwandelt Güte sich in Leidenschaft. Und sollte er dann merken, daß auch er geliebt wird, bindet ihn seine Ehre fest an sie, mag er auch voraussehen, daß er vielleicht später erheblichen Schadensersatz an den Mann wird zahlen müssen, der die Gesellschaft seiner Frau nie zu würdigen schien, bis er seine Chance erkannte, für ihren Verlust mit klingender Münze entschädigt zu werden.

So sind die einseitigen, von Männern gemachten Gesetze. Denn, um nur auf die Abhängigkeit der Frauen in der großen Frage der Vorteile, die der Besitz bringt, einzugehen, so wird sie (selbst in diesem Punkt) viel schwerer vom Verlust der Zuneigung ihres Gatten getroffen als umgekehrt; und wie soll sie, zur Einsamkeit eines verlassenen Heims verurteilt, von einer anderen Frau Entschädigung einklagen, die ihr den Gatten genommen hat? Sie kann einen untreuen Mann nicht aus dem Hause jagen und auch nicht seine Kinder von ihm trennen oder ihm entreißen, wie schuldig er gleich sein mag. Aber er, noch immer Herr seines eigenen Geschicks, genießt die lächelnde Zuwendung der Welt, die seine Frau mit Schande bedecken würde, sollte sie, um sich zu trösten, es wagen, Gleiches mit Gleichem zu vergelten.

Diese Bemerkungen sind nicht von Erfahrungen diktiert, vielmehr vom Mitleid, das mir viele liebenswerte Frauen einflößen, die *Geächteten* der Gesellschaft. Was mich betrifft, so fielen meine Anbeter von mir ab wie verfrühte Schößlinge im Frühling, da ich sie nie ermunterte. Ich kokettierte nicht mit ihnen, denn ich bemerkte, daß ich mit keinem Mann kokettieren konnte, ohne ein klein wenig in ihn verliebt zu sein. Ich spürte auch wohl, daß ich an der Grenze dessen, was man *unschuldige Freiheiten* nennt, nicht würde haltmachen können, ließe ich überhaupt welche zu. Meine Zurückhaltung war also die Frucht meines Feingefühls. Freie Umgangsformen haben den Geist so mancher Frau emanzipiert; doch mein Verhalten richtete sich damals sehr streng nach meinen Grundsätzen, bis ich viel später bei reiferem Verstand die Irrigkeit von Urteilen erkannte, die zu Natur und Vernunft im Widerspruch stehen.

Kurz nach der Veränderung im Betragen meines Mannes, von der ich sprach, zwang die nachlassende Gesundheit meinen Onkel, sich in ein milderes Klima zu begeben, und er beschloß, sich nach Lissabon einzuschiffen. Sein Testament ließ er in den Händen eines Freundes, eines berühmten Notars, zurück. Zuvor hatte er mich über meine Lage und meinen Seelenzustand befragt und sehr freimütig erklärt, er könne den Beteuerungen meines Gatten keinen Glauben mehr schenken. Er habe sich über die Richtung, in der dessen Charakter sich entwikkeln würde, getäuscht und glaube nun, mein Mann sei auf einer Bahn, die unausweichlich in Ruin und Schande führen werde.

Am Abend vor seiner Abreise, den wir allein miteinander verbrachten, drückte mein Onkel mich ans Herz und murmelte die süße Anrede ›Kind‹. Er war mir mehr als ein Vater! Warum war es mir nicht vergönnt, ihm die letzten Liebesdienste zu erweisen und sein Sterbekissen zu glätten? Sein Verhalten verriet mir, daß er überzeugt war, mich nie wiederzusehen, doch forderte er mich sehr ernsthaft auf, zu ihm zu kommen, sollte ich mich genötigt sehen, meinen Gatten zu verlassen. Er war zunächst in dem Entschluß gekommen, mich um meine Begleitung zu bitten; doch ich unterrichtete ihn von meiner Schwangerschaft, die ihn sehr betroffen machte. Ohne Verstellung äußerte er sein Bedauern, daß mich nun ein neues Band an einen Mann fesselte, den er für unfähig hielt, meinen Wert zu schätzen; so sprach die liebevolle Fürsorge aus ihm.

Ich muß seine eigenen Worte wiederholen, denn sie machten einen unauslöschlichen Eindruck auf mich:

›Die Ehe ist gewiß der Stand, in dem die Frauen im allgemeinen das nützlichste Leben führen können. Doch bin ich weit davon entfernt zu meinen, daß eine Frau, ist sie einmal verheiratet, diese Verbindung als unauflösbar betrachten muß (besonders wenn keine Kinder da sind, um sie für das Opfer ihrer Gefühle zu entschädigen), wenn ihr Gatte weder Liebe noch Achtung verdient. Achtung kann oft den Platz der Liebe einnehmen und verhüten, daß eine Frau verzweifelt, wenn sie auch nicht glücklich dadurch werden kann. Die Großherzigkeit eines Opfers sollte in jedem Falle in einem angemessenen Verhältnis zum Nutzen stehen. Wenn aber eine Frau weiter mit einem Mann zusammenleben soll, für den sie weder Liebe noch Achtung empfindet, ja dem sie nicht einmal nützlich sein kann außer als seine Haushälterin, dann befindet sie sich in einer so unwürdigen Lage, daß kein Umstand in den Augen Gottes oder gerechter Menschen daraus eine Pflicht für sie machen kann, der sie sich beugen muß. Wenn sie sich freilich damit zufriedengibt, weil sie ausgehalten werden und untätig bleiben möchte, hat sie kein Recht, sich bitter über ihr Los zu beklagen oder auch, wie es einer Person von unabhängigem Charakter wohl ansteht, zu handeln, als habe sie ein Recht, allgemeingültige Regeln zu mißachten.

Unglücklicherweise fügen sich viele Frauen nur dem Schein nach und verwirken damit das Recht auf moralische Achtung in dem vorrangigen Bestreben, ihr Ansehen in der Welt zu bewahren. Die Lage einer Frau, die sich von ihrem Mann trennt, ist ohne Zweifel grundverschieden von der eines Mannes, der seine Frau verlassen hat. Er hat mit der ganzen Würde eines Mannes einen Klotz abgeschüttelt, und wenn er ihr Essen und Kleidung gewährt, wird das als ausreichend erachtet, seinen Ruf vor Tadel zu bewahren. Und sollte sie verschwenderisch gewesen sein, wird er gar für seine Großzügigkeit und Geduld gefeiert. Eine Frau dagegen, wenn sie denjenigen aufgibt, den man als ihren natürlichen Beschützer zu bezeichnen pflegt, wird verachtet und gemieden dafür, daß sie jene Unabhängigkeit des Geistes beweist, die selbstverständlich zu einem vernünftigen Wesen gehört, und die Rolle der Sklavin ablehnt.‹

Zärtliche Liebe bewog meinen Onkel immer wieder, auf dieses Thema zurückzukommen und mit steigender Wärme seine Ansichten dazu zu äußern. Schließlich mußten wir ›Lebewohl!‹ sagen – und wir trennten uns, um einander – gütiger Gott! – nie wiederzusehen.«

»Seit kurzem besuchte ein Herr von großem Vermögen und vollendeten Umgangsformen häufig unser Haus, und er behandelte mich mit mehr Respekt, als Mr. Venables ihm gegenüber an den Tag legte; meine Schwangerschaft war noch nicht zu sehen. Seine Gesellschaft bedeutete für mich eine schöne Abwechslung, da ich seit einiger Zeit, um Ausgaben zu vermeiden, nur noch selten das Haus verließ.

Notwendige, sogar kluge Heimlichkeiten hatte ich stets verabscheut, und so erfuhr mein Mann mit großer Leichtigkeit, welche Summe mein Onkel mir zum Abschiedsgeschenk gemacht hatte. Die Kopie einer gerichtlichen Vorladung war der abgeschmackte Vorwand, um mir die Nachricht zu entlocken; bald hatte ich Grund zu glauben, daß sie speziell zu diesem Zwecke angefertigt worden war. Ich gestehe, daß es töricht von mir war, mich ständig dergestalt erpressen zu lassen. An meinem Entschluß, mich nicht mehr für meinen Mann bei meinem Onkel zu verwenden, hatte ich festgehalten. Doch da ich nun eine Summe in Händen hielt, die ausreichte, sowohl meine persönlichen Bedürfnisse zu befriedigen als auch meinem jüngeren Bruder zu einer angesehenen Arbeit zu verhelfen, ließ ich mich durch Mr. Venables' fadenscheinige Vorwände und heuchlerische Beteuerungen hinters Licht führen.

So plünderte er mich und meine Familie aus; so vernichtete er alle meine Pläne, Nützliches zu tun. Und doch war das der Mann, den ich achten und schätzen sollte: als ob Achtung und Hochschätzung von einem Willensakt abhingen! Da aber eine Frau ebenso das Eigentum ihres Mannes ist wie sein Pferd oder sein Esel, besitzt sie nichts, das sie ihr eigen nennen kann. Er darf jedes Mittel anwenden, um an das zu gelangen, was ihm dem Gesetze nach zusteht, sobald seine Frau es in ihrem Besitz hat; er darf sogar ein Schloß erbrechen, wie es Mr. Venables denn auch tat, um in meinem Schreibtisch nach Banknoten zu suchen – und all das geschieht im Namen der Gerechtigkeit, denn, fürwahr, er ist ja für den Unterhalt seiner Frau verantwortlich!

Von Gesetzes wegen darf eine zärtliche Mutter weder ein Vermögen, das ihr zugefallen ist, dem Zugriff des verschwenderischen Spielers oder verkommenen Trunkenboldes, der seiner Kinder nicht gedenkt, entwinden noch (so himmelschreiend ist die Ungerechtigkeit) die Früchte ihrer eigenen Arbeit. Nein, er darf sie straflos berauben, selbst um die Beute in aller Öffentlichkeit für eine Kurtisane zu verschwenden. Und die Gesetze ihres Landes – wenn Frauen überhaupt ein Land haben – bieten ihr weder Schutz noch Rechtsbeistand gegenüber dem Unterdrücker, es sei denn, sie könne Furcht vor Tätlichkeiten geltend machen. Doch es gibt genug andere Wege, die Seele in den Wahnsinn zu treiben. Als diese Gesetze gemacht wurden, hätten da nicht unparteiische Gesetzgeber zunächst einmal im Stile der großen Versammlung, auf der in Frankreich die Existenz eines *être suprême,* eines höheren Wesens festgestellt wurde[17], verfügen sollen, daß man den nationalen (Aber)glauben festschreibe, der Mann sei stets weiser und tugendhafter als seine Frau, um ihn dann unter dem Schein der Gerechtigkeit mit dem Recht auszustatten, diese Törin, diese unheilbar unmündige Person für immer in Ketten zu halten? Doch ich muß ablassen von diesem Thema – meine Empörung reißt mich hin.

Die Gesellschaft des Herrn, den ich schon erwähnte, war mir sehr angenehm, denn er war in der Literatur und in anderen Themen des guten Geschmacks wohlbewandert. Wenn er kam, erheiterten sich meine Züge, und ich zeigte unverstellt die Freude, die ich fühlte. Das Vergnügen, das mir die Unterhaltung mit ihm bereitete, machte es mir leicht, dem Wunsche meines Gatten nachzukommen, ihm den Aufenthalt in unserem Hause angenehm zu machen.

Allmählich wurde er deutlicher in seinen Aufmerksamkeiten, doch da ich nicht zu den Frauen gehörte, deren Tugend (wie man das nennt) leicht zu erschrecken ist, versuchte ich mehr durch Neckereien als durch ernste Vorhaltungen, seine Gedanken in eine andere Richtung zu lenken. Da wählte er eine andere Strategie, und ich ließ mich eine Zeitlang von seiner scheinbaren Freundschaftlichkeit blenden.

Im Scherz hatte ich mich meinem Mann gegenüber meiner Eroberung gerühmt und ihm die Komplimente meines Bewunderers wiederholt. Er jedoch hatte mich gebeten, um Gottes willen seinen Freund nicht zu beleidigen, andernfalls würde ich alle seine Pläne zunichte machen und ihn ruinieren. Wäre meine Liebe zu meinem Gatten größer gewesen, hätte ich wohl mehr Verachtung für diese unaufrichtige Höflichkeit geäußert; so bildete ich mir ein, nur Mitleid zu fühlen. Den genauen Unterschied herauszufinden hätte freilich selbst einen Kasuisten in Verlegenheit gebracht.

Dieser Freund begann nun, in aller Vertraulichkeit mir den wahren Stand der Angelegenheiten meines Mannes zu enthüllen. ›Notwendigkeit‹, sagte Mr. S.... (warum sollte ich seinen Namen preisgeben?), der offensichtlich bemüht war, das Verhalten, das er nicht entschuldigen konnte, in milderem Licht erscheinen zu lassen, ›hat ihn zu Schritten verleitet, wie zum Beispiel mit Reitwechseln Güter auf Kredit zu kaufen, die er dann in Bargeld umsetzte oder zu ähnlichen Transaktionen, so daß sein Ruf in der Geschäftswelt ruiniert ist. An der Börse betrachtet man ihn‹ – hier senkte er die Stimme – ›als Schwindler.‹

In diesem Augenblick durchzuckten mich erstmals mütterliche Ängste. Obwohl ich mir der Ungerechtigkeiten klar bewußt war, mit denen mein Geschlecht zu kämpfen hat, wünschte ich gleichwohl, zu meinem eigenen Troste Mutter einer Tochter zu werden, und ich konnte den Gedanken nicht ertragen, daß die Sünden, durch die ihr Vater sich mit Schande bedeckt hatte, den Übeln hinzugefügt werden sollten, die ohnehin die Erblast aller Frauen sind.

So gänzlich ließ ich mich von den Freundschaftsbezeigungen des Mr. S.... täuschen (nein, nach seinen Erklärungen glaube ich wohl, daß er wirklich mein Freund war), daß ich begann, ihn um Rat zu fragen, wie der Ruf meines Gatten am besten zu retten sei: denn nur der Ruf einer Frau ist, einmal verloren, auf immer dahin. Ich wußte nicht, daß mein Mann in einen Strudel gezogen worden war, aus dem er sich nicht selbst zu befreien vermochte. Er schien außerstande, seine Fähigkeiten für irgendeine Aufgabe regelmäßig einzusetzen. Sein Geist war so undiszipliniert, daß ihm jede Form von Ordnung als Einschränkung erschien. Und ähnlich den Angehörigen wilder Völker brauchte er den starken Reiz von Hoffnung oder Furcht, ausgelöst von wilden Spekulationen, in denen die Interessen anderer für nichts zählten, um seine Lebensgeister wachzuhalten. Es gab eine Zeit, in der er sich seiner Vaterlandsliebe rühmte, doch wußte er nicht, was es bedeutet, ehrliche Empörung zu fühlen; und wenn er sich als Verfechter der Freiheit ausgab, dachte er, ebensowenig der Liebe zur ganzen Menschheit wie zu einzelnen Personen fähig, dabei doch an nichts anderes als an seinen eigenen Vorteil. Er war als Bürger vom gleichen Zuschnitt wie als Vater. Die Geldsummen, die er sich erschlich, indem er die Gesetze des Landes ebenso brach wie die allgemeinen Menschenrechte, gab er einer Mätresse zum Verschleudern – was ihn jedoch nicht hinderte, sie, sobald eine andere ihn mehr lockte, kaltblütig zusammen mit ihren Kindern der Armut preiszugeben.

Sein Freund setzte seine Besuche bei mir unter den verschiedensten Vorwänden fort, und als er meine Geldknappheit bemerkte, versuchte er, mich zu bewegen, finanzielle Hilfe von ihm anzunehmen. Doch ich lehnte das Angebot mit aller Entschiedenheit ab, wenngleich es mit solchem Feingefühl unterbreitet wurde, daß ich keinen Anstoß nehmen konnte.

Eines Tages kam er, wie ich glaubte zufällig, zum Essen. Mein Gatte hatte dringende Geschäfte und verließ den Raum, bald nachdem abgeräumt war. Wir unterhielten uns wie gewöhnlich, bis er von vertraulichen Ratschlägen wieder zu Liebeserklärungen überging. Ich fühlte mich äußerst peinlich berührt. Ich schätzte ihn wirklich sehr und hoffte, er hege eine ebensolche Freundschaft für mich. Daher begann ich, ihn sanft zu ermahnen. Er mißdeutete jedoch meine Sanftheit als scheue Ermunterung und wollte sich nicht vom Thema abbringen lassen. Seinen Irrtum erkennend, fragte ich ihn nun ernster, wie er sich als Freund meines Mannes bezeichnen könne, wenn er so mit mir spräche? Ein vielsagendes Hohnlachen weckte meine Neugier, und er, in der Meinung, dies sei mein einziger Vorbehalt, zog mit Bedacht einen Brief aus der Tasche mit den Worten: ›Ihres Gatten Ehre ist nicht unbeugsam. Wie konnten Sie, mit Ihrer wachen Beobachtung, das glauben? Er verließ heute den Raum absichtlich, um mir eine Gelegenheit zu geben, mich zu erklären; *er* hielt mich für zu schüchtern – zu säumig.‹

Mit unbeschreiblichen Gefühlen ergriff ich den Brief. Sein Zweck war, den Freund zum Essen einzuladen und die ritterliche Hochachtung, die er mir erzeigte, lächerlich zu machen. Mein Mann versicherte ihm, ›jede Frau habe ihren Preis‹, und deutete mit derber Obszönität an, daß er froh wäre, wenn ihm die Pflichten eines Gatten abgenommen würden. Das nannte er *großzügige Gefühle*. Er riet ihm, meine idealistischen Vorstellungen nicht zu verletzen, sondern mich bei meiner gutgläubigen Großherzigkeit und meinem Mitleid zu packen. Er schloß mit der Bitte, ihm für einen Monat oder sechs Wochen fünfhundert Pfund zu leihen. Diesen Brief las ich zweimal, und der feste Entschluß, den ich dabei faßte, besänftigte den Aufruhr meiner Seele. Ich stand ruhig auf, bat Mr. S. . . ., einen Augenblick zu warten, ging unverzüglich ins Kontor und forderte Mr. Venables auf, mir ins Speisezimmer zu folgen.

Er legte die Feder nieder und trat mit mir ein, ohne eine Veränderung in meiner Miene zu bemerken. Ich schloß die Tür, gab ihm den Brief und fragte, ob er ihn geschrieben habe oder ob es eine Fälschung sei.

Seine Verwirrung war grenzenlos. Das Auge seines Freundes traf das seine, und mein Mann murmelte etwas von einem Scherz – doch ich unterbrach ihn: ›Es ist genug – wir trennen uns auf immer!‹

Feierlich fuhr ich fort: ›Ich habe deine Tyrannei und Untreue ertragen. Ich hielt dich für einen Mann ohne feste Grundsätze, doch nicht für so abgrundtief verderbt. Im Angesicht des Himmels habe ich ein Band geknüpft – und ich habe es heiliggehalten, auch wenn Männer, die meinem Geschmack mehr entsprachen, mich haben spüren lassen, daß ich – Verstellung verabscheue ich! – nicht tot für die Liebe war. Vernachlässigt von dir, habe ich entschlossen die verlockenden Gefühle erstickt und die gelobte Treue gehalten, die du gebrochen hast. Und jetzt wagst du, mich zu beleidigen, indem du mich wie eine Dirne verkaufst! Ja, gleichermaßen für Feingefühl und Grundsätze verloren, wagst du, frevlerisch die Ehre der Mutter deines Kindes zu verschachern!‹

Dann rief ich, indem ich mich Mr. S. . . . zuwandte und meine Hände und Augen zum Himmel hob: ›Ich rufe Sie zum Zeugen auf, Sir, daß ich ebenso feierlich, wie ich seinen Namen annahm, ihm hier abschwöre.‹ Ich zog meinen Ring ab und legte ihn auf den Tisch. ›Und ich erkläre, daß ich dieses Haus unverzüglich verlassen und nie wiederkehren werde. Für mich und mein Kind werde ich selber sorgen. Ich gebe ihn so frei, wie ich entschlossen bin, selbst zu sein – er soll nicht für meine Schulden verantwortlich sein.‹

Erstaunen verschloß ihre Lippen, bis Mr. Venables mit einem erzwungenen Lächeln seinen Freund sanft aus dem Zimmer schob. Für einen Augenblick brach seine wahre Natur durch, als er sich rasend vor Wut zu mir wandte; doch sein wilder Blick schreckte mich nicht. Er forderte mich auf, das Haus auf meine eigene Gefahr hin zu verlassen; erklärte, er achte meine Drohungen für nichts; ich hätte kein Geld; ich könne ihn nicht verklagen, denn ich brauchte für mein Leben nicht zu fürchten – er habe mich nie geschlagen!

Er warf den Brief, den ich unvorsichtigerweise in seiner Hand gelassen hatte, ins Feuer, ging hinaus und schloß die Tür hinter sich ab.

Als ich allein war, bedurfte es einiger Augenblicke, bis ich mich gefaßt hatte. Eine Szene war so schnell auf die andere gefolgt, daß ich fast zweifelte, ob das alles wirklich geschehen war. War es möglich? War ich tatsächlich frei? – Ja, frei nannte ich mich, als ich klar vor mir sah, wie ich mich verhalten mußte. Wie ich nach Freiheit gelechzt hatte – nach Freiheit, die ich um jeden Preis gekauft hätte, außer um den der Selbstachtung! Ich stand auf und schüttelte mich, öffnete das Fenster. Mir schien, die Luft duftete nie so süß. Das Gesicht des Himmels erheiterte sich, während ich schaute; die Wolken schienen auf meinen Wunsch hin davonzufliegen. Ich war ganz Seele und – mag das auch phantastisch klingen – hatte das Gefühl, ich könnte mich in der sanften Brise, die meine Wangen küßte, auflösen oder mit den glühenden Strahlen der untergehenden Sonne hinter den Horizont gleiten. Eine wunderbare Befriedigung besänftigte mein Gemüt und belebte es zugleich. Leuchtende, malerische Bilder des Erhabenen und Schönen tauchten in mir auf. Ihr Glanz verblaßte zwar mit der sinkenden Sonne, doch ich spürte noch lange das ruhige Entzücken, das sie in meinem Herzen ausgelöst hatten.

Es mag wohl Verfechter des ehelichen Gehorsams geben, die mein Verhalten tadeln werden, weil sie einen Unterschied machen zwischen den Pflichten einer Ehefrau und denen eines menschlichen Wesens. – Für diese schreibe ich nicht – sie sind nicht berufen, meine Gefühle zu analysieren. Und Du, mein Kind, mögest Du nie in die Lage versetzt werden, bestätigen zu können, was Deine Mutter vor der gegenwärtigen Befreiung ihres Geistes fühlte!

Nachdem ich einen Brief an meinen Onkel versiegelt hatte, war ich gerade dabei, an meinen Vater zu schreiben: nicht um Rat zu erbitten, sondern um meinen Entschluß mitzuteilen. Da wurde ich durch das Eintreten von Mr. Venables unterbrochen. Er hatte sein Verhalten geändert. Der Gedanke an meines Onkels Vermögen ließ es ihm nicht ratsam erscheinen, daß ich das Haus verließ. Sonst wäre er, davon bin ich überzeugt, froh gewesen, selbst jenen geringen Zwang abzuschütteln, den meine Gegenwart ihm auferlegte: den Zwang, mir ein wenig

Achtung entgegenzubringen. Weit davon entfernt, noch etwas Zuneigung für mich zu empfinden, haßte er mich inzwischen, da er überzeugt war, ich müßte ihn verachten.

Er sagte zu mir, da ich jetzt Zeit gehabt habe, mich zu beruhigen und nachzudenken, hege er keinen Zweifel, daß meine Klugheit und mein feiner Sinn für das Schickliche mich das Geschehene übersehen lassen würden.

Das Nachdenken, gab ich zur Antwort, habe mich nur in meinem Entschluß bekräftigt, und keine Macht der Welt könne mich davon abbringen.

Mit großer Anstrengung bemühte er sich, sanft zu sprechen und dreinzublicken, wiewohl er mich gewiß lieber gefoltert hätte. Er forderte mich auf, den Dienstboten kein Schauspiel zu bieten, indem ich ihn zwänge, mich einzusperren. Wenn ich ihm verspräche, das Haus nicht überstürzt zu verlassen, sollte ich frei sein – da unterbrach ich ihn und erklärte, daß ich nichts versprechen würde. Ich sähe keine Möglichkeit, bei ihm zu bleiben – ich sei entschlossen und würde mich nicht so weit erniedrigen zu heucheln.

Er murmelte, bald würde ich dieses lächerliche Getue bereuen, bestellte den Tee in mein kleines Boudoir, das mit meinem Schlafgemach verbunden war, schloß wieder hinter sich ab und überließ mich meinen Gedanken. Ich war ihm ohne Widerstand nach oben gefolgt, weil ich meine Kräfte nicht mit fruchtlosen Anstrengungen vergeuden wollte.

Nichts beruhigt das Gemüt mehr als ein fester Entschluß. Ich fühlte mich, als hätte ich ein gewaltiges Gewicht von meinem Herzen gewälzt. Die Widrigkeiten meiner gegenwärtigen Lage achtete ich für nichts, da mein Gemüt nicht mehr mit sich selbst im Streit lag – Vernunft und Neigung hatten einander die Hände gereicht und Frieden geschlossen. Bisher hatte ich den Tod als den einzigen Weg zu meiner Befreiung begrüßt; doch solange das Leben noch so viele Reize bot und Glück versprach, schreckte ich vor der eiskalten Umarmung dieses unbekannten Tyrannen zurück; dann war ich es wieder zufrieden gewesen, ein wenig länger auf dieser Erde zu verweilen, die ›warmen Gefilde des heiteren Tages‹[18] und all die nichtgenossene Liebeskraft meiner Natur noch nicht für immer hinter mir zu lassen.

Meine gegenwärtige Lage gab meinen Gedanken eine neue Richtung, und ich wunderte mich (jetzt, da der Schleier zerrissen schien, der den durchdringenden Blick der Vernunft behindert hatte), wie ich mich vor der entscheidenden Beleidigung hatte auf immer an Laster und Torheit gebunden betrachten können. Hatte ein böser Geist bei meiner Geburt einen Zauber verhängt, oder war ein Dämon aus dem Chaos aufgetaucht, um mit trügerischen Vorurteilen meinen Verstand zu verwirren und meinen Willen in Ketten zu legen?

Dieser Gedankengang führte mich über mich selbst hinaus, und ich grübelte über das Elend, das meinem Geschlecht vorbehalten ist. Tragen nicht, dachte ich, jene Despoten für immer das Mal der Schande, die, trunken von Macht, Befehl gaben, die schlimmsten Verbrecher an tote Körper zu fesseln? Und doch sind jene Gesetze noch weit unmenschlicher, die eiserne Fesseln schmieden, um Seelen aneinanderzuketten, die sich nie in geistiger Gemeinschaft verbinden können!«

ZWÖLFTES KAPITEL

»Gegen Mitternacht betrat Mr. Venables mein Gemach, und indem er sich mit ruhiger Dreistigkeit entkleidete, forderte er mich auf, mich zu beeilen, denn das Bett sei der beste Ort für Eheleute, um ihre Streitigkeiten zu schlichten. Um sich Mut zu machen, hatte er reichlich getrunken.

Zunächst würdigte ich ihn keiner Antwort. Doch als ich bemerkte, daß er mein Schweigen für Zustimmung nahm, sagte ich zu ihm, wenn er nicht in ein anderes Bett ginge oder mich woanders schlafen ließe, würde ich die ganze Nacht in meinem Schreibzimmer bleiben. Halb scherzend versuchte er, mich in das Schlafgemach hinüberzuziehen. Doch da er mir auf keinen Fall einen Grund liefern wollte, ihn der Gewalttätigkeit zu bezichtigen, zog er sich nach einigen weiteren vergeblichen Versuchen, meine Verstocktheit verwünschend, ins Bett zurück.

Ich saß noch eine Weile in Gedanken da. Dann warf ich mir einen Umhang über und legte mich auf einem Sofa zum Schlafen nieder. Und so glücklich erschien mir meine Befreiung, so heilig die Freude, dergestalt in mich selbst eingehüllt dazuliegen, daß ich tief und fest schlief und mein Gemüt, als ich die Augen aufschlug, den Kämpfen des Tages gefaßt entgegensah. Mr. Venables erwachte erst einige Stunden später und kam dann, halb angezogen, gähnend und sich streckend, zu mir, mit verstörtem Blick, als erinnere er sich kaum, was am Abend vorher geschehen war. Er starrte mich einen Augenblick lang an und fragte dann, indem er mich eine Närrin nannte, wie lange ich beabsichtige, diese hübsche Farce fortzusetzen. Er für seinen Teil sei sie herzlich leid; doch das käme davon, wenn man Frauen heirate, die sich einbildeten, klug zu sein.

Auf diese Predigt antwortete ich nur, daß er froh sein solle, eine Frau loszuwerden, die so wenig zu seiner Gefährtin tauge – und daß jede Änderung meines Verhaltens niedrige Heuchelei wäre, denn reifere Überlegung verleihe meinem ersten Entschluß nur das heilige Siegel der Vernunft.

Er sah aus, als würde er am liebsten vor Ungeduld mit dem Fuße aufstampfen, fühlte er sich doch genötigt, seine Wut zu unterdrücken. Doch er bezwang seinen Zorn (denn schwache Menschen, deren Leidenschaften die unbeherrschtesten scheinen, zügeln sie in Wahrheit am leichtesten, wenn sie ein hinreichendes Motiv haben) und rief: ›Sehr hübsch, bei meiner Seele! Ein sehr hübsches, theatralisches Vorspiel! Ich bitte Euch, schöne Roxana, laßt Euch herab aus Euren Höhen und erinnert Euch, daß Ihr eine Rolle im richtigen Leben spielt![19]‹

Bei dieser Rede blickte er höchst selbstzufrieden drein. Dann ging er hinunter, um sich anzukleiden.

Nach ungefähr einer Stunde kam er zurück und sagte im gleichen Ton, er käme als mein Ritter, um mich zum Frühstück hinunterzubegleiten.

›Als Zeremonienmeister des Oberhauses, um die Angeklagte vorzuführen?‹[20] fragte ich.

Die Frage und mein Ton brachten ihn etwas außer Fassung. Um die Wahrheit zu sagen: Ich fühlte keinen Groll gegen ihn. Der feste Entschluß, mich aus meiner unwürdigen Knechtschaft zu befreien, hatte all die widerstreitenden Gefühle aufgezehrt, die in den vergangenen sechs Jahren meine Seele zerrissen hatten. Meine Grundsätze zeigten mir klar, welches meine Pflicht war, und kein einziges zärtliches Gefühl machte mich mehr schwankend. Die Abneigung, die mein Mann mir eingeflößt hatte, war stark, doch ließ sie mich nur wünschen, ihm aus dem Wege zu gehen, ihn aus meinem Gedächtnis zu streichen. Es gab kein Elend, keine Folter, die ich nicht lieber gewählt hätte, als meinen Knechtschaftsvertrag zu erneuern.

Beim Frühstück versuchte er, mit mir über die Narretei übersteigerter Gefühle zu rechten, denn das war das Beiwort, mit dem er unterschiedslos jedes Verhalten oder Denken bezeichnete, das seinem eigenen überlegen war. Er behauptete, alle Welt verfolge nur den eigenen Vorteil. Jene, die vorgäben, von anderen Motiven geleitet zu sein, seien nur noch größere Gauner oder von Büchern verblendete Narren, die all den aufgeblasenen Unsinn für ein Evangelium hielten, den Leute geschrieben hatten, die die Welt nicht kennen. Er für sein Teil danke Gott, daß er kein Heuchler sei, und wenn er manchmal ein Auge zudrücke, so geschehe es immer in der Absicht, jedem das Seine zuzugestehen.

Dann deutete er listig an, daß er täglich die Rückkehr eines Handelsschiffes erwarte – eine erfolgreiche Spekulation –, die ihn fürs erste aller Sorgen entheben werde. Überdies habe er etliche weitere Geschäfte eingeleitet, die nicht fehlschlagen könnten. Er zweifle nicht daran, in einigen Jahren reich zu werden, wenn ihn auch einige unglückliche Unternehmungen zu Beginn seines beruflichen Weges zurückgeworfen hätten.

Sanft erwiderte ich, ich wünschte, er würde sich nicht noch tiefer verstricken.

Er begriff nicht, daß ich mich von einem Entschluß meiner Urteilskraft leiten ließ, nicht zu vergleichen mit einer bloßen, dem Groll entsprungenen Laune. Was es bedeutet, Empörung angesichts des Lasters zu empfinden, wußte er nicht, rühmte sich vielmehr oft seines verträglichen Temperaments und seiner Bereitschaft, einen erlittenen Schaden zu vergeben. Sehr wahr; denn er betrachtete das Betrogenwerden nur als einen geschickten Schachzug, gegen den er sich nicht genügend gewappnet hatte. Im Brustton der Ehrlichkeit pflegte er hinzuzufügen, er wisse nicht, ob er nicht unter den gleichen Umständen versucht gewesen wäre, ebenso zu handeln. Da sein Herz sich nie der Freundschaft öffnete, wurde es auch nie durch Enttäuschung verletzt. Von jedem neuen Bekannten behauptete er, er sei der schlauste Bursche auf der Welt, und er glaubte das auch wirklich, bis dessen Unterhaltung oder Gebaren für seinen stumpfen Geist den Reiz des Neuen verloren hatte. In seiner Achtung vor Rang oder Reichtum war er ausdauernder, obgleich er auch wiederum keine Vorstellung davon hatte, wie er sich den Einfluß des einen oder anderen hätte zunutze machen können, um seine eigenen Angelegenheiten zu fördern.

Nach einigen einleitenden Sätzen kam er auf meine Lage zu sprechen, und mir – schoß das Blut ins Gesicht (ich hatte es für kühler gehalten). Er forderte mich auf, wie eine besonnene Frau zu handeln als besten Beweis meiner ungewöhnlichen Klugheit; denn er müsse zugeben, ich besäße Verstand, wenn ich ihn nur zu gebrauchen wüßte. Ich sei nicht ohne – und er betonte das Wort – Leidenschaften, und ein Ehemann sei ein bequemer Deckmantel. Er denke liberal, und warum sollten wir nicht, wie viele andere verheiratete Paare auch, stillschweigend übereinkommen, jeder den anderen seinen Neigungen folgen zu lassen? Nichts anderes habe er in jenem Brief gemeint, den ich zum Anlaß meiner Klage nehme. Die Freude, die mir offensichtlich Mr. S.'s Gesellschaft bereite, habe ihn vermuten lassen, daß dieser mir nicht gleichgültig sei.

Ein Angestellter brachte die Post herein, und ich setzte

mich, wie häufig, wenn mein Mann geschäftliche Dinge zu besprechen hatte, ans Klavier und begann, eine meiner Lieblingsmelodien zu spielen, um den Einklang mit der Natur wiederzufinden und die abartigen Vorstellungen, die ich mir gerade hatte anhören müssen, aus meiner Seele zu vertreiben.

Sie hatten ähnliche Gefühle hervorgerufen wie bisweilen der Anblick der verkommenen Bewohner gewisser Gassen und Hinterhöfe der Hauptstadt: Es demütigte mich, sie als meinesgleichen betrachten zu müssen. Jetzt war mir zumute wie in Augenblicken, wenn ich, umgeben von giftigen Nebeln, mir gewünscht hatte, eine Kanonensalve würde die drückende Atmosphäre klären und Raum zum Atmen und Bewegen schaffen.

Mein ganzes Inneres war auf Kampf eingestellt, und ich improvisierte eine Art Vorspiel. Der Rhythmus war wahrscheinlich wild und leidenschaftlich, da ich, ins Grübeln versunken, meinen Gedanken durch die Töne Ausdruck verlieh.

Als ich einen Moment innehielt, begegnete ich Mr. Venables' Blick. Er betrachtete mich mit einem Ausdruck überheblicher Zufriedenheit, als wolle er sagen: ›Mein letzter Einfall hat gewirkt – sie fängt an, ihren Vorteil zu erkennen.‹ Dann sagte er, während er seine Briefe einsammelte, er hoffe, keinen weiteren romantischen Unsinn mehr zu hören, der höchstens zu einem Fräulein passe, das gerade aus dem Pensionat kommt. Damit ging er wie gewohnt ins Kontor. Ich musizierte weiter und wählte nun ein heiteres Stück, das ich mit ungewöhnlicher Lebhaftigkeit spielte. Da hörte ich, wie sich Schritte der Tür näherten. Gleich wußte ich, daß es Mr. Venables war, der horchte. Dies Wissen beflügelte meine Finger nur noch mehr. Er ging hinunter in die Küche, und die Köchin kam, vermutlich auf sein Geheiß, herauf, um mich zu fragen, was ich zum Abendessen anzuordnen wünschte. Mit gespielter Gleichgültigkeit kam auch Mr. Venables wieder in den Salon. Ich bemerkte wohl, daß der schlaue Mann über das Ziel hinausschoß. Ich gab meine Anweisungen wie gewöhnlich und verließ den Raum.

Als ich eine Kleinigkeit an meiner Kleidung änderte, schaute Mr. Venables herein, entschuldigte sich für die Störung und verschwand gleich wieder. Ich nahm eine Handarbeit auf (lesen konnte ich nicht). Zwei oder drei Botschaften wurden mir überbracht, vermutlich zu keinem anderen Zweck, als Mr. Venables davon zu unterrichten, womit ich gerade beschäftigt war.

Jedesmal, wenn ich die Haustür gehen hörte, lauschte ich, und endlich meinte ich auch, Mr. Venables ausgehen zu hören. Ich legte meine Arbeit zur Seite; mein Herz klopfte; dennoch scheute ich eine zu hastige Erkundigung. Eine lange halbe Stunde wartete ich, bevor ich den Laufjungen fragte, ob sein Herr im Kontor sei.

Als er verneinte, trug ich ihm auf, mir sofort eine Droschke zu bestellen. Eilig sammelte ich ein paar notwendige Dinge zusammen, dazu ein kleines Päckchen von Briefen und Papieren, das ich am Vorabend zusammengestellt hatte. Flugs stieg ich in den Wagen und befahl dem Kutscher, in einen entfernten Stadtteil zu fahren.

Fast fürchtete ich, der Wagen könnte zusammenbrechen, bevor wir die Straße verließen; doch als wir um die Ecke bogen, schien ich schon freiere Luft zu atmen. Ich fühlte mich fast, als erhöbe ich mich über die schwere Erdatmosphäre.

Um einer Verfolgung zu entgehen, wechselte ich einige Male die Kutsche und fuhr dann durch die Außenbezirke, um mir ein verstecktes Quartier zu suchen, wo ich mich verborgen halten wollte, bis ich mir den Schutz meines Onkels gesichert hätte. Sobald ich ein Heim gefunden hätte, in dem ich nicht täglich fürchten müßte, Mr. Venables vor der Tür stehen zu sehen, wollte ich unverzüglich meinen eigenen Namen wieder annehmen und offen und ohne formale Rechtfertigung zu meinem Entschluß stehen.

Ich fragte nach verschiedenen Wohnungen, fand aber, daß ich ohne Empfehlung von Bekannten, die indessen meinen Tyrannen hätten informieren können, keine anständige Unterkunft finden konnte – Männer haben all diese Schwierigkeiten nicht. Da fiel mir eine Frau ein, der ich geholfen hatte, einen Kurzwarenladen einzurichten. Ich wußte, daß sie den ersten Stock ihres Hauses vermietete.

Ich ging zu ihr, und obgleich ich sie nicht überzeugen konnte, daß der Streit zwischen Mr. Venables und mir nicht beizulegen war, willigte sie doch ein, mich für den Augenblick zu verbergen. Zugleich aber versicherte sie mir kopfschüttelnd, eine Frau, sei sie einmal verheiratet, müsse alles erdulden. Ihr blasses Gesicht, gezeichnet von tausend scharfen Furchen und tiefen Runzeln, hervorgerufen von dem, was man mitleidig Gram nennt, war ein sichtbarer Beweis für ihre Bemerkung. Später hatte ich Gelegenheit, die Behandlung zu beobachten, die sie zu ertragen hatte und die sie zu solcher Geduld einschüchterte. Von früh bis spät rackerte sie sich ab, doch ihr Mann raubte ihre Kasse aus und nahm das Geld, das sie beiseite gelegt hatte, um Rechnungen zu begleichen, und wenn er betrunken nach Hause kam, schlug er sie, ungeachtet des Kindes an ihrer Brust, sollte sie es wagen, ihm Vorhaltungen zu machen.

Nachts wurde ich von diesen Szenen geweckt. Doch

am Morgen hörte ich sie wie gewöhnlich mit ihrem lieben Johnny sprechen – er war fürwahr ihr Herr; kein Sklave auf den westindischen Inseln hat einen despotischeren; doch glücklicherweise war sie eine Frau von russischem Schlag.[21]

Während der letzten Tage war meine Seele wie abgetrennt von meinem Körper gewesen. Doch nun, da der Kampf vorüber war, fühlte ich sehr heftig die Wirkung, die seelischer Aufruhr auf eine Frau in meinem Zustand hat.

Die Furcht vor einer Fehlgeburt zwang mich, fast zwei Wochen das Haus zu hüten. Doch schrieb ich an den Freund meines Onkels und versprach, ihn aufzusuchen und ihm meine Situation zu erklären, sobald ich wohl genug dazu sei. Inzwischen bat ich ihn inständig, niemandem meinen Aufenthalt zu enthüllen, damit mein Gatte – als solchen betrachte ihn das Gesetz – nicht die Seele störe, die er nicht bezwingen könne. Ich erwähnte meine Absicht, nach Lissabon zu reisen und mich unter den Schutz meines Onkels zu stellen, sobald meine Gesundheit dies erlaube.

Die Ruhe, die ich langsam wiedergewann, wurde indessen bald gestört. Eines Tages kam meine Wirtin mit vom Weinen geschwollenen Augen herauf, unfähig herauszubringen, was ihr aufgetragen war. Sie erklärte, daß sie sich nie in ihrem Leben so elend gefühlt habe; daß sie mir als ein undankbares Ungeheuer vorkommen müsse; und daß sie am liebsten vor mir auf die Knie fallen würde, um meine Vergebung zu erbitten, wie sie vor ihrem Mann in die Knie gefallen sei, damit er sie mit der grausamen Aufgabe nicht belade. Sie schluchzte so heftig, daß sie nicht weitersprechen und meine ungeduldigen Fragen, was sie denn meinte, beantworten konnte.

Als sie sich ein wenig beruhigt hatte, zog sie eine Zeitung aus der Tasche, wobei sie jammerte, es zerreiße ihr das Herz, doch was könne sie machen? – Sie müsse ihrem Mann gehorchen. Ich ergriff die Zeitung. Schnell fiel mein Blick auf eine Anzeige, die verkündete, Maria Venables habe ohne triftigen Grund ihren Mann verlassen, und jede Person, die ihr Unterschlupf gewähre, müsse mit der ganzen Strenge des Gesetzes rechnen.

Da ich mir über die Niedertracht von Mr. Venables' Charakter voll im klaren war, überraschte mich dieser Schritt nicht, ja, er erregte kaum meine Verachtung. In meiner Brust hatte der Groll die Liebe nicht überlebt. Freundlich bat ich die arme Frau, ihre Tränen zu trocknen und ihren Mann zu bitten, zu mir heraufzukommen und selbst mit mir zu sprechen.

Mein Auftreten schüchterte ihn ein. Er hatte Achtung vor einer Lady, wenn auch nicht vor einer Frau, und begann, Entschuldigungen zu stammeln. Mr. Venables sei ein reicher Herr; er wolle mir gern zu Diensten sein, doch habe er schon genug unter dem Gesetz zu leiden gehabt, um bei dem Gedanken daran zu erzittern; außerdem würden wir gewiß wieder zusammenkommen, und dann würde nicht einmal ich es ihm danken, daß er unserer Trennung Vorschub geleistet. – Mann und Frau seien, das wisse Gott, eins – und alles würde sich am Ende wieder zusammenfügen. Er brummte ein dröhnendes Hmm! und fügte dann mit einem schlauen Blick hinzu, der Herr habe sich vielleicht ein bißchen Spaß gegönnt – aber – Gott segne Sie! – Männer blieben nun einmal Männer, solange die Welt besteht.

Mit diesem privilegierten Erstgeborenen der Vernunft zu rechten, das merkte ich wohl, würde zu nichts führen. Also bat ich ihn nur, mich noch einen Tag in seinem Hause zu beherbergen, während ich mir ein neues Logis suchte, und Mr. Venables nicht mitzuteilen, daß ich je bei ihm Unterschlupf gefunden hatte.

Er willigte ein, besaß er doch nicht den Mut, einer Person etwas abzuschlagen, vor der er gewohnheitsmäßigen Respekt empfand. Doch bald, als er seiner Frau begegnete, die am Fuße der Treppe ungeduldig darauf wartete zu erfahren, welche Wirkung meine Ausführungen auf ihn haben würden, hörte ich, wie sich der aufgestaute Groll in Flüchen Luft machte.

Ohne mir Zeit für fruchtlose Gefühle des Ärgers zu gönnen, begab ich mich erneut auf die Suche nach einem Quartier, in dem ich mich für einige Wochen verbergen konnte.

Schließlich zahlte ich einen ungeheuerlichen Preis für eine Wohnung, bei deren Vermietung nicht nach Empfehlungen gefragt wurde; ein Blick auf meine Figur schien in der Tat zu beweisen, daß das Motiv für mein Untertauchen hinreichend deutlich sei. So war ich gezwungen, mein Haupt in Schande zu hüllen.

Um aller Gefahr der Entdeckung zu entgehen – ich benutze das passende Wort, mein Kind, denn ich wurde wie eine Schwerverbrecherin verfolgt –, beschloß ich, noch am selben Abend mein neues Logis zu beziehen.

Meiner Wirtin verriet ich nicht, wohin ich ging. Ich wußte, daß sie mir aufrichtig zugetan war und gern jede Gefahr auf sich genommen hätte, um mir ihre Dankbarkeit zu bezeigen. Doch ich war fest davon überzeugt, nur wenige freundliche Worte von Johnny würden die Frau in ihr ansprechen, und sie würde dann ihre liebe Wohltäterin, wie sie mich unter einem Strom von Tränen nannte, opfern aus Dankbarkeit gegen ihren Tyrannen, weil er sich herbeiließ, sie gleichberechtigt zu behandeln. Er konnte, wie sie es ausdrückte, gütig sein, wenn er wollte. Und diese gemilderte Strenge kam ihr im Gegensatz zu seiner sonstigen Brutalität um so kostbarer vor und konnte nicht teuer genug erkauft werden.

Der Anblick der Anzeige hatte in mir den Wunsch verstärkt, Zuflucht bei meinem Onkel zu suchen, ganz gleich mit welchen Folgen, und ich begab mich in einer Mietdroschke (zu Fuß fürchtete ich, vielleicht einem Bekannten zu begegnen) zur Kanzlei seines Freundes.

Der empfing mich mit großer Höflichkeit (mein Onkel hatte ihn bereits im voraus für mich eingenommen) und hörte sich voller Interesse die Beweggründe an, die mich veranlaßt hatten, von zu Hause zu fliehen und mich im Verborgenen aufzuhalten mit all den Ängsten, die nur der Gefährte der Schuld sein sollten. Mit etwas mehr Galanterie, als ich in meiner Lage für schicklich hielt, beklagte er es, daß eine solche Frau an einen Mann weggeworfen worden sein sollte, der für die Reize von Schönheit und Anmut unempfindlich war. Er schien unschlüssig, was er mir raten sollte, um den Nachforschungen meines Mannes zu entgehen, wenn ich nicht zu meinem Onkel eilen könnte, den ich, wie er zögernd sagte, womöglich nicht mehr lebend antreffen würde. Diese Nachricht übermittelte er mit sichtlicher Betroffenheit. Dann bat er mich, wenigstens die Ankunft des nächsten Postschiffs abzuwarten, bot mir so viel Geld an, wie ich wollte, und versprach, mich zu besuchen.

Er hielt Wort; doch noch immer kam kein Brief, um den qualvollen Zustand des Wartens zu beenden. Ich verschaffte mir einige Bücher und Noten, um mir die Zeit an den öden, einsamen Tagen zu vertreiben.

Komm, stets lächelnde Freiheit,
Und bring mit dir deine heitere Schar:

Ich sang die Musik aus Händels ›Judas Maccabäus‹, sang sie immer wieder, bis ich, traurig gestimmt von der freudigen Melodie, bitter das Schicksal beklagte, das mich aller geselligen Freuden beraubte. Eine gewisse Freiheit hatte ich mir fürwahr erobert; doch die freudige Schar ließ sehr auf sich warten!«

DREIZEHNTES KAPITEL

»Indem er meinen einzigen Besucher, den Freund meines Onkels, beobachtete, oder auch auf anderen Wegen, entdeckte Mr. Venables meinen Aufenthalt und kam, um nach mir zu fragen. Die Dienerin versicherte ihm, eine Person dieses Namens befinde sich nicht im Hause. Es gab einen Wortwechsel – ich spürte, daß etwas nicht in Ordnung war – lauschte –, erkannte seine Stimme und schloß unverzüglich die Tür ab. Plötzlich wurde es still, und ich wartete beinahe eine Viertelstunde, bis ich ihn die Tür vom Empfangszimmer öffnen und mit der Wirtin die Treppe heraufkommen hörte, die unterwürfig erklärte, sie wisse gar nichts von mir.

Als sie meine Tür verschlossen fand, forderte sie mich auf, zu öffnen und mich bereit zu machen, mit meinem Mann nach Hause zu gehen, dem armen Herrn, dem ich schon genügend Ärger bereitet hätte! Ich gab keine Antwort. Darauf beschwor mich Mr. Venables mit verstellt sanfter Stimme, doch sein Leid und auch meinen eigenen Ruf zu bedenken und meinen kindlichen Trotz zu überwinden. In dieser Art fuhr er fort, wobei er nur scheinbar zu mir sprach, denn in Wahrheit zielten seine Worte auf das Verständnis der Wirtin. Diese äußerte denn auch in jeder seiner Pausen Ausrufe des Mitleids oder seufzte: ›Ja, bei meiner Seele – sehr wahr, Sir!‹

Schließlich war ich der Farce müde und merkte auch wohl, daß ich dem verhaßten Gespräch nicht würde ausweichen können. So öffnete ich die Türe, und er trat ein. Als er mit größter Selbstsicherheit auf mich zuschritt und meine Hand ergreifen wollte, zuckte ich unwillkürlich zurück wie vor einem ekelhaften Reptil, mehr von Abscheu als von Angst erfüllt. Meine Wirtin wollte sich zurückziehen, um uns, wie sie sagte, Gelegenheit zu geben, unsere Angelegenheit in Ordnung zu bringen. Doch ich forderte sie auf dazubleiben, sonst würde ich hinausgehen; die Neugier bewog sie zum Nachgeben.

Mr. Venables begann mit seinen Vorhaltungen, wobei ihn jene Frau, stolz auf sein Vertrauen, unterstützte. Doch ich gebot ihr mitten in einer plumpen Moralpredigt Schweigen und fragte, zu ihm gewandt, warum er mich umsonst quäle, und erklärte, keine Macht der Welt könne mich zwingen, in sein Haus zurückzukehren.

Nach einem langen Wortwechsel, dessen Einzelheiten hier zu wiederholen wenig Sinn hat, verließ er das Gemach. Unten im Empfangszimmer folgte eine laute Unterhaltung, und ich stellte fest, daß er seinen Freund, einen Advokaten, mitgebracht hatte ....

....

.... [22]. Der Tumult auf dem Treppenabsatz hatte einen Herrn vor seine Tür gelockt, der erst kürzlich im Hause Logis genommen hatte. Er erkundigte sich, weshalb ich so angegriffen wurde.* Der redegewandte Advokat wiederholte unverzüglich Mr. Venables' abgeschmackte Fassung des Vorgefallenen. Der Fremde wandte sich zu mir und sagte mit der wohltuendsten Höflichkeit und voll männlicher Anteilnahme,

* Es wurde schon gesagt, daß die Einführung Darnfords als Befreier Marias zu einem früheren Zeitpunkt der Geschichte ein nachträglicher Gedanke der Autorin war. Das hat möglicherweise die Lückenhaftigkeit des Manuskripts an der mit * bezeichneten Stelle verursacht, obgleich man sagen muß, daß es einigermaßen unsicher ist, ob wirklich Darnford der an dieser Stelle gemeinte Fremde ist. Nach dem achtzehnten Kapitel will es scheinen, daß ihm ein bedeutsameres Eingreifen zugedacht war.

William Godwin

mein Gesicht erzähle eine ganz andere Geschichte. Und er fügte hinzu, ich solle von niemandem beleidigt oder zum Verlassen des Hauses gezwungen werden.

›Auch nicht von ihrem Ehemann?‹ fragte der Advokat.

›Nein, Sir, auch nicht von ihrem Ehemann.‹ Mr. Venables ging auf ihn zu – doch in seiner Haltung lag eine Entschlossenheit, die so gut zu der in seiner Stimme paßte . . . .
Schließlich verließen sie das Haus, wobei sie drohten, jeder, der es wagen sollte, mich zu beschützen, solle mit äußerster Härte gerichtlich verfolgt werden.

Sie waren kaum aus dem Haus, als meine Wirtin erneut zu mir heraufkam und mich in einem sehr anderen Ton um Verzeihung bat. Denn wiewohl Mr. Venables ihr gedroht hatte, sie beherberge mich auf ihre eigene Gefahr, hatte er, wie ich ihren etwas plumpen Hinweisen entnahm, nicht für die Bezahlung meiner Unterkunft gesorgt. Umgehend versprach ich ihr, sie zu bezahlen und ihr überdies noch etwas zu schenken, um sie für meinen plötzlichen Auszug zu entschädigen, falls sie mir in hinreichender Entfernung eine neue Wohnung beschaffen würde. Als sie mir daraufhin Mr. Venables' einleuchtende Version unserer Geschichte vorhielt, brachte ich sie zu Empörung und Anteilnahme, indem ich ihr kurz die Wahrheit erzählte.

Sie drückte ihr Mitgefühl mit so viel ehrlicher Wärme aus, daß ich mich getröstet fühlte, denn ich bin frei von jener Empfindsamkeit, die von einer gewöhnlichen Sprechweise oder Gestik so abgeschreckt wird, daß sie Herzensgüte nicht wahrnimmt. Ich freute mich immer, in anderen Menschen jene humanen Empfindungen zu entdecken, von denen ich mich selbst leiten ließ. Bisweilen hat mich wohl die Erinnerung an gewisse lächerliche Umstände, die einen Augenblick der starken Empfindung begleiteten, zu Lachstürmen hingerissen, doch in jenem Moment selbst hätte ich es als Frevel empfunden, auch nur zu lächeln. Da ich beim Schreiben stets Deine Erziehung vor Augen habe, mein liebstes Mädchen, teile ich Dir diese Überlegungen mit, denn Frauen, gewohnt, mehr die Umgangsformen als die Handlungen der Menschen zu beobachten, entdecken zu leicht überall etwas Lächerliches. Und zwar so sehr, daß ihre Empfindsamkeit, auf die sie so stolz sind, leicht erstickt wird. Echte Empfindsamkeit, jene, die die Helferin der Tugend und die Seele des Genies ist, beschäftigt sich in Gesellschaft so mit den Gefühlen anderer Menschen, daß sie kaum auf ihre eigenen Wahrnehmungen achtet. Mit welcher Verehrung habe ich nicht zu meinem Onkel aufgeschaut, dem lieben Vater meiner Seele, wenn ich sah, wie er sein eigenes seelisches und körperliches Leid ganz vergaß über dem Wunsch, andere zu trösten, deren Mißgeschick vergleichsweise geringfügig war! Er hätte sich geschämt, sich selbst gegenüber so nachgiebig zu sein wie zu anderen. ›Wirkliche Stärke‹, pflegte er zu sagen, ›besteht darin, unsere eigenen Gefühle zu beherrschen und Schwächen bei unseren Freunden zu verzeihen, die wir an uns selbst nicht dulden würden.‹ Doch wohin läßt mich meine liebevolle Trauer abschweifen!

›Frauen müssen unterwürfig sein‹, erklärte meine Wirtin. Ja, was konnten die meisten Frauen sonst schon tun? Wen hatten sie, um sie zu ernähren, als ihren Ehemann? Nicht jede Frau, schon gar nicht eine Lady, konnte durch dick und dünn gehen, um ein wenig Geld zu verdienen, wie sie es getan hatte.

Sie war in gesprächiger Laune und hub an, mir zu erzählen, wie man ihr in der Welt mitgespielt hatte. Wer, wenn nicht sie, wüßte, was es hieß, einen schlechten Mann zu haben? Ich merkte, daß sie sehr enttäuscht wäre, würde ich ihr nicht zuhören, und so machte ich keinen Versuch, sie zu unterbrechen, obwohl ich wünschte, sie würde sich so schnell wie möglich auf die Suche nach einem neuen Versteck für mich machen.

Sie fing an zu erzählen, daß sie ein wenig Geld als Dienerin gespart hatte und sich überreden ließ (einmal im Leben müssen wir uns alle verlieben), den ›richtigen‹ Mann zu heiraten, einen Diener in derselben Familie, der keinen Pfifferling wert war. ›Mein Plan‹, fuhr sie fort, ›war, ein Haus zu nehmen und Zimmer zu vermieten. Alles ging auch gut, bis mein Mann eine unverschämte Schlampe kennenlernte, die es vorzog, auf anderer Leute Kosten zu leben – da ging alles in Scherben. Er machte Schulden, um ihr feine Kleider zu kaufen, Kleider, von denen ich nicht einmal geträumt hatte, und – ist das nicht unglaublich? – er unterschrieb einen Pfändungsbefehl auf meine Besitztümer, die ich mit meinem schwer verdienten Geld bezahlt hatte. Und so kamen sie und schleppten das Bett unter mir weg, bevor ich noch ein Wort von der Sache erfahren hatte. Ach, gnädige Frau, das sind Mißgeschicke, von denen Ihr feinen Leute nichts wißt – doch Kummer ist Kummer, egal in welcher Gestalt er daherkommt.

Ich suchte mir wieder eine Stellung als Dienerin – was sehr schwer war, nachdem ich mein eigenes Haus geführt hatte! –, doch mein Mann folgte mir überall hin und krakelte so herum, wenn er betrunken war, daß ich mich nirgends halten konnte. Ja, er stahl sogar meine Kleider und verpfändete sie, und als ich zum Leihhaus ging und schwören wollte, daß kein Pfennig von seinem Geld drinsteckte, erklärten sie mir, das sei gleich, mein Mann habe ein Recht auf alles, was mir gehöre.

Schließlich ließ er sich als Soldat anwerben, und ich mietete wieder ein Haus und schloß einen Vertrag ab, nach dem ich die Möbel allmählich abzahlen konnte. Ich hungerte mich halb zu Tode, bis ich endlich wieder in der Welt vorankam.

Nach einer Abwesenheit von sechs Jahren (Gott verzeih mir! ich glaubte, er sei tot) kehrte mein Mann in die Heimat zurück, machte mich ausfindig und kam mit so reuiger Miene zu mir, daß ich ihm vergab und ihn von Kopf bis Fuß einkleidete. Doch er war noch keine Woche im Haus, als einige seiner Gläubiger ihn verhaften ließen. Da verkaufte er meinen ganzen Besitz, und ich fand mich wieder am Bettelstab. Ich konnte nicht mehr so gut arbeiten, spät schlafen gehen und früh aufstehen wie damals, als ich aus dem Dienst geschieden war, und da war es mir schon schwer genug gefallen. Als nichts mehr zu holen war, hatte er mich bald satt und verließ mich wieder.

Ich will Ihnen nicht in allen Einzelheiten erzählen, wie ich herumgestoßen wurde, bis ich die sichere Nachricht erhielt, daß er im Ausland in einem Spital gestorben war, und noch einmal zu meiner alten Beschäftigung zurückkehrte. Doch bin ich noch nicht wieder ganz über den Berg. Deshalb dürfen Sie, gnädige Frau, mir nicht zürnen, wenn ich Angst habe, ein Risiko einzugehen, denn ich weiß nur zu gut, daß Frauen immer den kürzeren ziehen, wenn das Gesetz zu entscheiden hat.‹

Nachdem sie noch einige weitere Klagen geäußert hatte, bewog ich meine Wirtin schließlich, sich auf die Suche nach einem Quartier für mich zu begeben. Um sicherer zu sein, ließ ich mich nun gar zu dem niedrigen Winkelzug herab, meinen Namen zu ändern.

Doch warum soll ich bei ähnlichen Vorfällen verweilen! – Wie ein räudiges Tier wurde ich noch aus drei weiteren Wohnungen vertrieben und hätte in keiner Ruhe gefunden, wäre nicht Mr. Venables, vom gefährlichen Gesundheitszustand meines Onkels informiert, ängstlich geworden, er könne mich ganz aus der Welt hinausjagen, wenn er mich in dem fortgeschrittenen Zustand meiner Schwangerschaft weiter dergestalt quälte und zu plötzlichen Aufbrüchen zwang: damit wären alle seine Spekulationen auf das Vermögen meines Onkels zunichte geworden.

Eines Tages, als er mich zu einem Gasthaus verfolgt hatte, fiel ich auf der Flucht vor ihm in Ohnmacht. Ich stürzte, und als er mein Blut fließen sah, erschrak er, was mir eine Atempause verschaffte. Daß er, nachdem er meine unerschütterliche Entschlossenheit hatte beobachten können, dennoch Hoffnung hegte, ist schon seltsam. Doch aus meinem sanften Verhalten hatte er falsche Schlüsse auf meinen Charakter gezogen und bildete sich ein, ich würde mich, wären wir erst wieder zusammen, von meinem Gelde trennen lassen, das er mir jetzt nicht mit der gleichen Leichtigkeit wie früher legal entwenden konnte. Meine Geduld und gelegentliche Regungen der Sympathie hatte er fälschlich als Charakterschwäche gedeutet und, meine Abneigung gegen Widerstand bemerkend, meine Nachgiebigkeit und mein Mitleid für bloße Selbstsucht gehalten und nicht entdeckt, daß die Furcht, ungerecht zu handeln oder ohne Not die Gefühle eines anderen Menschen zu verletzen, mir sehr viel schmerzlicher war als alles, was ich selbst je würde ertragen müssen. Vielleicht war es Stolz, der mir einflüsterte, daß es leichter sei zu leiden, als das Leid anderer mit anzusehen.

Ich vergaß zu erwähnen, daß ich während dieser Verfolgungsjagd einen Brief von meinem Onkel erhielt, in dem er mir mitteilte, daß nur gelegentliche Luftveränderung ihm Erleichterung verschaffen könne und er beabsichtige zurückzukehren, wenn der Frühling ein wenig weiter vorangeschritten sei (es war Mitte Februar), und dann würden wir eine Reise nach Italien machen und die

Nebel und Sorgen in England weit hinter uns lassen. Er billigte mein Verhalten, versprach, mein Kind zu adoptieren, und schien nicht zu zweifeln, daß er Mr. Venables bewegen werde, auf die Vernunft zu hören. Mit gleicher Post schrieb er an seinen Freund und bat ihn, Mr. Venables in seinem Namen aufzusuchen. Als Folge der Vorhaltungen, die er diktiert hatte, durfte ich das Wochenbett in Ruhe erleben.

Schon zwei oder drei Wochen vorher wurde mir Frieden gegönnt, doch war ich so sehr an Verfolgung und immer neues Erschrecken gewöhnt, daß ich nur selten die Augen schließen konnte, ohne von Mr. Venables' Bild verfolgt zu werden. Manchmal war er eine Wildkatze, ein brüllender Stier, ein gräßlicher Mörder, dem ich zu entkommen suchte; ein andermal ein Dämon, der mich an den Rand eines Abgrunds trieb und mich in dunkle Wogen oder grausige Schlünde stieß. Dann erwachte ich, von heftigen Angstschauern geschüttelt, und mußte mir versichern, daß alles nur ein Traum war, und versuchen, meine wachen Gedanken in die entzückenden Gefilde Italiens zu schicken, die ich bald zu besuchen hoffte. Doch lange war es mir nicht vergönnt, mein Gemüt durch das Spiel meiner Phantasie zu besänftigen, denn am dritten Tage nach Deiner Geburt, mein Kind, wurde ich von einem Besuch meines älteren Bruders überrascht. Er kam ohne jede Vorankündigung, um mir den Tod meines Onkels mitzuteilen. Dieser hatte den größten Teil seines Vermögens meinem Kind vermacht und mich als Vormund eingesetzt, kurz, alles unternommen, um mich zur Herrin über sein Vermögen zu machen, ohne auch nur einen Teil davon Mr. Venables' Zugriff preiszugeben. Mein Bruder kam, um mir seine Wut entgegenzuschleudern, weil ich, wie er sich ausdrückte, ihn, meines Onkels ältesten Neffen, seines Erbes beraubt habe. Doch da der Besitz meines Onkels, allein die Frucht seiner eigenen Anstrengungen, ganz in Staatspapieren und Landbesitz angelegt war, enthielt der Vorwurf keine Spur von Gerechtigkeit.

Da ich meinen Onkel aufrichtig liebte, löste diese Nachricht ein Fieber aus, das ich mit aller Kraft meines Gemüts zu bezwingen suchte, denn in meinem verzweifelten Zustand lag es mir sehr am Herzen, Dich, mein armes Kind, zu stillen. Du schienst meine einzige Bindung an das Leben, ein Engel, dem ich Vater und Mutter sein wollte, und die doppelte Pflicht schien in mir die Liebe doppelt wachsen zu lassen. Doch die Freude, die ich empfand, wenn ich Dich nährte, wurde grausam gedämpft durch melancholische Betrachtungen über meinen verwitweten Zustand – verwitwet durch den Tod meines Onkels. Gedanken an Mr. Venables kamen mir nie, selbst wenn ich daran dachte, welches Glück es sein müßte, Deinen Vater zu lieben, und wie eines Gatten Zärtlichkeit meine Mutterfreuden steigern und die mütterlichen Ängste mildern könnte. Warum bin gerade ich, fragte ich Dich, doch Du verstandest mich nicht, davon ausgeschlossen, an der süßesten Freude des Lebens teilzuhaben? Ich malte mir aus, mit welcher Seligkeit ich nach den Leiden des Kindbetts meinen kleinen Fremdling, den zu sehen ich mir so lange gewünscht hatte, einem würdigen Vater vorgestellt und mit welcher mütterlichen Freude ich beide ans Herz gedrückt hätte! – Jetzt küßte ich sie, die arme Hilflose! mit geschmälertem Entzücken, wenngleich mit dem wärmsten Mitleid, wenn ich nur eine entfernte Ähnlichkeit mit dem Manne bemerkt, dem sie ihre Existenz verdankte. Wenn eine ihrer Bewegungen mich an ihn erinnerte, selbst in seinen besten Tagen, schwoll mir das Herz, und ich preßte die Unschuldige an meinen Busen, als könne ich sie so reinigen – ja, ich errötete bei dem Gedanken, daß ihre Reinheit dadurch besudelt war, daß ich einem solchen Mann gestattet hatte, ihr Vater zu werden[23].

Nach meiner Genesung begann ich daran zu denken, ein Haus auf dem Lande zu mieten oder auf den Kontinent zu reisen, um Mr. Venables nicht zu begegnen und mein Herz neuen Freuden und Neigungen zu öffnen. Der Frühling ging in den Sommer über, und Du, meine kleine Gefährtin, begannst zu lächeln – jenes Lächeln, das die Hoffnung neu sprießen ließ und mir bewies, daß die Welt keine Wüste war. Meine Phantasie beschäftigte sich ständig mit Deinen Regungen und malte sich die Freude aus, wenn Du laufen lernen und die ersten Worte lallen würdest. Indem ich über Deinen erwachenden Geist wachte und meine zarte Blüte vor jedem rauhen Windhauch schützte, erholte sich meine Seele. Von dem Frost, dem ›tödlichen Frost‹[24], dem Du noch ausgesetzt werden solltest, ließ ich mir nichts träumen. Doch als Frau geboren und damit zum Leiden, fühle ich, indem ich trachte, meine eigenen Gefühle zu bezwingen, um so stärker die verschiedenen Übel, die mein Geschlecht verdammt ist zu ertragen. Ich spüre, daß die Übel, denen die Frauen unterworfen sind, sie so weit unter den Stand ihrer Unterdrücker erniedrigen, daß deren Tyrannei fast gerechtfertigt erscheint und oberflächliche Beobachter verleitet werden, jene Schwäche als Ursache zu bezeichnen, die doch nur die Folge kurzsichtiger Gewaltherrschaft ist.«

VIERZEHNTES KAPITEL

»Als mein Gemüt sich beruhigt hatte, kehrten die Bilder Italiens mit ihrer früheren Leuchtkraft zurück, und ich beschloß, England für eine Weile den Rücken zu kehren und nach jener Heiterkeit zu suchen, die ein Wechsel der Umgebung beschert, es sei denn, wir tragen einen mit Widerhaken bewehrten Pfeil mit uns herum und sehen nur, was wir selbst fühlen.

Im Verlaufe der Vorbereitungen zu meiner längeren Abwesenheit schickte ich meinem Vater Geld, damit er seine Schulden begleichen konnte, und brachte meine Brüder in würdigen Stellungen unter. Freilich richtete sich meine Fürsorge nicht nur auf meine Familie, doch halte ich es nicht für notwendig, hier selbstverständliche Taten der Nächstenliebe aufzuzählen. Die Art, in der mein Onkel über sein Vermögen verfügt hatte, hinderte mich, den Besitz meiner einzigen noch lebenden Schwester so zu mehren, wie ich es gern getan hätte, doch hatte ich meinen Onkel dazu bewogen, ihr zweitausend Pfund zu hinterlassen, und sie beschloß, einen Mann zu heiraten, dem sie seit einiger Zeit herzlich zugetan war. Wäre dieses Verlöbnis nicht gewesen, hätte ich sie eingeladen, mich auf meiner Reise zu begleiten. Dann wäre ich vielleicht der Fallgrube entgangen, die man so hinterlistig auf meinem Weg ausgehoben hatte, als ich am wenigsten auf eine Gefahr gefaßt war.

Ich wollte ursprünglich bis zur Entwöhnung meines Kindes in England bleiben. Doch der Zustand meiner Freiheit war zu friedvoll, um zu dauern, und ich bekam bald Grund, meine Abreise zu beschleunigen. Ein Freund von Mr. Venables, der nämliche Advokat, der ihn bei verschiedenen Streifzügen zu dem Zwecke, mich aus meinen Verstecken zu jagen, begleitet hatte, suchte mich auf und schlug eine Versöhnung vor. Als ich mich weigerte, riet er mir, meinem Mann – als solchen bezeichnete er ihn – den größeren Teil des Vermögens, über das ich verfüge, zu überschreiben. Falls ich nicht einwilligte, drohte er mir mit ständiger Verfolgung und damit, daß Mr. Venables als letztes Druckmittel mein Kind fordern würde. Wiewohl eingeschüchtert durch diese Andeutung, stand ich doch nicht an zu erklären, ich werde nicht zulassen, daß er das Geld verschwende, das mir zu ganz anderen Zwecken hinterlassen war. Dennoch bot ich Mr. Venables fünfhundert Pfund an, falls er eine Verpflichtung zu unterschreiben bereit sei, daß er mich nicht weiter quälen wolle. Dergestalt ließ mich meine mütterliche Ängstlichkeit von meinem ursprünglichen Entschluß abweichen und brachte ihn oder seinen teuflischen Handlanger wahrscheinlich erst auf den niederträchtigen Plan, der nur zu gut gelungen ist.

Der Vertrag wurde unterschrieben, und dennoch war ich voller Ungeduld, England zu verlassen. Solange wir, Mr. Venables und ich, die gleiche Luft atmeten, lag Unheil darin. Ich wollte, daß die See uns trennte und Wogen zwischen uns rollten, bis er vergessen hatte, daß ich die Mittel besaß, die ihm helfen konnten, neue Intrigen zu spinnen. Verstört von den jüngsten Vorkommnissen, bereitete ich mich unverzüglich auf die Abreise vor. Eine gewisse Verzögerung entstand dadurch, daß ich noch auf eine Kammerjungfer wartete, die fließend Französisch sprach und mir wärmstens empfohlen war. Einen Diener, so hatte man mir dagegen geraten, wollte ich jeweils an dem Ort in Dienst nehmen, an dem ich mich auf einige Zeit niederließ.

Mein Gott, mit wie leichtem Herzen brach ich nach Dover auf! Nicht mein Land, nur meine Sorgen wollte ich hinter mir lassen. Mein Herz schien im Takt der Räder zu hüpfen oder vielmehr die Nabe zu sein, um die sie sich drehten. Ich preßte Dich an meinen Busen und rief: ›Und Du wirst sicher sein, ganz sicher, wenn wir erst einmal auf dem Postschiff sind! – Ich wünschte, wir wären schon da!‹ Über meine müßigen Ängste lächelte ich, nahm sie als die natürlichen Folgen der ständigen Anspannung. Kaum wagte ich mir einzugestehen, daß ich Mr. Venables Heimtücke fürchtete und mir wohl bewußt war, mit welch gräßlichem Vergnügen er eine List nach der anderen erfinden würde, um mich hereinzulegen. Dabei war ich schon in der Falle – ich erreichte das Postschiff nie –, auch Dich sah ich nicht wieder. – Der Atem stockt mir. Kaum habe ich die Ruhe, die Einzelheiten niederzuschreiben. Die Jungfer – die gewinnende Frau, die ich eingestellt hatte – tat zweifellos einen betäubenden Trank in das, was ich am Morgen meiner Abreise aus der Stadt aß oder trank. Ich weiß nur, daß sie, die schamlose Dirne, aus der Kutsche gestiegen und mein Kind von meiner Brust gerissen und mitgenommen haben muß. Wie konnte nur ein weibliches Wesen zusehen, wie ich Dich liebkoste, und Dich dann aus meinen Armen stehlen! Ich muß innehalten; innehalten, um das Herzeleid einer Mutter zu bezwingen, damit ich nicht den Zorn des Himmels auf diese Tigerin herabbeschwöre, die mir meinen einzigen Trost entriß!

Wie lange ich schlief, weiß ich nicht, doch gewiß viele Stunden, denn ich erwachte erst gegen Abend in einer seltsamen Verwirrung meiner Gedanken. Wahrscheinlich weckte mich ein donnerndes Klopfen an einem großen, schwer beweglichen Tor. Als ich versuchte zu fragen, wo ich sei, versagte mir die Stimme, und ich bemühte mich vergebens, mich verständlich zu machen, wie in einem Traum. Voller Angst sah ich mich nach meinem Kind um, fürchtete, es sei von meinem Schoß geglitten, während ich seiner so unerklärlich vergessen hatte. Und der merkwürdige Rausch – ich finde kein anderes Wort dafür –, in den ich versetzt worden war, war so stark, daß ich mich nicht erinnern konnte, wann und wo ich Dich zuletzt gesehen hatte. Doch ich seufzte tief, als brauche mein Herz Luft, um meinen Kopf zu klären.

Die Torflügel öffneten sich schwerfällig, und das dumpfe Dröhnen, mit dem viele Schlösser und Riegel zurückflogen, fiel mir schwer auf die Seele, bis mich das gräßliche Quietschen der Angeln, mit dem das Tor sich hinter mir schloß, vollends entsetzte. Ein düsterer Steinhaufen lag vor mir, halb verfallen; alte Alleebäume waren gefällt worden und an Ort und Stelle zum Vermodern liegen gelassen. Als wir uns einigen zerfallenden Stufen näherten, schoß ein gräßlicher Hund so weit heraus, wie es seine Kette erlaubte, und bellte und knurrte schaurig.

Langsam öffnete sich die Tür, und das Gesicht eines Galgenvogels schaute heraus, der eine Laterne in der Hand hielt. ›Kschsch!‹ befahl er drohend, und das verängstigte Tier schlich in seine Hütte zurück. Die Tür der Kutsche flog auf, der Fremde setzte die Laterne ab und schlang seine widerwärtigen Arme um mich. Es muß an der Wirkung des einschläfernden Trunks gelegen haben, denn anstatt mich nach Kräften zu wehren, sank ich bewegungs-, wenngleich nicht empfindungslos gegen seine Schulter; meine Glieder versagten ihren Dienst. Ich wurde die Treppe hinauf in eine verdunkelte Halle getragen. Eine flackernde Kerze reichte gerade aus, um mir das wüste Gesicht des Schurken, der mich hielt, zu zeigen.

Er stieg eine breite Treppe hinauf. Große, auf die Mauern gemalte Gestalten schienen auf mich zuzustürzen, durchdringende Augen mich an jeder Biegung anzustarren. Als wir in einen langen Korridor einbogen, ließ ein gräßlicher Schrei mich in einem Gefühl namenlosen Entsetzens um mich schlagen; doch ich stürzte nur zu Boden, unfähig, mich auf den Beinen zu halten.

Eine seltsam aussehende Frau sprang aus einem der dunklen Winkel hervor und starrte mich mit mehr Neugier als Anteilnahme an, bis sie, streng zur Umkehr aufgefordert, wie ein Schatten zurückglitt. Andere Gesichter, stark gezeichnet oder gar verzerrt, lugten durch die halb geöffneten Türen, und unzusammenhängende Laute drangen an mein Ohr. Ich hatte keine klare Vorstellung, wo ich mich befinden könnte – ich sah mich nach allen Seiten um und wußte kaum, ob ich noch lebte oder tot war.

Als man mich auf ein Bett warf, sank ich sogleich wieder in tiefe Ohnmacht. Am nächsten Morgen kam langsam die Fähigkeit zurück, meine Vernunft zu gebrauchen, und ich begann, erschreckt über die Entdeckung, zu begreifen, wo man mich gefangenhielt. Ich bestand darauf, den Direktor der Anstalt zu sehen – ich sprach ihn – und entdeckte, daß ich lebendig begraben war. –

So, mein Kind, verliefen die Ereignisse im Leben Deiner Mutter bis zu diesem furchtbaren Augenblick. Sollte sie jemals den Fängen ihrer Feinde entkommen, wird sie die Geheimnisse ihres Kerkers hinzufügen – und – «

Hier waren einige Zeilen ausgestrichen, und die Erinnerungen endeten abrupt mit den Namen Jemimas und Darnfords.

ANHANG

Das Werk, von dem hier dem Leser ein Bruchstück vorgelegt wurde, war auf drei Teile hin angelegt; die vorausgehenden Seiten sollten einer davon sein. Leser, deren Herz angerührt ist von der Lektüre der bereits geschriebenen und von der Autorin bis zu einem gewissen Grad vollendeten Kapitel und die daher mit Spannung auf die Fortsetzung der Geschichte warten, werden natürlich freudig auch die unfertigen Abschnitte und halben Sätze begrüßen, die sich als schriftliche Skizzen für den Rest vorfanden. Anspruchsvolle und kaltherzige Kritiker mögen sich vielleicht von ihrem mangelnden Zusammenhang abgestoßen fühlen; doch ein wißbegieriger Geist nimmt Informationen auch in der unvollkommensten und verstümmeltsten Form an, wo Besseres nicht zur Verfügung steht. Und Leser, die auch nur ein wenig der Autorin verwandt sind im intuitiven Erfassen von Empfindungen sowie der Freuden und Leiden der Einbildungskraft, werden, glaube ich, Geschmack daran finden, über Skizzen nachzusinnen, die flink hingeworfen wurden, um erst später vom Genie der Autorin vollendet zu werden. Nun müssen sie freilich für immer ein Mahnmal bleiben für den Triumph der Sterblichkeit über all unsere Pläne der Nützlichkeit und Projekte im öffentlichen Interesse.

William Godwin

FÜNFZEHNTES KAPITEL

Darnford schickte die Erinnerungen mit einem innigen Brief an Maria zurück, in dem er seine Gedanken über »die Absurdität der Ehegesetze« zu Papier brachte, »welche die Heirat zur unerträglichsten Sklaverei machen bis zu dem Tage, an dem Scheidungen erleichtert werden. Bande dieser Art können Gemüter, die sich von höheren Prinzipien leiten lassen, nicht binden, und solche Menschen haben auch das Vorrecht, sich über das Diktat der Gesetze hinwegzusetzen, bei deren Formulierung sie nicht mitwirkten, wenn sie denn genügend Seelenstärke besitzen, die natürlichen Folgen auf sich zu nehmen.« In Marias Falle von Pflicht zu sprechen sei eine Farce, es sei denn, man meine die Pflicht gegen sich selbst. Sowohl das Zartgefühl wie die Vernunft verböten ihr, je eine Rückkehr zu ihrem Gatten in Erwägung zu ziehen: Sollte sie etwa ihrer bezaubernden Empfindsamkeit eines bloßen Vorurteils wegen Zwang antun? Diese Argumente seien indessen nicht ganz selbstlos; er verschmähe es, zu leugnen, daß er bei diesen Appellen an ihre Vernunft glaube, ein gewisses Anrecht auf ihr Herz zu haben. Diese Gewißheit sei für ihn ebenso überwältigend wie heilig – tausendmal am Tage frage er sich, wie er ein solches Glück verdient habe. Und ebensooft sei er entschlossen, sein Herz zu läutern, in dem sie geruhe zu wohnen. – Er bat, wieder bei ihr vorgelassen zu werden.

Das wurde er; und die Träne, die in seinem Auge glänzte, als er sie voller Ehrfurcht an die Brust drückte, machte ihn der unglücklichen Mutter noch teurer. Die Trauer hatte die Ekstase der Liebe gedämpft, machte aber ihre gegenseitige Zärtlichkeit nur noch rührender. Bei früheren Gesprächen hatte Darnford es unter hundert kleinen Vorwänden verstanden, sich dicht neben Maria zu setzen, ihre Hand zu ergreifen oder ihr in die Augen zu schauen – jetzt war er ganz tröstende Zärtlichkeit, und seine Hochachtung schien mit der Liebe zu wetteifern. Als er von ihrem Lebensbericht sprach, verurteilte er erregt die Schmach, die sie ertragen mußte. – Seine Augen, in denen eine Flamme loderte, verrieten ihr, wie sehr er wünschte, sie der Liebe und Freiheit wiederzugewinnen; doch er küßte ihre Hand, als sei es die einer Heiligen, und sprach vom Verlust ihres Kindes, als sei es sein eigenes gewesen. Was hätte Maria mehr schmeicheln können? Sie vermerkte jede seiner Regungen der Selbstverleugnung in ihrem Herzen und liebte ihn dafür, daß er sie zu sehr schätzte, um sich von seiner Leidenschaft hinreißen zu lassen.

Sie trafen sich wieder und wieder, und während die Leidenschaft auf seinen Wangen glühte, erklärte Darnford, daß er vorher nicht gewußt habe, was es bedeute, zu lieben.

Eines Morgens teilte Jemima Maria mit, daß der Leiter der Anstalt sie aufzusuchen und unter vier Augen zu sprechen wünsche. Er kam und brachte ihr einen Brief, wobei er so tat, als kenne er dessen Inhalt nicht; gleichwohl bestand er darauf, ihn zurückzubekommen. Der Brief kam von dem schon erwähnten Advokaten. Er teilte ihr den Tod ihres Kindes mit und wies darauf hin, daß sie jetzt keinen gesetzmäßigen Erben mehr habe und daß sie, wäre sie bereit, die Hälfte ihres Vermögens zu Lebzeiten Mr. Venables zu überschreiben, nach Dover gebracht würde und ihre Reisepläne verwirklichen könne.

Maria antwortete hitzig, daß sie weder mit dem Mörder ihres Kindes Geschäfte machen noch ihre Freiheit auf Kosten ihrer Selbstachtung erkaufen würde.

Als sie beginnen wollte, mit ihrem Kerkermeister zu rechten, befahl er ihr jedoch streng, still zu sein – er sei schon so weit gegangen, daß er auch noch weiter gehen würde.

Am Abend kam Darnford. Jemima mußte fort und schloß beide wie gewöhnlich ein, um eine Störung oder Entdeckung zu verhindern. – Die Liebenden waren zunächst verlegen; doch dann gerieten sie unwillkürlich in ein vertrauliches Gespräch. Darnford hielt ihr vor Augen, daß sie vielleicht bald Abschied voneinander nehmen müßten, und wünschte, sie würde dem Schicksal die Macht nehmen, sie je wieder zu trennen.

Da empfing sie ihn als ihren Gatten, und er schwor feierlich, ihr Beschützer und auf ewig ihr Freund zu sein. –

Maria hatte eine Eigenheit: Sie war ängstlicher darauf bedacht, nicht zu betrügen, als sich gegen Betrug zu schützen, und vertraute lieber ohne hinreichenden Beweis, als ständig ein Opfer des Zweifels zu sein. Und außerdem, was sind wir, wenn die Seele sich in Hochstimmung befindet, die unsere Gedanken über kleinliche Vorsicht hinweghebt! Wir sehen, was wir wünschen, und schaffen uns eine Welt nach unseren Vorstellungen – und obwohl die Wirklichkeit manchmal dem Leid eine Tür öffnet, so können doch die Augenblicke des Glücks, die uns die Einbildungskraft beschert, zu den großen Trostmöglichkeiten des Lebens gerechnet werden. Maria war jetzt, da sie meinte, ein Wesen himmlischer Art gefunden zu haben, glücklich – und sie irrte sich nicht. Darnford war Wachs in ihren leidenschaftlichen Händen – und erwiderte all die Gefühle, die in ihr glühten. – – –
– –
– – – – – – – – – – – – – – – – – – –

SECHZEHNTES KAPITEL

Eines Morgens herrschte große Unruhe im Haus, und Jemima kam erregt zu Maria geeilt, um ihr mitzuteilen, daß »ihr Herr« die Anstalt verlassen habe, und zwar, da sei sie sicher (und zu viele Umstände bestärkten sie in ihrer Vermutung), in der Absicht, nie zurückzukehren. »Ich bin bereit«, setzte Jemima hinzu, »Sie auf Ihrer Flucht zu begleiten.«

Maria erschrak, und ihre Augen blickten ängstlich zur Tür, als fürchte sie, jemand könne sie für immer einschließen.

Jemima fuhr fort: »Ich habe vielleicht kein Recht, jetzt die Erfüllung Ihres Versprechens zu erwarten. Doch es liegt in Ihrer Hand, mich mit der Menschheit zu versöhnen.«

»Aber Darnford!« rief Maria traurig, während sie sich wieder setzte und die Arme verschränkte. »Ich habe kein Kind mehr, zu dem ich zurückkehren kann, und die Freiheit hat ihre Süße verloren.«

»Wenn ich mich nicht sehr täusche, ist Darnford der Grund für die Flucht meines Herrn. Seine Wärter versichern mir, daß sie versprochen haben, ihn noch zwei weitere Tage festzuhalten, und dann wird er frei sein. Sie können ihn jetzt nicht sehen, doch man wird ihm einen Brief übergeben, sobald er frei ist. Teilen Sie ihm darin mit, wo er Sie in London finden kann; bestimmen Sie ein Hotel. Geben Sie mir Ihre Kleider; ich werde sie zusammen mit meinen aus dem Haus schicken, und wir werden durch die Gartenpforte entweichen. Schreiben Sie Ihren Brief, während ich alles vorbereite, aber verlieren Sie keine Zeit!«

In einem inneren Aufruhr, der sich nicht beschwichtigen ließ, begann Maria, an Darnford zu schreiben. Sie redete ihn mit dem heiligen Namen »mein Gatte« an und bat ihn, »zu ihr zu eilen, um ihr Vermögen mit ihr zu teilen, andernfalls würde sie zu ihm eilen«. – Ein Hotel im Adelphi-Bezirk nahe der Fleed Street sollte ihr Treffpunkt sein.

Der Brief wurde versiegelt und in Obhut gegeben, und mit leisen Schritten, deren Geräusch sie dennoch erschreckte, schlich Maria die Treppe hinunter. Kaum wagte sie zu atmen und war von der unklaren Furcht erfüllt, die Gartenpforte nie zu erreichen. Jemima ging voraus.

Ein Wesen mit einem Antlitz, das gut zu einem von Teufeln Besessenen gepaßt hätte, stellte sich ihnen in den Weg und packte Maria am Arm. Maria fürchtete sich vor nichts außer davor, aufgehalten zu werden – »Wer bist du? Was bist du?« fragte sie, denn die Gestalt wirkte kaum menschlich. »Wenn du aus Fleisch und Blut bist« – seine gräßlichen Augen starrten sie an –, »dann halte mich nicht auf!«

»Weib!« unterbrach sie eine Grabesstimme, »was habe ich mit dir zu schaffen?« – Dennoch packte er ihre Hand und murmelte einen Fluch.

»Nein, nein; du hast gar nichts mit mir zu schaffen«, rief sie, »hier geht es um Leben und Tod!« –

Mit übernatürlicher Kraft riß sie sich los, klammerte sich an Jemima und rief: »Rette mich!« Das Wesen, von dem sie sich befreit hatte, ergriff, als sie das Tor öffneten, einen Stein und schleuderte ihn mit teuflischem Vergnügen hinter ihnen her. Doch sie waren schon außer Reichweite.

Als Maria in London eintraf, fuhr sie zu dem vorgesehenen Hotel. Doch sie fand keine Ruhe – immer sah sie ihr Kind vor sich; und alles, was während ihrer Gefangenschaft geschehen war, kam ihr wie ein Traum vor. Sie ging zu dem Haus in einem Vorort, wo, wie sie nun erfuhr, ihr Kind hingeschickt worden war. Als sie eintrat, sank ihr Herz; sie wunderte sich nicht, daß ihre Kleine hier nicht hatte überleben können. Sie erkundigte sich, und man zeigte ihr den Friedhof, wo sie unter einem Stück Rasen ruhte. Ein Kleidchen, welches das Kind der Amme trug (Maria hatte es selbst genäht), fiel ihr ins Auge. Die Amme verkaufte es gern für eine halbe Guinee, und Maria eilte mit dieser Reliquie davon. Wieder in der Droschke, starrte sie darauf, bis sie bei ihrem Hotel ankam.

Dann suchte sie den Advokaten auf, der das Testament ihres Onkels aufgesetzt hatte, und erklärte ihm ihre Lage. Bereitwillig gab er ihr von dem Geld, das noch in seinen Händen war, und versprach, den Fall gründlich zu durchdenken. Maria wünschte nur, in Ruhe gelassen zu werden. – Sie entdeckte, daß mehrere Rechnungen, scheinbar von ihr unterschrieben, ihrem Bevollmächtigten vorgelegt worden waren, und sie zweifelte keinen Augenblick, wer sie gefälscht hatte. Doch ebenso abgeneigt zu drohen wie zu flehen, bat sie den Advokaten, Mr. Venables aufzusuchen. Der war nicht zu Hause; doch schließlich machte der Advokat als sein Bevollmächtigter ein Angebot: Maria sollte nicht weiter belästigt werden, solange sie sich schicklich betrage, wenn sie bereit sei, das Geld herauszugeben. Maria willigte unüberlegt ein – Darnford war eingetroffen, und sie wollte nur der Liebe leben; sie hoffte, der Schmerz werde nachlassen, den sie jedesmal fühlte, wenn sie an ihr Kind dachte.

Gemeinsam mieteten sie eine möblierte Wohnung, denn über Verstellung war Maria erhaben. Jemima bestand darauf, als Haushälterin eingestellt zu werden und den üblichen Lohn zu empfangen. Unter keinen anderen Bedingungen wollte sie bei ihrer Freundin bleiben.

Darnford versuchte unermüdlich, die Umstände seiner Gefangenschaft aufzuklären. Der Grund war, daß ein entfernter Verwandter, dessen designierter Erbe er war, starb, ohne sein Testament aufgesetzt zu haben, und ein beträchtliches Vermögen hinterließ. Auf die Nachricht von Darnfords Ankunft in England hin hatte eine Person, die mit der Verwaltung des Vermögens betraut und im Besitz aller Papiere war, beschlossen, Darnford mit einem einzigen dreisten Handstreich um sein Erbe zu bringen, und seine Gefangennahme ausgeheckt. Und, sobald er alle Maßnahmen ergriffen hatte, die er als seinem Vorhaben dienlich erachtete, verließ dieser Schurke, zusammen mit seinem Handlanger, dem Besitzer des privaten Irrenhauses, das Land. Darnford setzte seine Nachforschungen fort und entdeckte, daß sie nach Paris geflohen waren.

Maria und er beschlossen daher, mit der treuen Jemima jene Metropole zu besuchen, und bereiteten sich schon auf die Reise vor, als ihnen mitgeteilt wurde, Mr. Venables habe Darnford wegen Verführung und Ehebruch verklagt. Marias Empörung ließ sich nicht in Worte fassen; ihre Nachgiebigkeit, mit der sie ihm das Geld zugestanden hatte, reute sie nun. Darnford konnte seine Reise nicht aufschieben, ohne den Verlust seines Vermögens zu riskieren. Daher stattete Maria ihn mit hinreichenden Geldmitteln für seine Unternehmung aus und beschloß, den Ausgang der Angelegenheit in London abzuwarten.

Sie wollte einige Damen besuchen, mit denen sie früher Umgang hatte, wurde jedoch nicht empfangen; und in der Oper oder in Ranelagh erkannten sie sie nicht. Unter diesen Damen gab es einige – freilich nicht ihre engsten Bekannten –, von denen allgemein gemunkelt wurde, daß sie sich der Ehe als eines schützenden Deckmantels für ein Verhalten bedienten, das ihren Ruf auf immer vernichtet hätte, wären sie unschuldige, verführte Mädchen gewesen. Diese mieden Maria besonders. – Wäre sie bei ihrem Ehemann geblieben und hätte geheuchelt, hätte ihr Kind vernachlässigt, um einer heimlichen Liebesaffäre willen, wäre sie weiterhin besucht und geachtet worden. Hätte sie sich, anstatt offen mit ihrem Geliebten zusammenzuleben, zu tausend raffinierten Kunstgriffen bereit gefunden, die zwar ihre Seele erniedrigt, aber Leuten, die alles durchschauten, erlaubt hätten, das Gegenteil vorzutäuschen, dann wäre sie gehätschelt und behandelt worden wie eine ehrenwerte Frau.

Das Leben mit Darnford war nicht nur ungetrübte Glückseligkeit. Seine Sprunghaftigkeit machte Maria manchmal zu schaffen; doch die Liebe vertrieb immer wieder alle Wolken. Außerdem zeigte er sich als der zärtlichste, einfühlsamste Mann der Welt. Eine Schwäche für das weibliche Geschlecht verleiht dem Betragen vieler Männer den Anschein menschlicher Güte, der ihrer wahren Natur kaum entspricht; sie scheinen andere zu lieben, während sie doch nur ihre eigene Befriedigung suchen. Darnford schien stets offen für Anregungen durch Marias Geschmack und ihre Bildung, während sie versuchte, von seiner Entschiedenheit zu lernen und einige der schwärmerischen Vorstellungen auszujäten, die in ihrer Seele Wurzeln geschlagen hatten, als sie sich im Unglück Bilder unerreichbarer Seligkeit ausmalte.

Die echte Liebe im Leben ist, wenn sie sich entfalten darf, eine Knospe, die alle Freuden und süßen Empfindungen der Seele verheißungsvoll in sich schließt; mit unbefangener Leichtigkeit entfaltet sie sich im Gegensatz zu den künstlichen Formen des Glücks, die sich eine fieberhaft lebendige Phantasie vorgaukelt. Das wahre Glück, welches das Gemüt wachsen läßt und verfeinert, ist zu vergleichen mit der Freude, die wir erleben, wenn wir nach Herzenslust durch die Natur streifen und die süßen Lüfte atmen, die der Gegend eigen sind. Die Träumereien einer überhitzten Phantasie dagegen tummeln sich ständig in Gärten voller aromatischer Sträucher, deren Duft noch im Entzücken Überdruß erzeugt und das Vergnügen schwächt, das er bereitet. Dichter haben sich Szenen der Glückseligkeit ausgemalt; doch grenzt man das Leid aus, scheinen alle gewaltigen Empfindungen der Seele und sogar ihre Erhabenheit gleichermaßen ausgeschlossen. Wir schlummern ein angesichts des unbewegten Sees und sehnen uns, die Felsen zu übersteigen, die das glückliche Tal der Zufriedenheit umschließen, wiewohl Schlangen in der weglosen Wüste zischen und Gefahr in der unerforschten Wildnis lauert. Maria bemerkte, daß sie nachgiebiger wurde, weil sie glücklicher war, und entdeckte Tugenden in Menschen, die sie vorher nicht erkannt hatte. Denn übertriebene Empfindsamkeit verschließt das Herz oft gegen die Freude an der Gesellschaft anderer Menschen, gegen die sanften Regungen der Menschlichkeit.

Die Trennung von Darnford war wahrlich grausam; sie bedeutete für Maria, sich wieder schmerzlich allein zu fühlen. Doch jubelte sie innerlich im Gedanken daran, daß sie ihm die Sorgen und die Peinlichkeiten eines Prozesses ersparte und ihn wiedersehen würde, um ganz die Seine zu werden. Maria meinte zwar, bei der gegenwärtigen Gesetzeslage führe die Ehe zur Unmoral, doch da die Ablehnung durch die Gesellschaft nützliches Handeln behindert, wünschte sie, ihre Liebe zu Darnford auch dadurch zu bekennen, daß sie seine Frau nach den Regeln der Konvention wurde. Darin sollte sie nicht mit Frauen verwechselt werden, die aus sehr anderen Motiven handeln, denn ihr Verhalten wäre auch ohne Zeremonie ganz das gleiche gewesen und ihre Erwartungen an ihn nicht weniger fest. Daß sie vor Gericht werde erscheinen müssen eines Anklagepunktes wegen, zu dem sie entschlossen war sich schuldig zu bekennen, war dennoch bitter, denn dadurch wurden schmerzliche Gedanken über die Lage der Frauen in der Gesellschaft geweckt.

SIEBZEHNTES KAPITEL

In dieser Gemütsverfassung befand sich Maria, als die Hunde des Gesetzes auf sie losgelassen wurden. Sie übernahm selbst die Aufgabe der Leitung von Darnfords Verteidigung und wies seinen Anwalt an, im Anklagepunkt des Ehebruchs auf schuldig zu plädieren, den der Verführung jedoch zu bestreiten.

Der Anwalt des Klägers eröffnete die Verhandlung und erklärte, sein Klient sei stets ein gütiger Gatte gewesen und habe etliche Charakterfehler seiner Frau hingenommen. Eine kriminelle Handlung habe er ihr nicht vorzuwerfen, doch habe sie das Haus verlassen, ohne einen triftigen Grund anzugeben. Ob sie den Beklagten zu jenem Zeitpunkt schon kannte, könne er nicht mit Sicherheit sagen, doch einmal, als sein Klient versuchte, seine Frau nach Hause zu holen, habe dieser Mann die Konstabler in die Flucht geschlagen und Maria an einen unbekannten Ort gebracht[25]. Nach der Geburt ihres Kindes sei ihr Verhalten so seltsam gewesen, und da einer ihrer Verwandten von einer melancholischen Krankheit befallen war, auf die hier näher einzugehen das Feingefühl verbiete, schien es notwendig, sie in eine Anstalt zu bringen. Irgendwie sei es dem Beklagten gelungen, ihr zur Flucht zu verhelfen, und danach hätten sie zusammengelebt, aller Ordnung und Schicklichkeit spottend. Der Ehebruch werde zugegeben, daher sei es nicht notwendig, Zeugen dafür beizubringen; doch die Verführung, wiewohl nach den Umständen, die er die Ehre habe darzulegen, sehr wahrscheinlich, könne nicht so klar bewiesen werden. – Diese sei von der schlimmsten Sorte gewesen, da allem Anstand getrotzt wurde, und die Achtung für den gesellschaftlichen Ruf, welche gewöhnlich Gewissensbisse hervorrufe, völlig außer acht gelassen.

Ein starkes Empfinden der Ungerechtigkeit brachte alle Regungen in Marias Busen zum Schweigen, die eine Mischung aus echtem und falschem Zartgefühl wohl sonst darin aufgewühlt hätte. Es ging ihr nur noch darum, das Vorrecht ihrer Natur zu verteidigen. Der Hohn der Gesellschaft und die Verurteilung durch eine irregeleitete Welt bedeuteten ihr nichts im Vergleich zu dem Gedanken, den Gefühlen zuwiderhandeln zu sollen, aus denen ihre Prinzipien erwuchsen. [Daher eilte sie eifrig hin zu diesem denkwürdigen Ereignis, anstatt es lieber zu meiden.]

Da Maria die Listen und Kniffe des Gesetzes als schändlich verschmähte, verfaßte sie eine Erklärung, von der sie ausdrücklich wünschte, daß man sie vor Gericht verläse:

»Als ich heiratete, war ich noch kaum reif, das Wesen dieser Verpflichtung richtig zu begreifen. Dennoch unterwarf ich mich den strengen Gesetzen, welche die Frauen versklaven, und gehorchte meinem Gatten, auch als ich ihn nicht mehr lieben konnte. Ob die Pflichten des Ehestandes wechselseitig sind, will ich hier nicht erörtern; doch kann ich wiederholte Fälle von Untreue nachweisen, über die ich hinwegsah und die ich verzieh. Es fehlt nicht an Zeugen, die diese Vorkommnisse bestätigen können. Zur Zeit unterstütze ich das Kind einer Dienerin, das ihm mit Sicherheit zugeschrieben wird und das nach unserer Heirat geboren wurde. Ich bin bereit zuzugestehen, daß Erziehung und Umstände wohl die Männer dazu führen, mit weniger Feingefühl zu denken und zu handeln, als es die Aufrechterhaltung der Ordnung in der Gesellschaft von den Frauen verlangt. Doch darf ich wohl ohne Umschweife erklären, daß ich zwar die Geburt verzeihen konnte, jedoch nicht, daß er das unglückliche Kind im Stich ließ: Es war fürwahr nicht leicht, dem Gatten fortan weiter Respekt zu zollen, während ich den Mann verachtete. Mit angemessenen Einschränkungen respektiere ich dennoch jene Einrichtung, die die Welt verbrüdert. Doch protestiere ich gegen jene Gesetze, die das ganze Gewicht des Jochs auf die schwächeren Schultern legen und Frauen, wenn sie als Mütter einen Beschützer suchen, zwingen, einen Vertrag zu unterschreiben, der sie von den Launen ihres Tyrannen abhängig macht, den Wahl oder Notwendigkeit zum Herrscher über sie gesetzt hat. Es gibt sehr unterschiedliche Fälle, in denen eine Frau sich von ihrem Manne trennen sollte, und mein Fall, das erlaube man mir nachdrücklich zu betonen, gehört zu den schwerwiegendsten.

Ich will mich nicht über Verletzungen verbreiten, die nur der einzelne nachfühlen kann, sondern mich auf solche Anklagen beschränken, die eine Beleidigung für die ganze Menschheit darstellen. Um gewisse verheerende Spekulationen voranzutreiben, übte Mr. Venables Druck auf mich aus, bestimmte Summen von einem begüterten Verwandten zu leihen. Und als ich meine weitere Vermittlung verweigerte, wollte er mich verschachern. Er duldete nicht nur Gelegenheiten, sondern drängte gar einen Freund, von dem er Geld geliehen hatte, mich zu verführen. Nach der Entdeckung dieser Ungeheuerlichkeit faßte ich auf das entschiedenste den Entschluß, ihn zu verlassen, und zwar für immer. Ich betrachte jede Verpflichtung als durch sein Verhalten hinfällig geworden und bin der Überzeugung, daß Risse, die durch einen Mangel an moralischen Grundsätzen entstehen, nicht zu heilen sind.

Bei unserer Heirat erhielt mein Mann zusammen mit mir ein Vermögen von fünftausend Pfund. Nach dem

Tode meines Onkels vernichtete ich die Abmachung bezüglich dieses Vermögens, überzeugt, daß ich allein für mein Kind würde sorgen können. Ich verlangte nichts von meinem Eigentum zurück und will hier auch nicht die Summen aufrechnen, die mir während der sechs Jahre unseres Zusammenlebens abgepreßt wurden.

Nachdem ich das Haus, welches das Gesetz als mein Heim bezeichnet, verlassen hatte, wurde ich wie eine Verbrecherin von Ort zu Ort gejagt, obwohl ich keine Schulden machte und keinen Unterhalt forderte – doch, da die Gesetze solches Vorgehen absegnen und Frauen zum Besitz ihres Ehemannes erklären, verzichte ich auf kritische Anmerkungen. Nach der Geburt meiner Tochter und dem Tode meines Onkels, der mir und meinem Kind ein sehr beträchtliches Vermögen hinterließ, war ich neuer Verfolgung ausgesetzt. Und da ich mich gebunden hatte, bevor ich noch in ein verständiges Alter gekommen war, behandelte mich die Welt als auf immer an einen Mann gefesselt, der für seine Laster berüchtigt war. Doch was sind die landläufig bekannten Laster gegen die Vielfalt der geheimen Leiden einer Frau, die, wiewohl tief empfunden und in die Seele schneidend, sich der Beschreibung entziehen und sogar beschönigen lassen! Oft wird eine falsche Moral gepredigt, die als einzige Tugenden der Frau Keuschheit, Unterwerfung und das Verzeihen erlittenen Unrechts gelten läßt.

Ich vergebe meinem Unterdrücker, so bitterlich ich auch den Verlust meines Kindes beweine, das mir auf die gewaltsamste Weise entrissen wurde. Doch die Natur bäumt sich auf, und meine Seele wird krank bei der bloßen Vorstellung, ich könnte je der Pflicht unterworfen sein, Neigung zu heucheln, wo eine Trennung notwendig ist, wenn ich nicht unablässig vom Abscheu geschüttelt werden soll.

Um mich zur Herausgabe meines Vermögens zu zwingen, wurde ich – jawohl, in einem privaten Irrenhaus eingesperrt. – Dort, im Herzen des Elends, begegnete ich dem Manne, der meiner Verführung angeklagt ist. Wir wurden einander herzlich zugetan – ich betrachtete mich als frei und werde mich immer so betrachten. Der Tod meines Kindes zerschnitt das einzige Band, das noch zwischen mir und jenem Manne bestand, den man meinen rechtmäßigen Gatten nennt.

Dem Menschen, dem ich unter solchen Umständen begegnete, gab ich mich freiwillig hin. Ich hatte mich früher nicht gedrängt gefühlt, die Gesetze moralischer Reinheit zu verletzen, obwohl der Wunsch meines Gatten zu meiner Entschuldigung hätte angeführt werden können; jetzt hatte ich dagegen keinerlei Skrupel, jene Gesetze zu übertreten, deren Verletzung [die Politik der künstlichen Gesellschaft] mit [spürbaren] Strafen belegt. – Kein Befehl des Ehemannes kann verhindern, daß eine Frau für gewisse Verbrechen leidet, und so muß es ihr erlaubt sein, ihr Gewissen zu befragen und ihr Verhalten zum Teil nach ihrem eigenen Empfinden für das, was recht ist, zu richten. Meine Selbstachtung gebot mir, mich strikt an meinen Entschluß zu halten, Mr. Venables nie mehr als meinen Gatten zu betrachten, während sie mir nicht untersagte, einen anderen zu ermutigen. Wenn ich unglücklicherweise mit einem Mann ohne feste Grundsätze verbunden bin, soll ich dann für immer davon ausgeschlossen sein, die Pflichten einer Ehefrau und Mutter zu erfüllen? – Ich wünschte, mein Land würde mein Verhalten billigen; doch wenn Gesetze Gültigkeit haben sollen, die von den Starken zur Unterdrückung der Schwachen gemacht wurden, dann berufe ich mich auf mein eigenes Gerechtigkeitsempfinden und erkläre, daß ich nicht mit einem Individuum leben will, das jede moralische Verpflichtung, die Menschen aneinander bindet, gebrochen hat.

Gleichermaßen protestiere ich gegen jede Anklage, die vorgebracht wird, um den Mann, den ich als meinen Gatten betrachte, zum Verbrecher zu stempeln. Als ich Mr. Venables' Dach verließ, war ich sechsundzwanzig Jahre alt; wenn es je ein Alter geben sollte, in dem ich meine Angelegenheiten selbst regeln kann, dann hatte ich es zu jenem Zeitpunkt bereits erreicht. – Ich handelte mit Überlegung. – Als Mr. Darnford mir begegnete, traf er eine einsame und unterdrückte Frau, und er gelobte mir jenen Schutz, der den Frauen im gegenwärtigen Zustand der Gesellschaft fehlt. – Und der Mann, der mich nun zurückverlangt – wurde er etwa durch Mr. Darnfords Verhalten meiner Gesellschaft beraubt? Die Frage ist eine Beleidigung für den gesunden Menschenverstand, bedenkt man, wo Mr. Darnford mich kennenlernte. – Mr. Venables' Tür stand mir in der Tat offen – ja, sogar Drohungen und Beschwörungen wurden eingesetzt, um mich zur Rückkehr zu bewegen – doch warum? Waren etwa Liebe oder Ehre die Motive? – Ich kann, das ist wahr, nicht in alle Winkel des menschlichen Herzens schauen – doch ich möchte vermuten [und sehe mich darin durch verschiedene Umstände bestätigt], daß er nur von der zügellosesten Habgier getrieben war.

Ich fordere daher eine Scheidung und die Freiheit, ohne weitere Belästigung das Vermögen genießen zu können, das mir ein Verwandter hinterließ, der den Charakter des Mannes, mit dem ich es zu tun hatte, wohl durchschaute. – Ich appelliere an die Gerechtigkeit und Menschlichkeit der Jury – einer Gruppe von Männern, deren persönliches Urteil solche Gesetze abwandeln dürfen muß, die ungerecht sind, denn starre Regeln können niemals auf stets sich wandelnde Verhältnisse passen –

und ich lehne die Bestrafung [des Mannes meiner Wahl ab und spreche ihn hiermit feierlich vom Vorwurf der Verführung frei].

Nie habe ich mich in eine Situation begeben, die den Vorwurf des Ehebruchs rechtfertigen würde, bevor ich mich nicht aus Überzeugung von den Fesseln befreit hatte, die mich an Mr. Venables banden. Was die Zeit angeht, in der ich mit ihm zusammenlebte, weise ich alle Verunglimpfungen zurück, die beschmutzen wollen, was man den guten Ruf einer Frau nennt. Wiewohl vernachlässigt von meinem Mann, habe ich niemals einen Liebhaber ermutigt und hütete mit größter Sorgfalt und auf Kosten meines Seelenfriedens das, was man die Ehre nennt, bis er, der sie schützen sollte, mir Fallen stellte, um mich zu fangen. Von diesem Augenblick an hielt ich mich für frei im Angesicht des Himmels – und keine Macht der Welt soll mich je zwingen, meinen Entschluß zu widerrufen.«

Als der Richter die Beweisführung zusammenfaßte, sprach er von dem Fehler, Frauen ihre Gefühle anführen zu lassen als Entschuldigung für einen Bruch des Ehegelübdes. Er für sein Teil habe sich immer gegen Neuerungen und jene neumodischen Vorstellungen gewandt, die die guten alten Verhaltensregeln untergraben. Man wolle in England keine französischen Verhältnisse, weder im öffentlichen noch im privaten Leben[26] – und wenn man Frauen erlaube, sich auf ihre Gefühle zu berufen als Entschuldigung oder mildernden Umstand für ihre Untreue, dann öffne man der Unmoral Tür und Tor. Welche tugendhafte Frau dachte an ihre Gefühle? – Es war ihre Pflicht, den Mann zu lieben und ihm zu gehorchen, den ihre Eltern und Verwandten für sie ausgesucht hatten, welche durch ihre Lebenserfahrung in der Lage waren, besser für sie zu wählen als sie selbst. Was die Vorwürfe gegen den Ehemann anbetreffe, so waren sie vage und wurden von niemandem bezeugt mit Ausnahme der Gefangenschaft in einem privaten Irrenhaus. Die Beweise für eine Geisteskrankheit in der Familie ließen diese Gefangenschaft jedoch eher als eine kluge Maßnahme erscheinen; und das Betragen der Dame vor Gericht sei in der Tat nicht das einer geistig völlig gesunden Person. Dennoch sei die Art des Vorgehens bei ihrer Gefangennahme nicht zu rechtfertigen und könnte vielleicht der Dame [vor einem anderen Gericht][27] ein Urteil einbringen, das eine Trennung von Tisch und Bett bei weiterem Zusammenleben der Parteien vorsehen würde. Doch er hoffe, daß kein Engländer den Ehebruch legalisieren würde, indem er die Ehebrecherin in die Lage setzte, ihren Verführer zu bereichern. Man könne Scheidungen gar nicht genug Hindernisse in den Weg legen, wolle man die Heiligkeit der Ehe bewahren; und wenn das vielleicht auch für einige wenige, sehr wenige, Härten bedeuten möge, so sei es doch ohne Zweifel zum Wohle des Ganzen.

SCHLUSS

VOM HERAUSGEBER WILLIAM GODWIN

Nur sehr wenige Hinweise auf den restlichen Plan für das Werk liegen uns vor. Ich habe nur zwei nicht zusammenhängende Sätze gefunden und einige verstreute Stichworte für die Fortsetzung der Geschichte. Ich gebe alles wieder.

I.

»Darnfords Briefe waren voller Wärme, doch durch gewisse Umstände kam es zu Verzögerungen, und die Fehlleitung einiger Briefe machte den Empfang ersehnter Antworten zweifelhaft; seine Rückkehr war notwendig, um Marias Gemüt zu beruhigen.«

II.

»Da Darnford sie unterrichtet hatte, daß sein Geschäft abgeschlossen war, schien das Hinauszögern seiner Rückkehr rätselhaft; doch übergroße Liebe schließt Furcht oder Argwohn aus.«

Die verstreuten Stichworte für die Fortsetzung der Geschichte folgen hier.*

I

Prozeß wegen Ehebruchs – Maria verteidigt sich – Eine Trennung von Tisch und Bett ist die Folge – Ihr Vermö-

* Um diese Notizen zu verstehen, muß der Leser berücksichtigen, daß alle am gleichen Punkt der Geschichte ansetzen, nämlich dort, wo das voraufgehende Kapitel endet.

gen wird gerichtlich eingezogen – Darnford erhält einen Teil seines Besitzes – Maria geht aufs Land.

II

Anklage wegen Ehebruch erhoben – Prozeß – Darnford reist nach Frankreich – Briefe – Wieder schwanger – Seine Rückkehr – Seltsames Verhalten – Besuch – Erwartung – Entdeckung – Gespräch – Folge.

III

Verklagt von ihrem Gatten – Schadenersatz ihm zugesprochen – Trennung von Tisch und Bett – Darnford geht ins Ausland – Maria aufs Land – Sorgt für ihren Vater – Wird gemieden – Kehrt nach London zurück – Erwartet, ihren Liebhaber zu sehen – Zerstörung ihrer Erwartungen – Entdeckt neue Schwangerschaft – Entzückt – Eine Entdeckung – Ein Besuch – Eine Fehlgeburt – Schluß.

IV

Scheidung von ihrem Mann – Ihr Liebhaber untreu – Schwangerschaft – Fehlgeburt – Selbstmord.

Die folgende Passage scheint in gewissen Punkten von den übrigen Notizen abzuweichen. Sie ist überschrieben:

Sie schluckte das Laudanum; ihre Seele war ruhig – der Sturm hatte sich gelegt – und nichts blieb als ein starkes Verlangen, sich selbst zu vergessen – vor dem Schmerz zu flüchten, den sie litt, allem Denken zu entfliehen – dieser Hölle der Enttäuschung.

Und doch wollten ihre Augen sich nicht schließen – eine Erinnerung jagte die andere mit erschreckender Schnelligkeit – alle Ereignisse ihres Lebens waren in Aufruhr, nahmen Gestalt an und stürmten auf sie ein und hinderten sie, in den Todesschlaf zu sinken. – Ihre ermordete Tochter erschien ihr und trauerte um das ungeborene Kind, dessen Grab sie war. – »Könnte es denn ein edleres haben? Gewiß ist es besser, wenn es mit mir stirbt, als ohne den Schutz einer Mutter ins Leben zu treten! – Ich kann nicht weiterleben! – Doch könnte ich noch mein Kind verlassen, wenn es erst einmal geboren ist? Könnte ich es den launischen Wogen des Lebens überlassen ohne eine helfende Hand?« Sie schaute zum Himmel auf: »Was habe ich erlitten! – Möge ich dort, wo ich hingehe, einen Vater finden!« – Benommenheit ergriff sie; ein Schwächegefühl breitete sich aus. – »Hab noch ein wenig Geduld«, sagte Maria und hielt sich den schwindelnden Kopf (dabei dachte sie an ihre Mutter), »es kann nicht lange dauern; und was ist schon ein bißchen körperlicher Schmerz gegen die Qualen, die ich erlitten habe?«

Ein neues Bild schwamm vor ihren Augen. Jemima schien hereinzukommen – und ein Kindchen an der Hand zu führen, das mit unsicheren Schritten auf das Bett zutrippelte. Jemimas Stimme rief nach Maria wie aus weiter Ferne – sie versuchte, zu hören, zu sprechen, zu sehen.

»Schauen Sie Ihr Kind an!« rief Jemima. Maria fuhr

vom Bett auf und sank in Ohnmacht. – Heftigstes Erbrechen folgte.

Als sie wieder zu Sinnen kam, sprach Jemima mit großer Feierlichkeit zu ihr: »... ließ mich argwöhnen, daß Ihr Gatte und Ihr Bruder Sie belogen hatten und das Kind versteckt hielten. Ich wollte Sie nicht mit zweifelhaften Hoffnungen quälen und verließ Sie (in einem tödlich falschen Augenblick), um nach dem Kind zu suchen. – Ich entriß die Kleine dem Elend – und jetzt (da sie wieder lebendig ist), wollen Sie sie allein in der Welt zurücklassen, damit sie leidet, was ich gelitten?«

Maria starrte sie wild an, ihr Leib wurde von Gefühlen geschüttelt. Als das Kind, das Jemima während der langen Reise liebevoll betreut hatte, das Wort »Mama!« sagte, riß Maria es an ihren Busen und brach in einen leidenschaftlichen Strom von Tränen aus. Dann setzte sie es sanft auf das Bett, als fürchte sie, es töten zu können, und bedeckte die Augen mit der Hand, um das furchtbare Ringen in ihrer Seele zu verbergen. Einige Minuten lang blieb sie stumm, dann rief sie, indem sie die Arme über ihrem Busen kreuzte und ihren Kopf zurücklegte: »Der Kampf ist ausgestanden! – Ich will leben – für mein Kind!«

Wenn sie diese Stichworte überfliegen, mögen sich vielleicht einige Leser fragen, wie es der Autorin hätte möglich sein sollen, ohne Langeweile zu erzeugen oder das Interesse an der Geschichte zu erschöpfen, nach diesen wenigen Andeutungen Seiten zu füllen, die gewichtiger gewesen wären als jene, die bereits der Öffentlichkeit vorliegen. Doch in Wahrheit sind diese Hinweise, so einfach sie sind, geladen mit Leidenschaft und Schmerz. Nur unfruchtbare Autoren nehmen ihre Zuflucht dazu, ihre Romane mit zahllosen Ereignissen zu überfrachten, so daß keins von ihnen wirklich in die Seele des Lesers sinken kann. Der Weg des wahren Genies ist es, Geschehnisse ganz zu entfalten, all ihre Möglichkeiten zu entdecken, den verschiedenen Leidenschaften und Empfindungen, die in ihnen stecken, nachzuspüren und diese Ereignisse durch Vorfälle abwechslungsreich zu gestalten, die das Bild wirklichkeitsnah machen und sich in das Gemüt eines Lesers von Geschmack so tief eingraben, daß er sie nie mehr vergißt. Im vorliegenden Falle war es die Absicht der Autorin, ihre Geschichte in den Dienst eines großen moralischen Zwecks zu stellen, nämlich den, »das besondere Elend und die Unterdrückung der Frauen aufzuzeigen, die aus den einseitigen Gesetzen und Sitten der Gesellschaft erwachsen. – Dieser Blickwinkel legte ihrer Phantasie Zügel an.« Daher erschien es ihr notwendig, gewisse Übel herauszustellen, die zu häufig übersehen werden, und jene Einzelheiten der Unterdrückung ans Licht zu holen, die der weniger empfindsame Teil der Menschheit wenig zur Kenntnis nimmt.

DAS ENDE.

ANMERKUNGEN

1 Jemima war der Name einer Tochter Hiobs, die geboren wurde, nachdem Gott ihm wieder gnädig war (Hiob 42:14). Die Jemima des Romans hat trotz dieses christlichen Vornamens keinen Anspruch auf »christliche Vorrechte«, weil sie als uneheliches Kind den Namen ihres Vaters nicht tragen darf. Wollstonecraft prangert auch diese »christliche« Praxis an, die bis auf den heutigen Tag noch weitgehend gilt.

2 ›Hamlet‹ III, 1, 62–63, zitiert nach der Schlegel-Tieckschen Übersetzung.

3 Von Wollstonecraft falsch zitiert nach ›Hamlet‹ III, 1, 60–61.

4 John Miltons ›Paradise Lost‹ (›Das verlorene Paradies‹) (1674) gehört zu den vielgelesenen klassischen Werken der englischen Literatur. An diesem Text, der ihm zufällig in die Hände fällt, lernt das Monster in ›Frankenstein‹, dem berühmten Schauerroman von Mary Shelley, der Tochter von Wollstonecraft, lesen! – John Drydens ›Fables Ancient and Modern‹ (1700) in Versform waren während des 18. Jahrhunderts eine sehr beliebte Lektüre und gehörten auch zu Godwins Lieblingsbüchern. Sie umfassen Nachdichtungen von Texten von Homer, Ovid, Boccaccio und Chaucer.

5 ›Guiscard and Sigismunda‹ ist eine der von Dryden adaptierten Geschichten Boccaccios. Es geht darin um den beherzten Widerstand einer Tochter gegen ihren Vater und um eine Verteidigung der Rechte der Frau.

6 ›Auld Robin Gray‹ (1776) ist eine Ballade von Lady Anne Lindsay. Sie erzählt vom traurigen Los des Mädchens Jenny, das den Seemann Jamie liebt, aber den »auld Robin Gray« heiratet, um ihren in Not geratenen Eltern zu helfen.

7 Saint Preux ist der Held von Rousseaus in ganz Europa außerordentlich beliebtem Briefroman ›La Nouvelle Heloise‹ (1761).

8 Für diese Schilderungen Amerikas hatte Wollstonecraft – außer Büchern – zwei mögliche Zeugen: ihren jüngsten Bruder Charles, der im November 1792 nach Amerika ging, und ihren früheren Geliebten, den Amerikaner Imlay, der ihr gewiß viel über seine Heimat erzählt hatte.

9 Wahrscheinlich abgewandeltes Zitat aus ›Paradise Lost‹ III, 729 (Das verlorene Paradies).

10 In Torquato Tassos Epos ›Das Befreite Jerusalem‹ lockt Armida einige christliche Ritter in ihren Zaubergarten, wo sie von Trägheit übermannt werden.

11 Zitat aus John Miltons Maskenspiel ›Comus‹ I, 257.

12 Wollstonecrafts Beschreibung der Arbeitsbedingungen und des Lohnes von Waschfrauen deckt sich genau mit den Ergebnissen historischer Forschung, das heißt, sie liefert hier ein Stück genauer soziologischer Information. Das gilt auch für ihre Schilderung der Zustände in den Spitälern und des Verhaltens der Polizei gegenüber Prostituierten. (Zu den Waschfrauen vgl. z. B. Dorothy George, ›London Life in the Eigteenth Century‹, 1966, p. 207.)

13 Die Eule war das Symboltier der Athene, Göttin der Weisheit.

14 Mrs. Sarah Siddons (1755–1830), die als die größte Tragödin ihrer Zeit galt, war mit Wollstonecraft und Godwin befreundet. Sie spielte die Calista in Nicholas Rowes populärem Stück ›Die schöne Büßerin‹ am 22. und 23. November 1796. Calista wird von ihrem Vater mit Altamont verlobt, den sie nicht liebt und zu dem sie die zitierten Zeilen sagt.

15 Offenbar ein Zitat; nicht identifiziert.

16 Offenbar ein Zitat; nicht identifiziert.

17 Der Kult des Être Suprême wurde im Mai 1794 von Robespierre eingeführt, wobei er sich auf die religiösen Ideen Rousseaus berief. Der Kult löste den der Vernunft ab, der im November 1793 eingerichtet worden war. Wollstonecraft lebte zu dieser Zeit in Frankreich.

18 Zitat aus Thomas Grays (1716–1771) berühmten Gedicht

›Elegy Written in a Country Churchyard‹ (1751) I, 87. Es verbindet sanfte Melancholie angesichts des menschlichen Schicksals mit einer ländlichen Szenerie.

19 Roxana war eine der beiden Heldinnen aus Nathaniel Lees Stück ›The Rival Queens, or the Death of Alexander the Great‹. Das Stück wurde im Winter 1795–96 in London aufgeführt mit Mrs. Siddon in der Rolle der Roxana.

20 Das Amt des Zeremonienmeisters im Oberhaus, des »Gentleman-Usher of the Black Rod«, wurde von Heinrich VIII. eingeführt. Seine Aufgabe war es ursprünglich, die Türen des Oberhauses zu bewachen, dann, das Unterhaus ins Oberhaus einzuladen, um dem König die Aufwartung zu machen, und schließlich – und darauf spielt W. hier an –, Angeklagte vorzuführen. Bei Fällen, in denen es um Ehebruch oder Bigamie ging, waren die Angeklagten meistens Frauen.

21 Die Unterwürfigkeit russischer Frauen galt als sprichwörtlich.

22 Die gepunkteten Linien deuten Auslassungen im Original an.

23 Daß Wollstonecraft hier plötzlich von der Tochter in der dritten Person spricht, anstatt wie bisher in der zweiten, liegt gewiß am unvollendeten Zustand des Manuskripts.

24 Zitat aus ›Heinrich VIII‹, III, 2, 355.

25 Auf diese Stelle bezieht sich vermutlich Godwins Anmerkung am Ende des 13. Kapitels, daß Darnford offenbar ein bedeutsameres Eingreifen in Marias Schicksal in der Vergangenheit zugedacht war.

26 »Französische Verhältnisse« waren im reaktionären England der Revolutionszeit ein Synonym für alle unerwünschten Neuerungen.

27 Die von Godwin eingeschobene Klammer soll vermutlich darauf hinweisen, daß solche Urteile in der Regel eher von kirchlichen als von zivilen Gerichten gefällt wurden. Frauen war die Scheidung nur möglich in Fällen von Bigamie oder Inzest. In zweihundert Jahren wurde der Scheidungsklage von Frauen in nur vier Fällen stattgegeben.

William Godwin

ERINNERUNGEN AN MARY WOLLSTONECRAFT

VORWORT

Es schien mir stets eine Ehrenpflicht für die Hinterbliebenen eines Verstorbenen von herausragenden Verdiensten, der Nachwelt einen Bericht seines Lebens zu geben. Denn selten nur geht ein solcher Mensch seinen Erdenweg, ohne Opfer gedankenloser Verleumdung oder gar böswillig falscher Nachrede zu werden. Die breite Öffentlichkeit kann ihn unmöglich gründlich kennen und jene Tugenden entdecken, die sich vor allem im persönlichen Umgang offenbaren. Doch jeder Wohltäter der Menschheit ist mehr oder weniger beseelt von einer Sehnsucht nach Ruhm; und die Hinterbliebenen entrichten nur ihre Schuld gegen ihn, wenn sie ihrerseits die Ehre, die jenem so teuer war, für ihn in Anspruch nehmen und zu begründen suchen. Die Gerechtigkeit, die man auf diese Weise den großen Toten widerfahren läßt, verwandelt sich zudem in die schönste Quelle der Anregung und Ermunterung für andere, die ihnen auf dem gleichen Wege folgen wollen. Ja, das ganze Menschengeschlecht hat ein Interesse an dieser Art von Gerechtigkeit, lernt es doch dadurch, jenen Eigenschaften Hochachtung und Zuneigung entgegenzubringen, die unsere Hochschätzung und Liebe am meisten verdienen. Ich bin überzeugt, daß wir uns dem Schicksal eines Menschen, wie er im Mittelpunkt des folgenden Berichts steht, um so verbundener fühlen und seine Vorzüge um so mehr zu schätzen lernen, je vollständiger das Bild und die Geschichte sind, die uns vorgelegt werden. Es gibt nicht viele Persönlichkeiten, mit deren Charakter das öffentliche Wohl und der gesellschaftliche Fortschritt inniger verknüpft wären als mit der Autorin der ›Verteidigung der Frauenrechte‹, die seine Frau nennen zu dürfen der Verfasser die Ehre hatte.

Die Einzelheiten der auf den folgenden Seiten erzählten Tatsachen stammen zum größten Teil aus dem Munde der Verstorbenen selbst; und an deren charakteristischer Offenheit und Wahrhaftigkeit hegt wohl niemand, der sie je kennenlernte, Zweifel. Immer wenn der Verfasser dieses Berichts in seinem Leben jemandem begegnet ist, der sein besonderes Interesse und seine Zuneigung weckte, war er neugierig, etwas über den Lebenslauf dieses Menschen und über jene Umstände, die zur Bildung seines Verstandes und Herzens beigetragen haben, zu erfahren. Von diesem Motiv beseelt, lenkte er wiederholt auch die Unterhaltung mit Mary auf derlei Themen und machte sich einige Male in ihrer Gegenwart Aufzeichnungen, in der Absicht, diese Angaben später planmäßig zu ordnen. Zusätzlich zu dem dergestalt gesammelten Material hat er alle Personen ausführlich befragt, die zu den verschiedenen Zeiten ihres Lebens im vertrautesten Umgang mit ihr standen.

ERSTES KAPITEL

1759–1775

Mary Wollstonecraft wurde am 27. April 1759 geboren. Der Vorname ihres Vaters war Edward John, und ihre Mutter, die aus einer Familie Dixon in Ballyshannon im Königreich Irland stammte, hieß Elizabeth. Marys Großvater väterlicherseits war ein angesehener Fabrikant in Spitalsfield, London, und soll seinem Sohn ein Vermögen von ungefähr zehntausend Pfund hinterlassen haben. Drei ihrer Brüder und zwei Schwestern leben noch; sie heißen Edward, James, Charles, Eliza und Everina. Nur Edward war älter als sie; er wohnt jetzt in London. James lebt in Paris und Charles in oder in der Nähe von Philadelphia in Amerika. Marys Schwestern arbeiten seit mehreren Jahren als Erzieherinnen in Privathaushalten und leben zur Zeit in Irland.

Ich weiß nicht genau, ob Marys Vater einen Beruf erlernt hat; doch um die Zeit ihrer Geburt verlegte er sich auf die Landwirtschaft, die er vielleicht mehr als ein Vergnügen denn als einen ernsthaften Beruf betrachtete. Von sehr lebhaftem und ziemlich unstetem Temperament, wechselte er häufig seinen Wohnsitz, so daß eine gewisse Unsicherheit über Marys Geburtsort herrscht. Wie sie mir erzählte, schwankte sie zwischen London und einem Bauernhof im Epping Forest, dem Hauptschauplatz ihrer ersten fünf Lebensjahre.

Schon in früher Jugend zeigte Mary Zeichen der feinen Empfindsamkeit, des klaren Verstandes und der Willensstärke, die ihr ganzes Leben lang die beherrschenden Züge ihrer Persönlichkeit bleiben sollten. In dieser ersten Phase ihres Daseins wurde ihr nur wenig von jener liebevollen Fürsorge und Zärtlichkeit zuteil, die uns gewöhnlich über die hilflose Lage und manche

Kümmernisse unserer frühen Jahre hinwegtrösten. Sie war weder ihres Vaters noch ihrer Mutter Liebling. Ihr Vater war ein Mann von hitzigem, leicht aufbrausendem Temperament, der bald übermäßig freundlich, bald grausam sein konnte. In seiner Familie gebärdete er sich als Tyrann, und seine Frau scheint die erste und unterwürfigste seiner Untertanen gewesen zu sein. Die Vorliebe der Mutter galt ganz dem ältesten Sohn, während sie Mary gegenüber ein Erziehungssystem der äußersten Strenge verfolgte. Im Laufe der Zeit sah sie wohl ihren Fehler ein und legte sich für ihre jüngeren Töchter einen anderen Erziehungsplan zurecht. Im Roman ›Das Unrecht an den Frauen‹ schreibt Mary später von »den kleinlichen Sorgen, die den Morgen ihrer Heldin überschatteten; ständige Verbote in den kleinsten Angelegenheiten; bedingungsloser Gehorsam gegenüber Befehlen, die sie schon als kleines Kind als unvernünftig erkannte, weil sie ungereimt und in sich widersprüchlich waren«, und davon, daß sie »oft drei oder vier Stunden lang« in Gegenwart ihrer Eltern »dasitzen mußte und nicht wagte, ein Wort zu sagen«. Ich glaube, daß sie hier ihre eigenen frühen Erfahrungen skizziert hat.

Doch die widrigen Winde der Lieblosigkeit oder Gleichgültigkeit scheinen der ungewöhnlichen Stärke von Marys Gemüt umsonst entgegengeblasen zu haben. Es überwand alle Hindernisse, und allmählich wurde Mary von einem gering geachteten Familienmitglied in gewisser Weise zu deren Mittelpunkt und Schiedsrichterin. Die Tyrannei in ihrer Erziehung verursachte ihr manches Herzeleid. Zur ergebenen und widerstandslosen Untertanin eines Despoten war sie nicht geschaffen. Mehr als einmal hörte ich sie sagen, sie habe den Tadel oder die Züchtigung durch ihre Mutter keineswegs als schrecklich empfunden, wenn sie fühlte, unrecht gehandelt zu haben, vielmehr im Gegenteil als das einzige Mittel, um wieder mit sich selbst ins reine zu kommen. Doch die Schläge ihres Vaters, blinde Ausbrüche eines leidenschaftlichen Temperaments, stimmten sie keineswegs demütig, sondern empörten sie vielmehr. Bei solchen Gelegenheiten fühlte sie ihre Überlegenheit und neigte dazu, ihre Verachtung auch zu zeigen. Der Jähzorn ihres Vaters verführte ihn manchmal sogar dazu, seiner Frau ähnliche Gewaltanwendung anzudrohen. Wenn das der Fall war, warf Mary sich zwischen den Despoten und sein Opfer in der Absicht, die Schläge einzustecken, die ihrer Mutter zugedacht sein mochten. Sogar ganze Nächte verbrachte sie auf dem Treppenabsatz nahe der elterlichen Schlafzimmertür, wenn sie fälschlich oder mit Grund befürchtete, ihr Vater könne ungezügelte Gewalttaten ausüben. Tieren gegenüber verhielt er sich genauso wie zu seiner Familie. Meist zeigte er sich geradezu vernarrt in sie; doch wenn ihn etwas erzürnte, und das geschah häufig und aus nichtigen Anlässen, dann konnte seine Wut erschreckend sein. Mary war, was Dr. Johnson »eine sehr gute Hassende« genannt hätte[1]. Manchmal, wenn ihr Vater seine Wut an einem der Hunde ausgelassen hatte, sprach sie ihren Abscheu, der sich bis zum Entsetzen steigern konnte, ihm gegenüber offen aus. In einem Wort, ihr Verhalten während ihrer Mädchenjahre war dergestalt, daß es ein gewisses Maß an Zuneigung in ihrer Mutter weckte und ihrem Vater beträchtlichen Respekt abnötigte.

In einer Hinsicht scheinen die Erziehungsmethoden der Mutter ihre Verdienste gehabt zu haben. Alle ihre Kinder waren kräftig und gesund. Dies scheint weitgehend von der Behandlung in der frühen Kindheit abzuhängen. Einige in den die Gesundheit und die Krankheiten betreffenden Wissenschaften sehr bewanderte Gelehrte unserer Zeit haben bestätigt, daß die Kindheit der Abschnitt des Menschenlebens mit der geringsten natürlichen Sterblichkeitsrate ist. Doch durch falsche Behandlung, der Kinder ausgesetzt sind, enden viele Kinderkrankheiten tödlich, so daß in diesem Lebensalter tatsächlich mehr Menschen sterben als in jedem anderen. Mary plante eine Abhandlung zu diesem Thema, das sie sorgfältig studiert und wohl durchschaut hatte. In der Tat hat sie einen Beweis ihres diesbezüglichen Geschicks in Gestalt ihrer ältesten Tochter hinterlassen, die jetzt dreieinhalb Jahre alt ist und ein einmaliges Beispiel kräftiger Konstitution und blühender Gesundheit. Mr. Anthony Carlisle[2], ein Arzt, wohnhaft am Soho Square in London, den zu nennen eine Ehre ist, hatte versprochen, Marys Schrift zu redigieren. Dies ist nur eins ihrer zahlreichen tatkräftigen Vorhaben zum Nutzen der Allgemeinheit, die ihr allzu früher Tod für immer vereitelt hat.

Die ländliche Umgebung, in der Mary ihre frühe Kindheit verbrachte, trug ohne Zweifel dazu bei, ihren Körper stark und gesund zu machen. Sie spielte viel an der frischen Luft, inmitten malerischer und erquickender Naturszenen, und ihr ganzes Leben lang bewahrte sie sich die Vorliebe für eine solche Umgebung. Puppen und anderen Zeitvertreib, der meist kleinen Mädchen zugedacht wird, verachtete sie und verspürte viel stärkere Lust, an den lebhaften und verwegenen Spielen ihrer Brüder teilzunehmen.

Um die Zeit, als Mary fünf Jahre alt wurde, zog ihr Vater ein kleines Stück fort von seinem bisherigen Wohnsitz auf einen Hof nahe Whalebone im Epping Forest, etwas abseits der Landstraße nach Chelmsford gelegen. Ende September 1765 verlegte er abermals seinen Wohnsitz und bezog nun ein bequemes Haus jenseits der Stadt Barking in Essex, acht Meilen von London. Zu seinen nächsten Nachbarn gehörten Bamber Gascoyne, Esquire, der nacheinander Parlamentsmitglied für verschiedene ländliche Wahlbezirke war, und sein Bruder Mr. Joseph Gascoyne. Bamber Gascoyne weilte nur selten auf seinem Gut; doch sein Bruder wohnte fast ständig dort, und dessen Familie und Marys verkehrten auf das lebhafteste miteinander. Hier blieb Mr. Wollstonecraft drei Jahre. Im September 1796 begleitete ich meine Frau zu einem Besuch in diese Gegend. Niemand hat je mit größerer Bewegung die Schauplätze der Kindheit wiedergesehen als sie. Das Haus fanden wir verlassen vor und den Garten verwildert und zerstört. Sie erneuerte die Bekanntschaft mit dem Marktplatz, den Straßen und den Kaianlagen voller Lastkähne, wo munteres Leben und Treiben herrschte.

Zu Michaelis 1768 zog Mr. Wollstonecraft wieder um, diesmal auf einen Hof nahe Beverley in Yorkshire. Dort blieb die Familie sechs Jahre lang, so daß Mary diesen Ort erst im Alter von fünfzehn Jahren und fünf Monaten verließ. In diese Phase fällt der größte Teil ihrer Schulausbildung. Freilich hat sie ihre spätere Bedeutung nicht etwa der Lektüre in ihrer Jugend zu verdanken; ihre Bildung in dieser Hinsicht beschränkte sich auf das, was die Dorfschule ihres Wohnorts zu bieten hatte. In ihrer Erinnerung lebte Beverley fort als eine schmucke Stadt mit einer glänzenden Gesellschaft, in deren Umgebung viele vornehme Familien lebten. Als sie das Städtchen 1795 auf ihrer Reise nach Norwegen besuchte, war sie ganz überrascht, die Wirklichkeit so viel bescheidener als das Bild in ihrer Phantasie zu finden.

Bis zu diesem Zeitpunkt war Mr. Wollstonecraft Landwirt, doch die Ruhelosigkeit seiner Natur gestattete es nicht, daß er sich zufriedengab mit diesem Beruf, in dem er einige Jahre tätig war. Als die Verlockung einer geschäftlichen Spekulation an ihn herangetragen wurde, zog er in ein Haus in der Queen's Row in Hoxton, nahe bei London. Dort blieb er anderthalb Jahre; doch in seinen Hoffnungen auf Gewinn enttäuscht, gab er nach Ablauf dieser Frist das Vorhaben auf, mit dem er beschäftigt war, und kehrte zu seiner früheren Tätigkeit zurück. Während der Zeit seines Aufenthaltes in Hoxton lebte der Verfasser dieser Erinnerungen als Student im College der Dissenter am selben Ort. Es ist vielleicht eine interessante Überlegung, sich zu fragen, welchen Unterschied es wohl für die Lebenspläne der Beteiligten gemacht hätte, wenn sie sich bereits 1776 kennengelernt und sich schon mit der gleichen außergewöhnlichen Hochachtung betrachtet hätten, die sie dann bei ihrer Begegnung 1796 gegenseitig füreinander empfanden. Der Verfasser hatte damals gerade sein zwanzigstes Jahr vollendet und Mary ihr siebzehntes. Was wäre wohl stärker gewesen, die Nachteile einer bescheidenen Umgebung und des Drucks der Familie oder die Freuden und Fortschritte, die aus ihrem Umgang miteinander erwachsen können?

In dieser Zeit machte Mary die Bekanntschaft eines Mr. Clare, der im Nachbarhaus wohnte; ihm verdankt sie wahrscheinlich zu einem gewissen Grade die erste wirkliche Bildung ihres Geistes. Mr. Clare war Geistlicher und wohl ein rechter Sonderling. Von Gestalt war er verwachsen und sehr zart, und seine Figur, ließ ich mir erzählen, soll eine gewisse Ähnlichkeit mit der des gefeierten Pope aufgewiesen haben[3]. Er liebte die Dichtkunst und war nicht ohne Geschmack. In seinem Verhalten zeigte er Weichherzigkeit und Güte auf eine Art, die ein wenig zu gekünstelt wirkte. Er lebte wie ein Einsiedler. Selten verließ er sein Wohnzimmer, und einem Freund von Mary zeigte er ein Paar Schuhe, das ihm, wie er sagte, vierzehn Jahre gedient hatte. Mary verbrachte häufig ganze Tage und Wochen in Mr. Clares Haus.

ZWEITES KAPITEL
1775–1783

Doch um diese Zeit entstand eine noch wichtigere Bindung in Marys Leben: Sie faßte eine so glühende Zuneigung zu einem Wesen ihres eigenen Geschlechts, daß sich daraus auf Jahre hinaus die beherrschende Leidenschaft ihres Herzens entwickelte. Dieses Mädchen hieß Fanny Blood und war zwei Jahre älter als Mary. Sie wohnte damals in Newington Butts, einem Dorf nahe der südlichen Stadtgrenze von London. Mrs. Clare, die Ehefrau des bereits erwähnten Herrn, die mit beiden Mädchen auf sehr vertrautem Fuße stand, hatte die Freundinnen miteinander bekannt gemacht. Der Umgang mit Fanny, ebenso wie der mit Mr. Clare, trug zur Entwicklung von Marys unreifen Talenten bei.

Die Szene der ersten Begegnung zwischen Mary und Fanny ähnelte dem ersten Zusammentreffen von Werther und Charlotte. Mary wurde zu einem bescheidenen Haus geführt, das indessen ungewöhnlich schmuck und adrett eingerichtet war. Sogleich fiel ihr Blick auf eine junge Frau von schlanker und anmutiger Gestalt, achtzehn Jahre alt, die eifrig damit beschäftigt war, eine Schar von Kindern zu füttern und zu zügeln, die offensichtlich ihre Geschwister waren, doch wesentlich jünger als sie selbst. Das Bild hinterließ einen unauslöschlichen Eindruck bei Mary, und noch bevor die Unterredung beendet war, hatte sie in der Stille ihres Herzens ewige Freundschaft geschworen.

Fanny war eine junge Frau von ungewöhnlichen Vorzügen. Sie sang und musizierte mit Geschmack. Außerdem zeichnete sie gefällig und mit feiner Wirklichkeitstreue und unterhielt eine Zeitlang ihre Eltern und die ganze Familie mit diesem Talent; freilich zerrüttete sie ihre Gesundheit durch die übermäßige Anstrengung. Sie las und schrieb auch mit beträchtlichem Eifer und ließ sich bei dieser Beschäftigung von denselben Maßstäben genauer und feinsinniger Schicklichkeit leiten wie bei all den übrigen.

Mary, damals ein lebhaftes und wißbegieriges Mädchen von sechzehn Jahren, begegnete Fanny zunächst mit Gefühlen der eigenen Minderwertigkeit und der Bewunderung. Die beiden jungen Mädchen waren zwar oft beisammen, doch lagen ihre Wohnungen einigermaßen weit voneinander entfernt, so daß sie die fehlende Gelegenheit zu noch häufigeren Zusammentreffen durch eine eifrige Korrespondenz ausglichen. Mary bemerkte wohl, daß Rechtschreibung und Stil von Fannys Briefen denen der ihren überlegen waren, und schämte sich. Bisher hatte sie der Literatur nur ein oberflächliches Interesse entgegengebracht. Sie hatte wohl gelesen, um ihre unersättliche Wißbegier zu stillen; doch hatte sie das Schreiben nicht als Kunst betrachtet. Jetzt war der Wunsch, sich hervorzutun, in ihr geweckt, und sie widmete sich diesem Ziel voll Ernst und Leidenschaft. Fanny übernahm die Rolle der Lehrerin, und was Genauigkeit und Methodik anging, zeigte sie beträchtliches Geschick bei der Unterweisung.

Es wurde schon erwähnt, daß Mr. Wollstonecraft im Frühling des Jahres 1776 seine Position in Hoxton aufgab und wieder zur Landwirtschaft zurückkehrte. Jetzt entschied er sich für einen Ort in Wales, ein Umstand, den Mary als einen empfindlichen Schlag für ihre frische Herzensfreundschaft empfand. Der wichtigste gesellschaftliche Umgang der Wollstonecrafts an jenem abgelegenen Ort war die Familie eines Mr. Allen; zwei seiner Töchter sind inzwischen mit den beiden ältesten Söhnen des berühmten englischen Porzellanherstellers Josiah Wedgwood verheiratet[4].

In Wales lebte die Familie Mr. Wollstonecrafts indessen nur wenig mehr als ein Jahr. Dann kehrte er in die Nähe von London zurück, und Mary, die einen unbeugsamen Willen zur Unabhängigkeit besaß, hatte genügend Einfluß auf ihn, um ihn zu bewegen, sich das Dorf Walworth als nächsten Wohnsitz auszusuchen, damit sie ihrer auserwählten Freundin nahe sein konnte. Wahrscheinlich hatte sie schon vor diesem Zeitpunkt einige Male den Gedanken gefaßt, ihr Elternhaus zu verlassen und für sich selbst zu sorgen. Doch man überredete sie, diesen Gedanken aufzugeben, und es wurden Bedingungen mit ihr ausgehandelt, wonach ihr im Haus ein eigener Wohnbereich zu ihrer ausschließlichen Verfügung sowie alle anderen notwendigen Voraussetzungen zum Studieren zugesagt wurden. Doch fühlte sie sich in diesen Punkten nicht redlich behandelt, weil in der Folgezeit entweder die genannten Bedingungen oder einige weitere nicht so genau eingehalten wurden, wie sie es erwartete. Einmal hatte Mary sich bereits eine angemessene Stellung gesucht, und ihr Umzug war schon genau abgesprochen, als die inständigen Bitten und Tränen ihrer Mutter sie bewogen, ihre eigenen Wünsche zurückzustellen und den Vertrag zu lösen.

Doch das waren nur vorübergehende Verzögerungen. Marys Drang blieb unverändert, und die Motive, die sie antrieben, schwächten sich nicht ab. Im Jahre 1778, als sie neunzehn Jahre alt war, unterbreitete man ihr das Angebot, als Gesellschafterin bei einer Mrs. Dawson, einer Witwe mit einem bereits erwachsenen Sohn, in Bath zu leben. Auf Anfragen erfuhr sie, daß Mrs. Dawson eine sehr launische Frau sei, die bereits etliche Gesellschafterinnen nacheinander gehabt habe, und daß niemand es lange bei ihr aushielte. Diese Auskunft entmutigte Mary jedoch keineswegs; sie nahm die Stellung an, entschlossen zu bewirken, was keiner ihrer Vorgängerinnen gelungen war. In der Folge hatte sie wohl Gelegenheit zu erkennen, daß die Berichte ziemlich genau der Wahrheit entsprachen, doch ließ sie deshalb in ihren Bemühungen nicht nach. Methodik, Beständigkeit und Festigkeit waren ihre Mittel, um ihre Lage erträglich zu gestalten, und Mrs. Dawson gestand später gelegentlich, unter allen jungen Frauen, die mit ihr in dieser Stellung zusammenlebten, sei Mary die einzige gewesen, die ihr etwas Zurückhaltung aufzuerlegen vermochte.

Zwei Jahre blieb Mary bei Mrs. Dawson und verließ sie nur, weil der traurige Umstand der schnell dahinschwindenden Gesundheit ihrer Mutter sie fortrief. Für Mary, die immer ein offenes Ohr für Appelle an ihre Menschlichkeit hatte, war diese Nachricht ein unwiderstehlicher Beweggrund, und eilfertig kehrte sie unter das elterliche Dach zurück, das sie zuvor so entschlossen verlassen hatte. Die Familie wohnte damals in Enfield bei London. Der Vater hatte, glaube ich, die Landwirtschaft aufgegeben, als er Wales verließ, da deutlich geworden war, daß er inzwischen mehr Verlust als Gewinn dabei machte, und man es für ratsamer hielt, wenn er von den Zinsen des bereits angesammelten Vermögens lebte.

Mrs. Wollstonecrafts Krankheit schleppte sich dahin, war jedoch hoffnungslos. Mary pflegte ihre Mutter mit unermüdlicher Hingabe. Anfangs wurde ihre Aufopferung mit Anerkennung und Dankbarkeit entgegengenommen; doch in dem Maße, wie die liebevolle Pflege ihrer Mutter zur Gewohnheit wurde und deren Gesundheit sich ständig verschlechterte, wurde Marys Hingabe mehr eingefordert als dankbar anerkannt. Nur aus Marys Hand wollte die unglückliche Kranke alles empfangen; Mary hatte keine Ruhe bei Tag und Nacht, und als schließlich das Leben der Mutter erschöpft war, war die

Tochter reif, ihren Platz einzunehmen, und wurde selbst zur Patientin. Die letzten Worte ihrer Mutter waren: »Noch ein wenig Geduld, und alles wird vorüber sein!« Diese Worte tauchen mehrfach in Marys Schriften wieder auf.

Nach dem Tode der Mutter sagte Mary ihrem Elternhaus endgültig Adieu. Nach meinen Aufzeichnungen finde ich sie als nächstes als Mitbewohnerin Fannys am Walham Green in der Nähe des Dorfes Fulham. Aufgrund welcher Abmachung die beiden Freundinnen nun zusammenwohnten, vermag ich nicht zu sagen, doch gewiß war es nicht so, daß Mary auch nur im geringsten Fanny zusätzlich zur Last fiel. In dieser neuen Lebenssituation reifte die Vertrautheit der beiden Freundinnen; sie näherten sich einem mehr gleichberechtigten Umgang, und ihre Zuneigung festigte und vertiefte sich.

Mary hatte stets ein offenes Ohr für alle Hilferufe in Notlagen und war insbesondere ihr ganzes Leben lang bemüht, jedem Mitglied ihrer Familie zu helfen. 1780 wich sie nicht vom Totenbette ihrer Mutter; 1792 wurde sie von einem nicht weniger traurigen Anlaß zu ihrer Schwester Eliza gerufen, die mit einem Mr. Bishop verheiratet war und sich nach einer gefährlichen Geburt einige Monate in einem sehr quälenden Zustand befand.[5] Mary blieb ohne Unterbrechung bei ihrer Schwester bis zu deren vollständiger Genesung.

DRITTES KAPITEL
1783–1785

Mary hatte nun das vierundzwanzigste Jahr erreicht. Fünf Jahre früher war ihr Ziel persönliche Unabhängigkeit gewesen; jetzt war es gesellschaftliche Nützlichkeit. Während der einsamen Wache am Krankenbett ihrer Schwester und der darauf folgenden Zeit ihrer Genesung hatte Mary Muße, über entsprechende Aufgaben nachzudenken. Ihr gereifter Geist ließ sie nach etwas Anspruchsvollerem suchen als nach der bloßen Beseitigung persönlicher Ärgernisse, und die Empfindsamkeit ihres Herzens erlaubte ihr nicht, sich mit persönlicher Zufriedenheit zu bescheiden. Die Zerrüttung der finanziellen Verhältnisse ihres Vaters trat nun täglich deutlicher zutage, und eine für sie und ihre Schwestern zur Seite gelegte kleine Summe scheint in diesem Zusammenbruch mitgeopfert worden zu sein. Zehn Jahre lang, zwischen 1782 und 1792, wurde Mary nun, so kann man sagen, das Opfer ihres Wunsches, anderen zu helfen. Daß eine ausschließliche Ausrichtung auf dieses Ziel die Gefahr tiefer Enttäuschung in sich birgt, sah sie nicht voraus; vielmehr war sie unerfahren genug, auf die Dankbarkeit jener Wert zu legen, die sie unterstützte. Auch bedachte sie nicht genügend, daß wir, je mehr wir uns für die Interessen anderer einsetzen, deren Fehler um so deutlicher wahrnehmen und unter ihrer Unbelehrbarkeit und Torheit leiden.

Die Aufgabe, die sie nun in Angriff nahm, war die Einrichtung einer Tagesschule, die sie zusammen mit Fanny Blood und ihren beiden Schwestern leiten wollte. 1783 eröffneten sie eine solche zunächst in Islington, verlegten sie jedoch nach wenigen Monaten nach Newington Green[6].

Hier machte Mary einige Bekanntschaften, die den zukünftigen Gang ihres Lebens nachhaltig beeinflussen sollten. Die wichtigste davon war nach ihrer eigenen Einschätzung die des Dr. Richard Price[7], der berühmt war für seine politischen und mathematischen Berechnungen und der von allen, die ihn kannten, wegen der Schlichtheit seines Lebenswandels und seiner innigen Güte hochgeschätzt wurde. Die Achtung, die diese beiden Menschen einander entgegenbrachten, war beseelt vom Geiste reinster Zuneigung. Mary war nach den Grundsätzen der Anglikanischen Kirche erzogen worden, doch ihre Bewunderung für diesen ehrwürdigen Geistlichen ließ sie gelegentlich seinen öffentlichen Predigten beiwohnen. Tatsächlich war ihr Glaube kaum an ein formales System gebunden, erwuchs, wie sie mir oft erzählt hat, mehr aus ihrem Empfinden, als daß er auf Feinheiten polemischer Diskussion gegründet gewesen wäre. Es entsprach ihrer Veranlagung, daß sich ihr Geist dem Erhabenen und dem Liebenswerten öffnete. In den Schönheiten der Natur und in den großartigen Schwärmereien der Einbildungskraft fand sie unaussprechliches Entzücken. Doch hielt sie die Natur allein nur für ein leeres Nichts, würde sie nicht von der Seele des Betrachters mit einem belebenden Geist ausgestattet. Wenn Mary durch die Wunder der Natur wandelte, pflegte sie mit ihrem Gott Zwiesprache zu halten. In ihrer Vorstellung war er ebenso liebenswert, großzügig und freundlich wie groß, weise und erhaben. Tatsächlich hatte sie in ihrer Jugend nur wenig Unterweisung in der Religion erhalten, und ihr Glaube war fast ganz ihre eigene Schöpfung. Doch deshalb hing sie ihm nicht weniger treu an und war nicht weniger gewissenhaft in der Beobachtung alles dessen, was sie für ihre heiligen Pflichten hielt. Sie konnte sich nicht erinnern, jemals an die Lehre von einer künftigen

Bestrafung geglaubt zu haben. Die Grundsätze ihres Systems entwickelten sich Schritt für Schritt mit dem Wachstum ihres ganz persönlichen moralischen Empfindens, und daher war ihre Religion stets eine Quelle der Freude, nie des Schreckens. Sie glaubte durchaus an ein zukünftiges Leben, doch in ihrer Vorstellung hatten Gedanken an Verurteilung und Vergeltung keinen Platz. Aus diesem kurzen Abriß wird hinreichend deutlich, daß das Vergnügen, das ihr der gelegentliche Besuch einer Predigt von Dr. Price bereitete, nicht bedeutete, daß sie blind allen seinen Glaubenssätzen gefolgt wäre. Tatsächlich besuchte sie bis in das Jahr 1787 hinein regelmäßig öffentliche Gottesdienste, doch zum überwiegenden Teil der Anglikanischen Kirche. Danach wurden ihre Besuche seltener, und nach nicht allzu langer Zeit hörten sie ganz auf. Ich glaube, allgemein läßt sich der Grundsatz aufstellen, daß kein Mensch von wohlgebildetem Verstande, der die natürliche Demut der Jugend abgeschüttelt hat und nicht eifriger Anhänger einer Sekte ist, die öffentliche und regelmäßige Routine der Predigten und Gebete einhalten kann.

Eine weitere Freundschaft, die Mary in jener Zeit schloß, war die zu Mrs. Burgh, einer allgemein wegen der Wärme und Reinheit ihrer Güte geschätzten Frau, der Witwe von James Burgh[8]. Bis in die letzte Zeit ihres Lebens hinein zollte Mary, wann immer sie Gelegenheit hatte, auf Mrs. Burgh anzuspielen, deren Tugenden den gebührenden Respekt. Der einzige weitere Freund, der an dieser Stelle erwähnt werden muß, ist Rev. John Hewlet, jetzt Direktor einer Internatsschule in Shacklewel bei Hackney, auf den ich später noch zurückkommen werde.

Während der Zeit, als Mary am Newington Green wohnte, wurde sie auch Dr. Johnson vorgestellt, der damals gewissermaßen als Vater der englischen Literatur galt. Dr. Johnson begegnete ihr mit besonderer Freundlichkeit und Aufmerksamkeit, unterhielt sich lange mit ihr und forderte sie auf, ihren Besuch zu wiederholen. Dies hatte sie auch fest vor, doch die Nachricht von seiner letzten Krankheit und schließlich von seinem Tode verhinderten einen zweiten Besuch.

Ich erwähnte schon, daß Fannys Gesundheit stark gelitten hatte, weil sie unermüdlich für den Lebensunterhalt ihrer Familie arbeitete. Dazu hatte sie eine Enttäuschung erlebt, die an ihrem Gemüt zehrte. Schließlich entdeckte sie alle Symptome der Schwindsucht an sich. Die behandelnden Ärzte empfahlen ihr, die Wirkung eines südlicheren Klimas zu erproben, und so schiffte sie sich zu Beginn des Jahres 1785 nach Lissabon ein.

Die ersten Gefühle Marys für ihre Freundin waren solche der eigenen Minderwertigkeit und der Bewunderung gewesen, doch hatte sich das im Laufe ihrer zehnjährigen Bekanntschaft gründlich geändert. Ursprünglich war Fanny Mary in ihren literarischen Fertigkeiten weit voraus gewesen; diese Kluft existierte nicht mehr. Mary, die sich bemühte, keiner falschen Selbsteinschätzung zu erliegen, konnte in dieser Zeit, da sie ihren eigenen Geist und den ihrer Freundin genau beobachtete, nicht mehr entgehen, daß sie selbst wesentliche Merkmale von Genie besaß, welche ihrer Freundin fehlten. Das wichtigste darunter war eine Festigkeit des Geistes, eine unbezwingbare Seelengröße, durch die sie gewöhnlich nach kurzem inneren Kampf über Schwierigkeiten und Leiden siegte. Was immer Mary in Angriff nahm, vollbrachte sie, und ihrem hochgestimmten Geist erschien kaum etwas zu schwierig, um es zu erreichen. Im Gegensatz dazu war Fanny eine furchtsame und unentschlossene Frau, gewohnt, Schwierigkeiten nachzugeben und wahrscheinlich dazu noch stolz auf diese kränkliche Weichheit ihres Charakters. Mary erzählte mir dazu ein Beispiel. Fanny war mit ihrer häuslichen Situation so unzufrieden, daß sie den ernsthaften Wunsch nach einem eigenen Heim äußerte. Mary, der nichts so sehr am Herzen lag wie der Wunsch, ihrer Freundin das Leben zu erleichtern, beschloß, das für sie zu erreichen. Es kostete sie unendliche Mühen; doch schließlich konnte sie Fanny ankündigen, ein Haus sei hergerichtet und sie selbst bereit, Fanny darin zu empfangen. Doch die Antwort Fannys auf den Brief ihrer Freundin bestand fast gänzlich aus einer Aufzählung von Hindernissen, die dem Verlassen ihrer Familie im Wege standen und die ihr von erheblichem Gewicht schienen.

Das Urteil über den Charakter ihrer Freundin, zu dem Mary durch Erfahrung gelangt war, bestimmte sie in dem Rat, den sie ihr zu jenem Zeitpunkt gab, bis zu dem ich die Geschichte geführt habe. Man hatte Fanny empfohlen, ein milderes Klima aufzusuchen, doch fehlten ihr die Mittel, um die Kosten eines solchen Unterfangens zu decken. Damals warb ein Mr. Hugh Skeys um Fanny, der aus Dublin stammte, aber zu jener Zeit im Königreich Portugal lebte.[9] Nach Marys Einschätzung von Fannys Gesundheitszustand bestand kaum noch Hoffnung; daher war es eigentlich kein sehr geeigneter Zeitpunkt, um an Heirat zu denken. Da Mary jedoch der Überzeugung war, nichts dürfe unversucht bleiben, was ihrer Freundin Erleichterung verschaffen, wenn auch nicht Heilung bringen konnte, drängte sie Fanny zur schnellen Annahme des Antrags. Infolgedessen reiste Fanny nach Lissabon, und die Hochzeit fand am 24. Februar 1785 statt.

Die Veränderung des Klimas und der Lebensumstände brachten wenig Besserung, und Fannys Leben verlängerte sich nur um die Zeitspanne einer Schwangerschaft, die sich bald ankündigte. Mary war sehr betroffen bei dem Gedanken, daß ihre Freundin in dem fernen Lande sterben würde, und, tief bewegt von der Erinnerung an deren Trennung vom Kreis ihrer Freunde, beschloß sie, nach Lissabon zu fahren, um ihr beizustehen. Marys Bekannte hielten diesen Entschluß für in höchstem Grade phantastisch, doch sie war nicht davon abzubringen. Sie hatte kein Geld, um die Reise zu bezahlen, und sie mußte die Schule, deren Existenz wahrscheinlich von ihrem Einsatz abhing, auf lange Zeit verlassen.

Niemand war je besser für den Beruf des Erziehers geeignet als sie – wenn man es denn nicht überhaupt abwegig findet, von einem Menschen, der über Talente verfügt, die wichtigeren und umfassenderen Anforderungen mehr als gewachsen sind, zu sagen, er sei für eine solche relativ bescheidene Aufgabe wie geschaffen. Mary war von leicht aufbrausendem Temperament, das sich zwar nicht von bloßen Unachtsamkeiten provozieren ließ, doch sie dazu verführte, zu meinen, dem Menschen, mit dem sie es gerade zu tun hatte, auf den Grund der Seele schauen zu können, und ihre Billigung oder ihr Mißfallen von der vermeintlichen Aufrichtigkeit oder Unlauterkeit seiner Gefühle abhängig zu machen. Manchmal war sie streng und herrisch in ihrer Kritik, und wenn sie etwas stark mißbilligte, neigte sie dazu, ihren Tadel in Worten auszudrücken, die den Betroffenen sehr kränkten. Ihr Unwillen nahm dort seine schärfste Form an, wo sie enttäuscht war; wo sie wenig erwartete, war sie milde im Tadel eines Fehlers.

Doch welche Charakterschwächen sie auch haben mochte, niemals ließ sie jemanden darunter leiden, der ihr der Stellung oder dem Alter nach unterlegen war. Sie verachtete es, einen unverdienten Vorteil auszunutzen oder Wehrlose zu verletzen. Ihren Dienstboten war sie die freundlichste und rücksichtsvollste Herrin, die sich denken läßt. Kindern gegenüber war sie der Inbegriff der Geduld. Während all ihrer ausgedehnten Erfahrung auf dem Gebiete der Erziehung hat sie vielleicht niemals ein Zeichen der Reizbarkeit erkennen lassen. In ihrem Herzen wohnten nur gütige Gefühle, und daher war ihr Umgang mit Kindern allein von Freundlichkeit und Verständnis geprägt. Großzügig geschenktes Verständnis erzeugt in dem Menschen, dem es entgegengebracht wird, unweigerlich Zuneigung, und ich habe sie sagen hören, sie habe nie ein Kind erzogen, das ihr nicht persönlich sehr zugetan gewesen wäre und ernstlich bemüht, nicht ihr Mißfallen zu erregen. Ein weiterer herausragender Vorteil bei ihrer Erziehungsarbeit war, daß sie wenig von Zweifel und Unsicherheit geplagt wurde. Intuitiv sah sie den richtigen Weg vor sich, den sie verfolgen wollte, und sie besaß festes Zutrauen zu ihrer eigenen Fähigkeit, das Ziel zu erreichen. Dennoch zeigte sie kaum eine Spur von Starrsinn. Sorgfältig beobachtete sie an ihren Zöglingen alle Symptome in ihrer Entstehung sowie den Erfolg ihrer Versuche und richtete ihr weiteres Verhalten danach aus. Während ich hier ihre ausgezeichneten Fähigkeiten aufzähle, die jene einer gewöhnlichen Mutter weit übertreffen, durchzuckt mich unwillkürlich der Schmerz bei dem Gedanken an ihre eigenen, nun verwaisten Kinder!

Obwohl ihre Freunde ihr ernstlich von der Reise nach Lissabon abrieten, fand Mary sie dennoch bereit, ihr bei der Verwirklichung ihres Plans zu helfen, als er einmal beschlossen war. Besonders Mrs. Burgh stellte ihr Geld zur Verfügung, von dem Mary jedoch vermutete, es stamme von Dr. Price. Ich habe Grund zu der Annahme, daß dieses Darlehen getreulich zurückgezahlt wurde.

Ihr Aufenthalt in Lissabon war nicht lang. Sie traf erst

kurz vor der frühzeitigen Entbindung ihrer Freundin ein, und das Ereignis war tödlich für Mutter und Kind. Frances (Fanny) Blood, bisher für Mary der liebste Mensch, starb am 29. November 1785.

In ihren ›Reisebriefen aus Südskandinavien‹, zehn Jahre nach Fannys Tod verfaßt, schreibt Mary: »Wenn ein fühlendes Herz starke Eindrücke empfangen hat, so sind diese nicht zu tilgen. Erregung wird zu Gefühl, und die Phantasie läßt selbst flüchtige Empfindungen dauerhaft werden, indem sie sie liebevoll zurückverfolgt. Immer ergreift mich ein wonniger Schauer, wenn ich mich an Bilder erinnere, die unvergeßlich sind, oder auch an Blicke, die ich mit jeder Nervenfaser verspürte und denen ich nie wieder begegnen werde. Die Erde hat sich geschlossen über einer lieben Freundin, der Freundin meiner Jugendzeit. Doch sie ist bei mir, und ich höre sie mit sanfter Stimme singen, wenn ich durch die Heide wandere.«[10]

VIERTES KAPITEL
1785–1787

Die Reise nach Lissabon trug ohne Zweifel dazu bei, Marys Weltkenntnis zu erweitern. Sie wurde in der besten Gesellschaft empfangen, die die englische Handelsniederlassung zu bieten hatte. Sie stellte viele tiefsinnige Betrachtungen über die Mentalität der Einheimischen sowie über die unheilvolle Wirkung des Aberglaubens an. Die Trauerfeierlichkeiten für Fanny, die heimlich und bei Nacht abgehalten werden mußten, waren dazu angetan, diese Betrachtungen noch zu vertiefen.

Um den zwanzigsten Dezember schiffte Mary sich zur Heimreise ein. Auf dieser kam es zu einem Vorfall, der verdient berichtet zu werden. Auf der Fahrt begegneten sie einem französischen Schiff, das in Seenot war und jeden Augenblick sinken konnte. Der französische Kapitän grüßte das englische Schiff und flehte den Kapitän an, in Anbetracht seiner verzweifelten Lage ihn und seine Mannschaft an Bord zu nehmen. Der Engländer entgegnete, seine Vorräte reichten auf keinen Fall für so viele zusätzliche Menschen, und verweigerte strikt jeden Beistand. Mary, entsetzt ob solch offensichtlicher Hartherzigkeit, machte sich zur Fürsprecherin der Bedrängten und drohte dem Kapitän mit ernsthaften Folgen nach der Landung in England. Schließlich setzte sie sich durch und hatte die Genugtuung, denken zu dürfen, daß die betroffenen Menschen ihr Leben vermutlich ihrem Eingreifen verdankten.

Nach ihrer Ankunft in England mußte Mary feststellen, daß die Schule erheblich unter ihrer Abwesenheit gelitten hatte. Es kann für keine ihrer Schwestern einen großen Tadel bedeuten, wenn ich sage, daß sie unfähig waren, Marys Platz einzunehmen. Mary verstand es nicht nur hervorragend, mit Kindern umzugehen, sondern war auch sehr geschickt darin, sich den Eltern gegenüber aufmerksam und verbindlich zu zeigen, ohne sich selbst dabei das geringste zu vergeben.

Die Phase ihres Lebens, bei der ich nun angelangt bin, ist wichtig, weil sie zum ersten Schritt auf ihrer literarischen Laufbahn führte. Mr. Hewlet hatte Mary gegenüber häufig von der Literatur als einer sicheren Erwerbsquelle gesprochen und sie gedrängt, die Probe auf die Wahrheit seines Urteils zu machen. Zu dieser Zeit suchte sie nach einem Weg, Fannys Vater und Mutter bei ihrem Plan zu unterstützen, nach Irland zu ziehen. Und wie gewöhnlich war sie bereit, die Geldmittel, die sie für notwendig erachtete, selbst herbeizuschaffen. Zu diesem Zwecke schrieb sie ein Pamphlet von einhundertundsechzig Seiten im Duodezformat mit dem Titel ›Thoughts on the Education of a Daughter‹ (Gedanken über die Erziehung einer Tochter). Mr. Hewlet erhielt von dem Buchhändler, Mr. Johnson in St. Paul's Church Yard, zehn Guineen für die Rechte an dem Manuskript, die Mary unverzüglich für den Zweck einsetzte, um dessentwillen sie die Schrift verfaßt hatte.[11]

Alles in Mary drängte sie, der Schulunternehmung ein Ende zu machen. Sie war höchst unzufrieden mit dem veränderten Bild, das die Anstalt nun bot. Dazu hatte Erfahrung Mary eine tiefwurzelnde Abneigung gegen jene Form des Zusammenlebens mit ihren Schwestern eingeimpft, wie sie die Einrichtung der Schule nun einmal erforderlich machte. Das Zusammenleben ist ein Punkt, der vorsichtiger Erprobung bedarf, und führt in den meisten Fällen leicht zu Verstimmungen und zum Unglücklichsein. Marys Schwestern waren nicht im gleichen Maße wie sie von Tatendrang und Unternehmungslust erfüllt, so daß Mary ein unverhältnismäßig großer Anteil aller Bürden zufiel, die sich aus der Situation ergaben. Andererseits konnten ihre Schwestern wahrscheinlich nicht ganz unbewegt mit ansehen, wie Marys Verdienste fast jedem, der sie kannte, ein größeres Maß an Achtung und Verehrung abnötigten. Marys Wohlwollen gegen ihre Schwestern war nicht geringer geworden, doch sie beschloß, es in Zukunft auf eine andere Weise zu zeigen. Sie wollte ihre Schwestern weiter fördern, ohne ihre eigene Freiheit zu beschränken.

In dieser schwierigen Lage wurde ihr ein Angebot von einer Art unterbreitet, die man, allein schon im Hinblick auf ihre bisherige Lage, als vorteilhaft bezeichnen muß: Sie sollte das Amt der Erzieherin der Töchter des Lord Viscount Kingsborough, des ältesten Sohns des Earl of Kingston aus dem Königreich Irland, übernehmen. Die Bedingungen waren so beschaffen, daß Mary sich zur Zusage entschloß, während sie freilich gleichzeitig den Vorsatz faßte, die Stellung nur für kurze Zeit zu behalten. Denn das Ziel, nach dem sie dürstete, war Unabhängigkeit, und sie war zu dem Versuch entschlossen, es durch schriftstellerische Arbeit zu erreichen. Doch wollte sie zunächst eine kleine Summe Geldes ansammeln, die es ihr ermöglichen sollte, die verschiedenen literarischen Aufgaben, die sich bieten mochten, in Ruhe zu prüfen und eine möglicherweise zu geringe Bezahlung ihrer ersten Versuche auszugleichen.

Die Stellung in der Familie Lord Kingsboroughs wurde ihr durch Vermittlung des Rev. Mr. Prior angeboten, der zu jener Zeit als Under Master in Eton lehrte. Unmittelbar nach Auflösung ihrer eigenen Schule am Newington Green verbrachte Mary einige Zeit im Hause dieses Herrn. Dort hatte sie Gelegenheit, die Gepflogenheiten und das Verhalten in der gefeierten Anstalt genau zu beobachten, und der Eindruck, den sie gewann, war keineswegs günstig. Alles, was sie sah, bestärkte sie in einer ihrer Lieblingsideen, nämlich in der Bevorzugung von Tagesschulen, wo, wie sie es ausdrückte, »Kinder Gelegenheit haben, mit anderen Kindern umzugehen, ohne daß die häuslichen Bindungen zerstört werden, welche die Grundlage der Tugend sind«.

Obwohl sie kaum länger als zwölf Monate im Hause Lord Kingsboroughs lebte, hinterließ Mary bei der Familie und deren Bekannten einen sehr günstigen Eindruck. Die Erzieherinnen, die die jungen Damen bislang gehabt hatten, waren nur bessere Dienstboten gewesen und wurden in allem von der Mutter bevormundet. Mary dagegen bestand darauf, uneingeschränkt nach ihrem eigenen Gutdünken zu schalten und zu walten. Als die jungen Damen hörten, daß ihre neue Erzieherin aus England kam, malten sie sich das Bild einer neuen Feindin aus und erklärten ihre Entschlossenheit, dementsprechend auf der Hut zu sein. Doch Mary gelang es schnell, ihr Vertrauen zu gewinnen, und die Freundschaft, die sich bald zwischen ihr und Margaret King, der ältesten Tochter und jetzigen Countess Mount Cashel, entwickelte, war von ungewöhnlicher Herzlichkeit und Wärme.[12] Von dieser jungen Dame sprach Mary immer in Tönen der aufrichtigsten Anerkennung, sowohl in bezug auf deren herausragende geistige Fähigkeiten als auch auf die herzenskluge Liebenswürdigkeit ihres Wesens. Aus den besten Beweggründen hatte Lady Kingsborough ihren Töchtern einige Verbote auferlegt bezüglich der Bücher, die sie lesen durften, wie auch in vielerlei anderer Hinsicht. Diese Verbote brachten die übliche Wirkung hervor: unmäßige Begierde nach den verbotenen Dingen und heimliche Befriedigung. Mary gab den Kindern unverzüglich ihre volle Freiheit wieder und nahm es auf sich, sie allein über ihre Zuneigung zu lenken. Die Folge war, daß sie sich bescheiden in der Befriedigung ihrer Wünsche zeigten und sich ohne die Billigung ihrer Erzieherin bei der Erfüllung eines Wunsches unbehaglich fühlten. Die erfreulichen Auswirkungen des neuen Systems waren schnell erkennbar; und Lady Kingsborough hatte bald keine andere Sorge mehr, als daß ihre Kinder die Erzieherin mehr lieben könnten als ihre Mutter!

Unter den Menschen, die in Lord Kingsboroughs Haus verkehrten, gewann Mary viele Freunde, denn sie trat dort stets als ebenbürtig, nicht als Untergebene auf. Ich hörte sie einmal von der lächerlichen Bestürzung einer adligen Dame sprechen, deren Name mir entfallen ist, die Mary bei einer großen Gesellschaft in ein langes Gespräch verwickelt hatte. Nach der Unterhaltung erkundigte sie sich, mit wem sie gesprochen habe, und mußte zu ihrer tiefsten Demütigung und Pein erfahren, daß es Miss Kings Erzieherin war!

Einer ihrer Bekannten aus Irland, von dem Mary stets mit der größten Hochachtung sprach, war Mr. George Ogle, Parlamentsabgeordneter für die Grafschaft Wexford. Von seinen Geistesgaben hatte sie die höchste Meinung; von der Güte seines Herzens war sie voll überzeugt; und stets sprach sie von ihm als von dem vollendetsten Gentleman, dem sie je begegnet sei. Die Rolle, die er jüngst in der irischen Politik gespielt hat, erfüllte sie mit der Trauer einer enttäuschten Freundin.[13]

Den Sommer des Jahres 1787 verbrachte Lord Kingsboroughs Familie in Bristol Hot-Wells. Von dort wollte man auf den Kontinent weiterreisen, und Mary sollte die Familie begleiten. Doch wurde der Plan schließlich aufgegeben, und als Folge davon beendete Mary ihre Verbindung mit der Familie früher als geplant.[14]

In Bristol Hot-Wells verfaßte sie das kleine Buch, das den Titel ›Mary, a Fiction‹ (Mary, ein Roman) trägt. Es erzählt, mit gewissen Abwandlungen, im wesentlichen die Geschichte ihrer Freundschaft mit Fanny. Alle Vorfälle, die nicht damit zusammenhängen, sind erfunden.

Hätte Mary nie etwas anderes geschrieben, würde dieses kleine Werk bei empfindsamen Menschen von gutem Geschmack als Beweis für ihr außerordentliches Genie ausreichen. Die Handlung ist ein Nichts. Wer in dem Buch nur nach Ereignissen sucht, wird es wahrscheinlich angewidert fortlegen. Doch die Gefühle sind von der reinsten und erlesensten Art; jeder Umstand ist ausgeschmückt mit jener Art der Einbildungskraft, die unter der Fahne des Feingefühls und der Empfindsamkeit antritt. Man hat es ein sentimentales Werk genannt, aber das ist zu oft nur ein anderes Wort für ein Werk voll verlogener Gefühle. Wer meint, die in dieses Werk eingeflossenen Empfindungen seien verlogen, hätte wahrhaftig Anspruch auf unser tiefstes Mitleid.

FÜNFTES KAPITEL
1787–1790

Jetzt war Mary entschlossen, ihre literarischen Pläne in die Tat umzusetzen, und zu diesem Zwecke begab sie sich von Bristol direkt in die Hauptstadt. Ihr Verhalten in dieser Angelegenheit gereichte ihrem Herzen wohl zur Ehre, ebenso aber auch Mr. Johnson, ihrem Verleger, mit dem sie nun eine innige Freundschaft schloß. Sie hatte ihn anläßlich der Veröffentlichung ihres Büchleins ›Thoughts on the Education of a Daughter‹ kennengelernt und ihm aus Irland einige Briefe geschrieben. Nach ihrer Ankunft in London im August 1787 begab sie sich unverzüglich in sein Haus, um ihm ohne Scheu ihre Pläne darzulegen und ihn um Rat und Unterstützung bei der Durchführung zu bitten. Nach einer kurzen Unterredung bot Mr. Johnson ihr an, sein Haus als das ihre zu betrachten, bis sie eine geeignete feste Wohnung gefunden hätte. So lebte sie denn zwei oder drei Wochen unter seinem Dach. In der gleichen Phase besuchte sie für eine ähnliche Zeitspanne ein- oder zweimal Freunde in der Nähe der Hauptstadt.

Zu Michaelis 1787 bezog Mary ein Haus in der George Street auf der Surrey-Seite der Black Friar's Bridge, das Mr. Johnson während ihres Landaufenthaltes für sie gemietet hatte. Die drei nun folgenden Jahre kann man wohl als den im üblichen Sinne ertragreichsten Abschnitt ihres Lebens bezeichnen. In die neue Wohnung brachte sie den Roman ›Mary‹ mit, der noch nicht in den Druck gegangen war, sowie den Anfang einer Art orientalischer Fabel mit dem Titel ›The Cave of Fancy‹ (Die Höhle der Phantasie). Sie hielt es später für weiser, die Fabel unvollendet beiseite zu legen. Man hat mir erzählt, daß Mary in jener Zeit sehr niedergeschlagen wirkte, erfüllt von melancholischer Trauer über den Verlust ihrer jungen Freundin. Seit deren Tod waren schon zwei Jahre verstrichen; doch war es vielleicht die Arbeit an ›Mary‹, die ihren Schmerz in seiner ursprünglichen Heftigkeit erneut aufleben ließ. Bald nach dem Einzug in ihr neues Heim verfaßte Mary ein kleines Werk mit dem Titel ›Original Stories from Real Life‹ (Geschichten aus dem wahren Leben), für Kinder bestimmt. Zu Beginn ihrer literarischen Karriere soll Mary einen heftigen Widerwillen gehabt haben, von ihren Bekannten als Schriftstellerin betrachtet zu werden, und sie soll alle möglichen Vorkehrungen getroffen haben, damit es nicht dazu kam.

Als die leichteste und sicherste Einnahmequelle schlug Marys Verleger ihr natürlich das Übersetzen vor. Daher verbesserte sie ihre Kenntnis des Französischen, die vorher nur flüchtig war, und erlernte die italienische und die deutsche Sprache. Die meisten literarischen Aufträge in jener Zeit erhielt sie von Mr. Johnson. Sie überarbeitete und kürzte ein aus dem Dänischen übersetztes Werk mit dem Titel ›Young Grandison‹ (Der junge Grandison); sie begann mit der Übersetzung eines Buches ›The New Robinson‹ (Der neue Robinson) aus dem Französichen (doch kam ihr bei diesem Unternehmen, soweit ich weiß, ein anderer Übersetzer zuvor); und sie stellte eine Reihe von Auszügen aus Vers und Prosa nach dem Vorbild von Dr. Enfields ›Speaker‹ (Der Redner) zu einem Band zusammen, den sie ›The Female Reader‹ (Lesebuch für Frauen) nannte, der jedoch aus einem unerheblichen Grund bisher unter einem anderen Autorennamen auf der Titelseite erschienen ist.

Um die Mitte des Jahres 1788 gründete Mr. Johnson die ›Analytical Review‹, eine Zeitschrift, an der Mary beträchtlichen Anteil hatte.[15] Außerdem übersetzte sie Jacques Neckers ›On the Importance of Religious Opinions‹ (Über die Bedeutung religiöser Ansichten), stellte eine verkürzte Version von Lavaters ›Physiognomie‹ nach dem Französischen her, die allerdings nie gedruckt wurde, und komprimierte Salzmanns ›Moralisches Elementarbuch‹, ein deutsches Werk, zu drei Bänden im Duodezformat.[16] Die Übersetzung Salzmanns führte zu einem Briefwechsel zwischen Mary und diesem Autor, der sich später auf nämliche Weise mit einer deutschen Übersetzung der ›Frauenrechte‹ revanchierte. Dies waren ihre wichtigsten literarischen Beschäftigungen zwischen Herbst 1787 und Herbst 1790.

Hier sollte man vielleicht noch anmerken, daß diese Art vermischter literarischer Tätigkeiten das Genie, mindestens vorübergehend, eher zu schwächen und einzuengen als zu fördern und zu beleben scheint. Der Schriftsteller muß sich daran gewöhnen, daß seine Leistungen allein den merkantilen Tageszwecken dienen und vermengt werden mit denen von Menschen, denen er sich insgeheim überlegen weiß. Kein verwandter Geist ist in seiner Nähe, der ihm als Spiegel dienen und ihm das hochherzige Selbstvertrauen zurückwerfen könnte, das er in sich spürt; und vielleicht hat noch kein Mensch vermocht, das Feuer seiner Begeisterung inmitten solcher Einsamkeit in ganzer Stärke lebendig zu erhalten. Das Torpedo der Mittelmäßigkeit hat ihn getroffen. Ich meine, daß nichts, was Mary in jener Zeit hervorbrachte, Spuren jener gedanklichen Kühnheit zeigt, die sich in ihrem schmalen, unmittelbar zuvor entstandenen Roman offenbaren. Eingestreut zwischen Auslassungen edlerer Prägung finde ich gelegentlich etwas von jenem Predigtton, der nach meinem Empfinden angetan ist, den moralischen Mut, den er wecken soll, eher zu schwächen. Dies ist vermutlich auf die genannten Gründe zurückzuführen.

Ich sagte schon, daß eines der Ziele, die Mary sich einige Jahre früher gesetzt hatte, um dem sonst schalen oder bitteren Trank des Lebens Würze zu verleihen, gesellschaftliche Nützlichkeit war. In dieser Beziehung stellt sich ihr Leben während des Abschnitts, den ich gerade behandle, strahlender dar denn aus literarischer Sicht. Sie beschloß, den größtmöglichen Teil des Ertrages ihrer damaligen Tätigkeit der Unterstützung ihrer Freunde und bedürftiger Menschen zu widmen, und legte sich zu diesem Behufe Regeln der eisernsten Sparsamkeit auf. Als erstes begann sie, die Interessen ihrer Schwestern zu fördern. Überzeugt, daß die Stellung einer Erzieherin in einer Familie zugleich die ehrbarste und angenehmste sei, die sie ihnen verschaffen konnte, beschloß sie, zunächst die Voraussetzungen für eine solche Position zu schaffen. Ihre jüngere Schwester schickte sie nach Paris, wo diese zwei Jahre blieb. Ihre ältere brachte sie in einer Schule in der Nähe von London unter, anfangs als Schülerin, die in der Familie des Rektors lebte, dann als Lehrerin. Ihren Bruder James, der schon zur See gefahren war, nahm sie zunächst zu sich und schickte ihn kurze Zeit später zur Ausbildung nach Woolwich, um ihn für eine angesehene Stellung in der königlichen Marine vorzubereiten; tatsächlich wurde er kurz darauf zum Leutnant ernannt. Charles, ihr Lieblingsbruder, hatte bei dem ältesten Bruder eine Lehre als Advokat in dessen Kanzlei in den Minories absolviert[17]. Doch unzufrieden mit seiner Position, holte Mary ihn von dort fort. Nachdem sie ihn zur Unterweisung bei einem Bauern untergebracht hatte, rüstete sie ihn einige Zeit später für Amerika aus, wo seine geschäftlichen Unternehmungen, die er auf der von ihr geschaffenen Grundlage in Angriff nehmen konnte, sich außerordentlich gedeihlich entwikkelt haben sollen. Der Grund dafür, daß ihr soviel von dieser eigentlich den Eltern anstehenden Fürsorge zufiel, war, daß ihr Vater sich inzwischen in größter Geldverlegenheit befand. Da seine Angelegenheiten zu verworren geworden waren, als daß er sie noch selbst hätte ordnen können, hatte er die Regelung einem nahen Verwandten übertragen. Doch Mary, nicht zufrieden mit der Art, wie jener dabei vorging, nahm die Angelegenheit selbst in die Hand. Aber alle ihre Anstrengungen und der Kampf, auf den sie sich einließ, fruchteten in diesem Falle letztlich nichts. Bis zu seinem Todestage lebte ihr Vater fast ausschließlich von der Unterstützung, die sie ihm zukommen ließ. Zusätzlich zu ihren Bemühungen für ihre eigene Familie nahm sie noch ein kleines Mädchen von etwa sieben Jahren in ihre Obhut (die Nichte von Mrs. John Hunter und von der jetzigen Mrs. Skeys), deren eben verstorbener Mutter sie in aufrichtiger Freundschaft verbunden gewesen war.

Obwohl die Zeit zwischen Ende 1787 und Ende 1790 mit wenig spektakulären Arbeiten ausgefüllt war, diente sie dennoch dazu, eine freundschaftliche Verbindung zu festigen, aus der Mary viel Freude gewann. Der Buchhändler Mr. Johnson entwickelte eine große persönliche Zuneigung zu ihr, die in vielerlei Hinsicht der eines Vaters ähnelte. Da Mary in seinem Haus verkehrte, machte sie natürlich die Bekanntschaft seiner Gäste. Unter diesen seien als von ihr besonders geschätzte Menschen hervorgehoben der Mathematiker Mr. Bonnycastle, der inzwischen verstorbene Revisor der Kontrollbehörde Mr. George Anderson, der Arzt Dr. George Fordyce und der berühmte Maler Mr. Füssli.[18] Zwischen diesen beiden letzteren und ihr bestanden Gefühle echter Zuneigung und Freundschaft.

SECHSTES KAPITEL

1790–1792

Bis zu diesem Zeitpunkt hatte sich Marys literarische Laufbahn größtenteils im verborgenen abgespielt; sie hatte ihr wohl ein selbständiges Einkommen gesichert, ohne ihr indessen einen Lorbeerkranz einzubringen. Doch fortan war es Mary bestimmt, die Aufmerksamkeit der Öffentlichkeit zu erregen, und vielleicht hat noch nie eine Schriftstellerin einen solchen Grad an Berühmtheit in ganz Europa erlangt wie sie.

Während sie dergestalt in den ersten drei Jahren ihrer literarischen Tätigkeit »der leisen Melodie ihres Weges«[19] treu blieb, näherte sich ohne Zweifel ihr Geist unbewußt einer kraftvollen Reife. Die Gewohnheit ununterbrochenen Schreibens führte zu einer besonderen Freiheit und Festigkeit im Ausdruck ihrer Empfindungen. Die Gesellschaft, in der Mary sich bewegte, vertiefte ihre Einsichten und erweiterte ihren Horizont. Die Französische Revolution, die den menschlichen Geist in allen Winkeln der Welt bis in die Grundfesten erschütterte, brachte auch in der Fortentwicklung von Marys Denken eine auffallende Wirkung hervor. Die Vorurteile ihrer jungen Jahre gerieten heftig ins Wanken; ihr Respekt vor den Institutionen wurde untergraben. Um diese Zeit kam es unter anderem zu einem öffentlichen Mißverständnis mit einem ihrer Freunde aus früher Jugend, dessen Hang zu verstaubten Glaubenssätzen und verstiegenen Absurditäten durch eben jene Umstände verstärkt worden war, die Marys Geist auf dem Wege der Befreiung beflügelt hatten.

Das Ereignis, das ihr unmittelbar den Weg zu jenem Rang in der Literatur ebnete, den sie fortan einnehmen sollte, war die Veröffentlichung von Burkes ›Betrachtungen über die Französische Revolution‹[20]. Dieses der Welt schon lange angekündigte Buch erschien schließlich am ersten November 1790, und Mary, erfüllt von Freiheitsliebe und durchdrungen von einem glühenden Interesse an den aktuellen politischen Auseinandersetzungen, griff in einem Ausbruch heller Entrüstung – einer Regung, zu der sie stark neigte – zur Feder. Sie war gewohnt, schnell zu schreiben, und so erregte ihre Antwort, die erste von zahlreichen noch folgenden, außergewöhnliche Aufmerksamkeit. Man mag der Schrift mit ihrer hitzigen und ungeduldigen Beredsamkeit wohl einen zu verächtlichen und ungezügelten Umgang mit dem großen Mann vorwerfen, gegen den sich die Attacke richtete. Doch beeinträchtigte dieser Umstand den Erfolg der Veröffentlichung keineswegs. Burke war von den liberalsten und aufgeklärtesten Freunden der Freiheit sehr geliebt worden, und diese waren nun entsprechend empört und angewidert von der Wut seines Angriffs auf das, was ihnen als heilige Sache galt.

So kurz auch die Zeitspanne war, in der Mary ihre ›Answer to Burke's Reflections‹ (Eine Antwort auf Burkes Betrachtungen zur Französischen Revolution) verfaßte, so kam es doch zu einer Anekdote, von der sie mir erzählte und die es wert ist, an dieser Stelle wiedergegeben zu werden. Wie gewöhnlich, wenn das geschwinde Erscheinen einer Schrift von Wichtigkeit ist, wurde Marys Abhandlung zum Drucker geschickt, noch bevor sie ganz vollendet war. Als Mary etwa in der Mitte des Werks angelangt war, ergriff ein vorübergehender Anfall von Lähmung und Unentschlossenheit von ihr Besitz, so daß sie begann, an ihrem Unterfangen zu zweifeln. In dieser Stimmung besuchte sie eines Abends, wie es ihre Gewohnheit war, ihren Verleger, um sich durch einige Stunden der Unterhaltung mit ihm zu entspannen. Hier veranlaßte sie ihre Aufrichtigkeit zu schildern, welche Zweifel ihr gerade durch den Kopf gingen. Sofort bat Mr. Johnson mit größter Freundlichkeit, ihren Neigungen keinen Zwang anzutun und sich auch über die bereits gedruckten Bögen keine Sorgen zu machen, die er mit Vergnügen wegwerfen wolle, wenn das zu ihrem Wohlbefinden beitrüge. Mary hatte einen Ansporn gesucht. Sie hatte nicht erwartet, in dem, was sie sehr wohl als unvernünftigen Trägheitsanfall erkannte, ermutigt zu werden. Daß ihr Freund so bereitwillig auf ihre Mißstimmung einging und anscheinend erwartete, sie werde ihr Vorhaben aufgeben, reizte ihren Stolz. Unverzüglich eilte sie heim und vollendete ihr Werk nun ohne weitere Unterbrechungen.

Es ist wohl möglich, daß der Beifall, der ihrer ›Answer to Burke‹ zuteil wurde, ihre Seele höher stimmte. Mary hatte stets großes Zutrauen in ihre eigenen Fähigkeiten; doch steht wohl außer Zweifel, daß die Entdeckung der Wertschätzung durch eine große Zahl anderer Menschen das Selbstvertrauen eines jeden Menschen heben und seinen Wagemut anstacheln muß. Und so schritt Mary folgerichtig kurze Zeit darauf zur Abfassung ihres berühmtesten Werks, der ›Verteidigung der Frauenrechte‹.

Nie hat sich ein Autor oder eine Autorin einer Sache mit größerem Eifer gewidmet, nicht um tönender, leerer Rhetorik willen, sondern um sie wirksam zu verfechten. Mary verstand sich als Verteidigerin jener Hälfte der Menschheit, die seit uralten Zeiten unter einem Joch leidet, das sie vom Stand eines vernünftigen Wesens herabwürdigt und fast bis auf das Niveau von Tieren erniedrigt. Sie sah durchaus, daß Männer oft versuchen, Frauen in seidenen Fesseln zu halten und dazu zu verführen, ihre Sklaverei zu lieben; doch die Verstellung und der Betrug stachelten Mary nur zu um so entschlossenerem Widerstand an. Sie betrachtete ihr Geschlecht mit den Worten Calistas als »in allen Lebenslagen Sklavinnen des Mannes«[21]. Die reichen Frauen sah sie abwechselnd unter der Tyrannei eines Vaters, eines Bruders oder eines Ehemannes und die der mittleren und unteren Klassen ausgeschlossen davon, ihr Brot in Unabhängigkeit zu verdienen, während sie nicht davon ausgeschlossen sind, fleißig zum Lebensunterhalt der Familie beizutragen. Dergestalt waren die Ansichten, die Mary zu diesem Thema hegte, und dergestalt die Gefühle, die ihr Gemüt anfeuerten.

Das Werk ist zweifellos eine kühne und originelle Schöpfung. Die Kraft und Entschlossenheit, mit der die Autorin die Ansichten Rousseaus, Dr. Gregorys und Dr. Fordyce' zur Rolle der Frau zurückweist, konnte nicht verfehlen, auf jeden aufgeschlossenen Leser einen tiefen Eindruck zu machen.[22] Die breite Öffentlichkeit freilich kam zu einem sehr anderen Urteil über ihre Leistung. Viele der gegen sie vorgebrachten Einwände sind zweifellos männlichen Ursprungs. Die beherzte und entschiedene Art, in der die Autorin das System der Galanterie und die Art der Huldigung, die gewöhnlich dem weiblichen Geschlecht entgegengebracht wird, in Frage stellte, erschreckte die Mehrheit. Die Neuheit der Gedanken erzeugte eine Regung, die fälschlich für ein Gefühl verletzten Gerechtigkeitsempfindens gehalten wurde. Die hübschen, sanften Geschöpfe, die man so häufig unter dem weiblichen Geschlecht findet, und jene Klasse von Männern, die meint, nicht ohne die Zuflucht zu solchen hübschen, sanften Wesen leben zu können, gerieten in helle Empörung über eine so ketzerische, blasphemische Botschaft. Freilich enthält das Buch, das sei eingestanden, gelegentlich Passagen in einem scharfen und groben Ton, der nicht zu der wahren menschlichen Größe der Autorin paßt. Doch wenn diese Passagen auch nicht zu ihrem Grundcharakter passen, so doch zu ihrer Einstellung zum damaligen Zeitpunkt; und was sie dachte, verschmähte sie abzumildern.

Doch neben dem strengen und ein wenig amazonenhaften Ton, der das Buch streckenweise prägt, kann man unmöglich den Reichtum der Vorstellungskraft und eine bebende Feinheit der Empfindung übersehen, die einer Dichterin zur Ehre gereicht hätte, erfüllt von den lebhaftesten Visionen einer Armida oder Dido[23].

Was die persönliche Erscheinung der Autorin betrifft, so war der Widerspruch zur öffentlichen Einschätzung nicht geringer als bei der Betrachtung der Geisteshaltung ihres Buches. Einige, welche die Neugier trieb, die Verteidigerin ihres Geschlechts persönlich in Augenschein zu nehmen, von der es doch hieß, sie versuche die Frauen mit allen Rechten der Männer auszustatten, erwarteten ein stämmiges, muskelbepacktes, knochiges Mannweib. Sie waren dann nicht wenig erstaunt, als sie statt dessen eine Frau von lieblicher Gestalt vor sich sahen, dazu im besten und liebenswürdigsten Sinne weiblich in ihrem Verhalten.

›Die Verteidigung der Frauenrechte‹ stellt zweifellos eine sehr unausgeglichene Leistung dar, die deutliche Mängel in der Methodik und im Aufbau aufweist. Wenn man die altehrwürdigen Maßstäbe literarischer Komposition anlegt, kann das Werk wohl kaum einen Anspruch auf einen Platz in der ersten Reihe erheben. Wenn man jedoch die Wichtigkeit seiner Lehren und den Rang des Genies, der sich darin verrät, in Betracht zieht, scheint es nicht unwahrscheinlich, daß man es lesen wird, solange die englische Sprache lebt. Die Veröffentlichung dieses Werks stellt einen Meilenstein für das Thema dar, das es behandelt, und man wird vielleicht später einmal feststellen, daß Mary Wollstonecraft der Sache ihres Geschlechts einen wichtigeren Dienst erwiesen hat als alle die anderen Schriftsteller und Schriftstellerinnen, die je im Namen der unterdrückten und benachteiligten Schönheit zur Feder griffen.

Der Vorbehalt, den der liberal gesonnene Kritiker wegen der Mängel der Ausführung hegt, wird sich vielleicht in Erstaunen wandeln, wenn ich ihm erzähle, daß ein Werk von so unschätzbarer Bedeutung in nur sechs Wochen begonnen, fortgeschrieben und beendet wurde.

Hier muß ich auf die Freundschaft zwischen Mary und Mr. Füssli zurückkommen, die sich als Quelle der denkwürdigsten Ereignisse in ihrem späteren Leben erweisen sollte. Er wurde in der Schweizerischen Republik geboren, verbrachte jedoch den größten Teil seines Lebens auf den Britischen Inseln. Der hohe Rang seines Genies ist kaum zu bestreiten; er wurde sogar von der unwahrscheinlichsten Seite, nämlich von einigen der besten zeitgenössischen Künstler, bestätigt. Er besitzt eines der auffallendsten Merkmale des Genies, nämlich einen ebenso kühnen wie ausdauernden Unternehmungsgeist. Das Werk, mit dem er zur Zeit beschäftigt ist, eine großangelegte Reihe von Illustrationen zu Milton[24], die einzig auf seinen eigenen Einfall zurückgeht, ist hierfür Beweis, wenn nicht schon sein ganzes bisheriges Leben hinreichendes Zeugnis davon ablegte.

Mr. Füssli ist einer der ältesten Freunde von Mr. Johnson, und zu jener Zeit war es seine Gewohnheit, ihn zwei- bis dreimal in der Woche zu besuchen. Mary, der die Betrachtung von Kunstwerken köstliche Empfindungen des Vergnügens bereitete, war bis dahin nie mit einem berühmten Maler auf vertrautem Fuße gewesen. Daher war es für sie eine besondere Freude, Mr. Füssli vorgestellt zu werden, während er in Mary einen Menschen fand, der vielleicht empfänglicher für die Aussagen seiner Malerei war als seine anderen Bekannten. Die Malerei und Themen, die eng damit zusammenhingen, waren stets Gegenstand ihrer Unterhaltung, und beide fanden sie unerschöpflich. Zweifellos war dies eine Übung, die der Entwicklung von Marys Geist sehr förderlich war.

Doch nichts Menschliches ist ungetrübt. Wenn Mary einerseits durch Mr. Füssli Förderung erfuhr, so ist andererseits zu vermuten, daß sie sich von einigen seiner Fehler anstecken ließ. In seiner Jugend hatte Mr. Füssli die Literatur heiß geliebt. Doch die Anforderungen seines Berufes hinderten ihn, jenes umfangreiche und breit gestreute Wissen zu erwerben, welches die Kenner der schönen Literatur oft besitzen. Daher blieben die Lieblinge seiner Knabenjahre seine einzigen Favoriten. Für Mr. Füssli ist Homer der Inbegriff und die Verkörperung aller menschlichen Vollkommenheit. Milton, Shakespeare und Richardson fesselten seine Aufmerksamkeit ebenfalls beträchtlich.[25] Homers engster Rivale, wenn Homer denn einen solchen haben kann, ist aber Jean-Jacques Rousseau. Ein junger Mann übernimmt die Meinungen seines Lieblingsautors zur Gänze, und Mr. Füssli hatte später nicht die Zeit, die in seiner Jugend erworbenen Ansichten einer Überprüfung zu unterziehen. Tief beeindruckt von Rousseaus Vorstellung von der Vollkommenheit des Naturzustandes und der grundsätzlichen Verderbtheit aller Zivilisation, schaut Mr. Füssli auf all unsere kleinen Bemühungen um moralische Fortschritte mit einer Gesinnung, die zu sehr an Verachtung und Gleichgültigkeit grenzt. Eine seiner Lieblingsideen ist die Göttlichkeit des Genies. Für ihn ist es eine Kraft, die auf einmal und von Anfang an vollkommen aus der Hand des Schöpfers aller Dinge entspringt, und bereits die ersten Versuche eines Menschen von wahrem Genie gelten ihm in all ihren großartigen und wichtigsten Zügen als so beschaffen, daß kein späterer Fleiß sie verbessern könnte. Man muß hinzufügen, daß Mr. Füssli ein gewisser Sarkasmus eigen ist, gepaart mit viel Witz und einer Neigung, in allen neuen oder modernen Dingen nach einem Anlaß zur Kritik zu suchen. Ich glaube, Mary ging aus seiner Schule zynischer hervor, als sie hineingeraten war.

Doch das Wichtigste über das Verhältnis zwischen Mary und diesem berühmten Maler bleibt noch zu erzählen. Mary sah Mr. Füssli häufig; er unterhielt, entzückte und belehrte sie. Da er Maler war, konnte es nicht ausbleiben, daß sie seine Werke zu sehen wünschte und also in sein Haus kam. Sie besuchte ihn; ihre Besuche wurden erwidert. Trotz des Altersunterschieds war Mary nicht geschaffen, mit einem Mann von Verdienst und Genie so vertrauten Umgang zu pflegen, ohne ihn zu lieben. Das Entzücken, das sie in seiner Gesellschaft genoß, übertrug sie unwillkürlich auf seine Person. Was sie in dieser Beziehung fühlte, wurde zweifellos durch den Zustand der Enthaltsamkeit und Zurückhaltung gesteigert, in dem sie bisher gelebt hatte und zu dem die Regeln der konventionellen Gesellschaft unverheiratete Frauen verurteilen. Sie entwickelte eine ganz persönliche und glühende Zuneigung zu ihm. Mr. Füssli war verheiratet, und Mary kannte seine Frau.[26] Sie sah wohl die Grenzen, die dieser Umstand ihr zu setzen schien; doch sie nahm die Schwierigkeiten, die sich daraus ergeben mochten, leicht. Nicht daß sie unempfindlich gewesen wäre gegenüber dem Wert häuslicher Zärtlichkeit zwischen Menschen verschiedenen Geschlechts, doch sie vermochte sich nicht vorzustellen, daß sie einen Kampf würde mit sich austragen müssen, wenn sie den Gesetzen folgte, die sie sich für ihr Verhalten zurechtgelegt hatte.

Dies ist gewiß die am besten geeignete Stelle, um ihre Grundsätze zu diesem Thema darzulegen, so wenigstens, wie sie in der Zeit waren, als ich in der vertrautesten Verbindung zu ihr stand. Sie legte großen Wert auf die gegenseitige Liebe zwischen Partnern verschiedenen Geschlechts. Sie hielt sie für den größten Trost im Leben der Menschen. Ihre Maxime war, daß die Einbildungskraft die Sinne erwecken solle und nicht die Sinne die Einbildungskraft. Mit anderen Worten, was zur Befriedigung der Sinne führe, solle bei einem Menschen reinen Herzens nur aus einer auf eine ganz bestimmte Person gerichteten Liebe erwachsen. In dieser Beziehung betrachtete sie die Sitten und Gewohnheiten der Mehrheit unseres Geschlechts mit starker Mißbilligung. Sie war der Meinung, wahre Tugend schreibe vollkommene Enthaltsamkeit vor, solange die Liebe fehle, und die vollkommenste Treue dort, wo es Liebe gäbe. – Es gibt keinen Grund, daran zu zweifeln, daß Mr. Füssli, hätte er zur Zeit ihrer Bekanntschaft ungebunden gelebt, der Mann ihrer Wahl gewesen wäre. Wie die Dinge lagen, hielt Mary es sowohl für machbar wie wünschenswert, eine besondere Beziehung zu ihm zu pflegen und diese durch einen sehr liebevollen persönlichen Umgang und wechselseitige Freundlichkeit zu fördern, ohne im geringsten von den Regeln abzuweichen, die sie sich zurechtgelegt hatte.

Im September 1791 zog Mary aus ihrem Haus in der George Street in eine große und geräumige Wohnung in der Store Street am Badford Square. Sie kam allmählich zu der Überzeugung, sie habe sich, als sie ihre literarische Karriere begann, zu harte Regeln der Sparsamkeit und Selbstverleugnung auferlegt, und fügte nun der Adrettheit und Sauberkeit, die sie immer peinlich beachtet hatte, eine gewisse elegante Note hinzu. Ihr neues Quartier stattete sie mit jenem bescheidenen Maß an Möbeln und anderen Einrichtungsgegenständen aus, an denen ein gesunder und unverdorbener Geschmack immer seine Freude haben wird.

Im Monat November desselben Jahres (1791) befand sich der Schreiber dieser Zeilen zum ersten Male in Gesellschaft der Frau, auf die sie sich beziehen. Er speiste zusammen mit ihr, Mr. Thomas Paine und einigen anderen Gästen bei einem Freund.[27] Er selbst hatte sich um die Einladung bemüht, da er gern den Autor der ›Rechte des Menschen‹ kennenlernen wollte.

Das Zusammentreffen war kein glückliches. Mary und ich trennten uns, gleichermaßen voneinander enttäuscht. Ich hatte ihre ›Frauenrechte‹ nicht gelesen. In ihre ›Answer to Burke‹ hatte ich auch nur einen flüchtigen Blick geworfen und, wie es Literaten so leicht unterläuft, an einigen Verstößen gegen die Grammatik und anderen winzigen Fehlern der Komposition Anstoß genommen. Daher war ich sehr wenig neugierig auf Mrs. Wollstonecraft, dagegen sehr neugierig auf Mr. Thomas Paine. Paine ist in der Regel kein großer Plauderer, und so spielte sich die Unterhaltung, obwohl er gelegentlich einige scharfsinnige und brillante Bemerkungen einwarf, hauptsächlich zwischen Mary und mir ab. Infolgedessen hörte ich, wenn ich hoffte, Paine zu hören, sehr häufig statt dessen Mary.

Wir sprachen über eine beachtliche Reihe unterschiedlicher Themen, insbesondere aber über die Charaktere und Gewohnheiten gewisser großer Männer. Wie bereits erwähnt, hatte Mary es sich in einem ärgerlichen Maße angewöhnt, alles von seiner negativen Seite zu sehen und dort, wo irgend etwas zweifelhaft erschien, großzügig Tadel auszuteilen. Im Gegensatz dazu neigte ich stark zu einer wohlwollenden Sicht, und besonders dort, wo ich eindeutige Zeichen von Genie wahrnahm, unterstellte ich bereitwillig großherzige und männliche Tugenden. Auf diese Weise diskutierten wir die Charaktere von Voltaire und anderen, die von einigen wenigen glühend bewundert werden, während die Mehrzahl sie mit äußerster moralischer Strenge beurteilte. Mary ließ sich schließlich hinreißen, mir zu sagen, daß Lob, so großzügig verteilt, wie ich es tue, weder dem Gepriesenen noch dem Preisenden zur Ehre gereichen könne. Ferner sprachen wir über einige die Religion betreffende Fragen, und dabei blieb ihre Meinung sehr viel näher an der üblichen als meine. Mit dem Fortgang der Unterhaltung wurde mir meine eigene Rolle darin immer unbehaglicher. Wir streiften alle Themen nur, ohne irgendeines gründlich und im Zusammenhang zu erörtern. Unterdessen war ich ihr einmal so weit entgegengekommen, als ich von der Unterhaltung bei einem Essen erzählte, ihr das Lob eines Menschen von kühnem und unabhängigem Denken zu opfern, wiewohl ich mich freilich selbst auch nicht schonte. Sie dagegen kam mir kein kleinstes Schrittchen entgegen.

Im Laufe des folgenden Jahres begegneten wir einander einige Male, machten jedoch nur sehr geringe Fortschritte in Richtung auf eine herzliche Freundschaft.

Gegen Ende des Jahres 1792 ging Mary nach Frankreich, wo sie über zwei Jahre lebte. Einer der Hauptgründe zu diesem Schritt hing, so vermute ich, mit Mr. Füssli zusammen. Anfangs hatte sie es als vernünftig und weise betrachtet, etwas zu kultivieren, was ich vielleicht als platonische Liebe zu ihm bezeichnen darf; doch in der Folgezeit brachte ihr dieser Vorsatz nicht die erhoffte Zufriedenheit. Es zählte wenig, daß sie in seiner Gegenwart großes Vergnügen genoß und das häufig. Ihre lebhafte Einbildungskraft gaukelte ihr ständig Bilder jenes Glücks vor, das sie hätte finden können, wenn das Schicksal eine innigere Verbindung begünstigt hätte. Sie fühlte sich geschaffen für häusliches Glück und alle jene zärtlichen Liebesdienste, die empfindsame Geister stets als das köstlichste Band menschlicher Gemeinschaft betrachtet haben. Allgemeine Unterhaltung und unverbindliches Zusammensein konnten sie nicht befriedigen. So wie die Dinge lagen, fühlte sie sich einsam, und sie grämte sich, wenn sie daran dachte, daß sie ihre besten Jahre in dieser trostlosen Einsamkeit vertat. Diese Gedanken machten den herzlichen Zuspruch von Mr. Füssli, anfangs eine ihrer größten Freuden, zu einer Quelle ständiger Qual. Sie kam zu der Überzeugung, daß es nötig sei, dieses Herzensband zu durchtrennen, und beschloß aus diesem Grunde, andere Breiten aufzusuchen und sich in neue Gesellschaft zu begeben.

Es ist erstaunlich, daß sie während der mehr als zwölf Monate, in denen sie in der Store Street wohnte, nichts Nennenswertes schrieb außer einigen Artikeln für die ›Analytical Review‹. Ihre literarischen Überlegungen galten vor allem einer Fortsetzung der ›Frauenrechte‹; doch hat sie kaum eine Aufzeichnung hinterlassen, von der man mit Sicherheit sagen könnte, sie sei diesem Zweck bestimmt gewesen.

SIEBENTES KAPITEL
1792–1795

Ursprünglich hatte Mary keine feste Vorstellung, wie lange sie sich in Frankreich aufhalten wollte; ihre alleinige Absicht war, die gestörte Ruhe ihres Gemüts wiederherzustellen. Sie ging nicht einmal so weit, ihre Wohnung in London aufzugeben, und einigen Freunden gegenüber, die sie kurz vor ihrer Abreise sah, sprach sie nur von einer Abwesenheit von sechs Wochen.

Es ist nicht verwunderlich, daß ihre Reise anfangs nicht die gewünschte Wirkung erzielte. Sie war in einem fremden Lande; sie kannte niemanden; ja, sie mußte sogar zunächst einmal die Fähigkeit erwerben, sich mit Leichtigkeit in der Landessprache zu verständigen. Zunächst wohnte sie als Gast in einem geräumigen, stattlichen Haus, dessen Besitzer (Monsieur Fillietaz) jedoch zur Zeit ihrer Ankunft abwesend war.[28] Daher befand sie sich anfangs ausschließlich in der Gesellschaft von Dienstboten. Ihr düsterer Gemütszustand übertrug sich auf alles, was sie wahrnahm; in dieser Stimmung begann sie eine Reihe von ›Letters on the Present Character of the French Nation‹ (Briefe über den gegenwärtigen Zustand der französischen Nation). Einer davon, den sie an ihren Verleger schickte, findet sich in der Sammlung ihrer nachgelassenen Schriften. Bald darauf ließ sie von diesem Vorhaben ab, denn es war, wie sie selbst richtig bemerkte, gefärbt von der bitteren Stimmung, in der sie sich selbst befand.

Mary brachte einige Empfehlungsschreiben an verschiedene ihrem Denken nahestehende Familien in Paris mit. Sie frischte auch die Bekanntschaft mit Paine auf. Dazu bestand eine sehr aufrichtige Freundschaft zwischen ihr und Helen Maria Williams, der Verfasserin einer Gedichtsammlung von außergewöhnlichem Rang, die damals in Paris lebte.[29] Ein anderer Bekannter, von dem Mary stets mit dem wärmsten Lobe sprach, sowohl was seinen ausgezeichneten Charakter als auch die Kraft seines Genies anging, war ein Graf Schlabrendorff, ein gebürtiger Schwede, wie ich glaube.[30] Es ist fast unnötig, zu erwähnen, daß sie mit den meisten Führern der Französischen Revolution persönlich bekannt war.

Doch das Haus, in dem sie, soweit ich weiß, am häufigsten verkehrte, war das von Mr. Thomas Christie, einem Kaufmann, der ein Buch über die Französische Revolution geschrieben hatte.[31] Mit Mrs. Christie verband sie eine noch herzlichere Freundschaft als mit deren Ehemann.

Ungefähr vier Monate nach ihrer Ankunft in Paris im Dezember 1792 ging Mary eine Verbindung von der Art ein, nach der sich ihr Herz insgeheim gesehnt hatte und die augenblicklich Ruhe und Heiterkeit in ihr Wesen brachte. Der Mann, um den es sich handelte, war (es wäre ein überflüssiger Versuch taktvoller Verschwiegenheit, einen Namen nicht preiszugeben, den jeder kennt, der von Mary weiß) Mr. Gilbert Imlay, geboren in den Vereinigten Staaten von Amerika.

Der Ort ihrer ersten Begegnung war das Haus von Mr. Christie, und es verdient vielleicht erwähnt zu werden, daß die ersten Gefühle, die er in Marys Herzen auslöste, wie ich hörte, solche der Abneigung waren; eine Zeitlang ging sie allen Gelegenheiten, ihm zu begegnen, aus dem Wege. Diese Empfindung wich jedoch schnell einer wesentlich freundlicheren.

Bevor Mary diese Neigung entwickelte, hatte sie eine Reise in die Schweiz geplant, vornehmlich aus finanziellen Gründen. Doch hatte sie Schwierigkeiten, einen Reisepaß zu bekommen; und vermutlich war es schließlich der vertraute Umgang, der sich jetzt zwischen ihr und Mr. Imlay entspann, der sie umstimmte und sie statt dessen einem Quartier in Neuilly, einem drei Meilen von Paris entfernten Dorf, den Vorzug geben ließ. Sie wohnte dort in einem einsamen, inmitten eines Gartens gelegenen Haus, in dem nur noch ein Gärtner wohnte, ein alter Mann, der viele Aufgaben eines Dienstboten übernahm und manchmal sogar um die Ehre buhlte, auch ihr Bett machen zu dürfen. Der Gärtner verehrte seinen Gast sehr und setzte Mary manchmal, wenn sie allein waren, besonders köstliche Weintrauben vor. In diesem Haus entwarf sie die Idee zu ihrem Werk ›Historical and Moral View of the French Revolution‹ (Historische und moralische Ansichten über die Französische Revolution), dessen größten Teil sie auch dort fertigstellte. Wie sie berichtete, arbeitete sie die meisten ihrer Beobachtungen, die sie für die ›Letters‹ gesammelt hatte, in diesen Band ein, der in einer nüchterneren und heitereren Gemütslage geschrieben ist als jene, in der sie die ›Letters‹ ursprünglich begonnen hatte. Abends erholte sie sich gern bei einem Spaziergang in einem nahen Wald, wovon sie ihr alter Wirt vergebens abzubringen suchte, indem er ihr gräuliche Diebs- und Mordgeschichten erzählte, die sich dort zugetragen haben sollten.

Keine Vertraute, kein Ratgeber stand Mary zu Beginn ihrer Verbindung zur Seite. Sie empfand es immer als einen groben Verstoß gegen das Feingefühl, in einer Sache von so heiliger Natur, wie es eine Herzensangelegenheit ist, sich an Vertraute zu wenden. Die Verbindung mit Imlay begann im April 1793 und wurde vier Monate lang im stillen fortgesetzt. Nach Ablauf dieser Frist trat jedoch ein Umstand ein, der Mary veranlaßte, ihre Verbindung öffentlich zu machen. Der französische Konvent, verärgert über das Verhalten der britischen Regierung, insbesondere in der Affäre von Toulon, erließ ein gegen die Bürger unseres Landes gerichtetes Gesetz, das anordnete, alle in Frankreich lebenden Engländer bis zu einem allgemeinen Friedensschluß ins Gefängnis zu werfen.[32] Mary hatte bisher eine Heirat mit Mr. Imlay abgelehnt, der zum Zeitpunkt ihrer Begegnung so gut wie mittellos war. Sie wollte ihn nicht in gewisse Familienverlegenheiten mit hineinziehen, denen sie sich ausgesetzt sah, oder ihn für Geldforderungen verantwortlich machen, die gegen sie erhoben werden konnten. Dennoch betrachtete sie ihre Verlobung als von heiligster Natur, und sie hatten gemeinsam den Plan gefaßt, nach Amerika auszuwandern, sobald sie zu einer Summe gekommen wären, die ausreichen würde, ihr Vorhaben in der von ihnen gewünschten Weise in die Tat umzusetzen. Der gerade erwähnte Erlaß forderte jetzt jedoch nicht eben gleich eine förmliche Heirat, wohl aber, daß Mary Imlays Namen annahm, was sie nach der Natur ihrer Beziehung für ihr gutes Recht hielt, um vom amerikanischen Botschafter als Gattin eines Bürgers dieses Landes ein Dokument zu erhalten.

Nachdem ihre Verbindung dergestalt öffentlich gemacht war, hielten sie es nun auch für angebracht, unter demselben Dach zu leben, und zogen zu diesem Zwecke nach Paris.

Mary hatte jetzt die Lebenssituation erreicht, von der ihr die Vernunft seit einigen Jahren sagte, sie böte die größten Aussichten, glücklich zu werden. Die Wogen des Mißgeschicks hatten sie hin- und hergeworfen. In ihrer Kindheit hatte Mary, wie sie oft sagte, wenige der Zärtlichkeiten kennengelernt, die das größte Glück der Kindheit ausmachen. Das launische Temperament ihres Vaters hatte sie früh ernst gemacht und an die Stelle liebevollen Vertrauens unbeugsamen Widerstand gesetzt. Die Heiterkeit, welche gewöhnlich die Mädchen an der Schwelle zum Frauenleben beseelt, war in ihrem Falle verdüstert worden durch die Wache am Totenbett ihrer Mutter und das noch bedrückendere Leiden ihrer ältesten Schwester. Ihre Anstrengungen, für sich und ihre Schwestern eine unabhängige Existenz zu schaffen, waren weder vom Erfolg gekrönt noch hatten sie ihr die erhoffte Befriedigung gebracht. Ihre erste jugendliche Leidenschaft, ihre Freundschaft zu Fanny, hatte ihr viele Enttäuschungen gebracht und war am Ende in einer traurigen und vorzeitigen Katastrophe geendet. Bald nach diesen gehäuften Kränkungen wurde sie von einem nahen Verwandten, den sie für einen Menschen ohne Grundsätze hielt, in einen Streit verwickelt, bei dem es um den finanziellen Ruin ihres Vaters ging. In dieser Angelegenheit litt sie unter dem doppelten Schmerz, der aus moralischer Entrüstung und enttäuschter Wohltätigkeit erwächst. Stets gab sie sich die größte Mühe, allen Mitgliedern ihrer Familie zu helfen, und niemals ermüdete sie darin. Als sie schließlich eine schwärmerische Neigung zu Mr. Füssli faßte und sich in der frohen Hoffnung wiegte, darin den Trost für alle ihre Kümmernisse zu finden, erkannte sie zu spät, daß diese Neigung, indem sie ihrer Seele ständig fruchtlose Bilder schrankenloser Liebe und häuslichen Glücks vorgaukelte, nur die Empfindlichkeit steigerte, die im Begriff war, sie zu zerstören.

Mancher Leser mag nun vielleicht einwerfen, daß die hier aufgezählten Leiden nicht zu den schwersten auf der Liste menschlichen Elends gehören. Doch der Grad der Leiden bemißt sich mehr nach der Gemütsart des Menschen, der sie erlebt, als nach ihrer allgemeinen Beschaffenheit. An einem Menschen von harter, unempfindlicher Natur prallen die Pfeile des Mißgeschicks oft stumpf und ohnmächtig ab. Und es gibt wieder andere, die zwar keineswegs hart und unempfindlich zu nennen sind, aber in ihrer anpassungsfähigen und heiteren Veranlagung stets die gute Seite der Dinge sehen. Stürzen sie einmal, sind sie sofort wieder auf den Füßen, um ihren Weg mit dem gleichen Eifer, der gleichen Hoffnung und der gleichen Fröhlichkeit fortzusetzen wie zuvor. Andererseits begegnen wir nicht selten Menschen, die mit der erlesensten und feinsten Empfindsamkeit ausgestattet sind und deren Seelen aus fast zu feinem Stoffe scheinen, um die Wechselfälle des menschlichen Lebens zu ertragen, Menschen, für die jede Freude Verzückung ist und jede Enttäuschung unbeschreibliche Qual. Dieser Charaktertypus wird vom Autor der ›Leiden des jungen Werther‹ fein gezeichnet, und so gesehen war Mary ein weiblicher Werther.

Im gegenwärtigen Falle trug sie denn ihr verwundetes und krankes Herz zu ihrem auserwählten Freunde, auf daß es an seinem Busen Zuflucht fände. Doch man stelle sich ja nicht vor, daß sie ihm ein nörgelndes Herz brachte, das den Geschmack an der Freude verloren hätte! O nein; ihr ganzes Wesen schien sich mit der glücklichen Wende des Geschicks zu verändern. Alle Sorgen, die Niedergeschlagenheit ihrer Seele waren vergessen, und sie gewann all die Schlichtheit und die Lebhaftigkeit eines jungen Herzens zurück. Sie glich einer Schlange, die sich auf einem Felsen häutet und nun wieder im Glanz und mit der Glätte und Beweglichkeit ihres glücklichsten Alters erscheint. Sie war fröhlich, voller Zutrauen, Freundlichkeit und Mitgefühl. Ihre Augen gewannen neues Feuer, ihre Wangen neue Farbe und Rundung. Ihre Stimme wurde heiter, ihr Herz floß über von Güte gegen alle Welt, und jenes bezaubernd zärtliche Lächeln, das die Herzen und die Liebe fast aller Menschen, die es sahen, eroberte, erhellte jetzt wieder ihr Antlitz.

Mary vertraute sich nun einem Menschen an, von dessen Ehrvorstellung und Grundsätzen sie die höchste Meinung hatte. Sie hegte eine tiefe Liebe und hielt es nicht für nötig, diese in irgendeiner Weise einem Zwang zu unterwerfen; ein Herz wie das ihre war nicht dazu gemacht, nur halb zu lieben. Ihre Vorstellung von Mr. Imlays »Zärtlichkeit und Wert hatte ihn fest in ihrem Herzen verankert«. Und sie »genoß den Gedanken, sie habe einige Ranken getrieben, um sich an der Ulme festzuhalten, von der sie gestützt zu werden hoffte«. Das bedeutete für sie, »eine neue Sprache zu sprechen«, doch in dem Bewußtsein, »daß sie keine Schmarotzerpflanze sei«, war sie bereit, die Fülle der Liebesfreuden zu ermutigen und zu fördern.[33] Ihr Vertrauen war unbegrenzt, ihre Liebe uneingeschränkt. Zum ersten Male in ihrem Leben gab sie sich ihren zärtlichen Empfindungen ganz hin.

Kurz nach der Zeit, von der ich hier erzähle, wurde ihre Zuneigung zu Mr. Imlay durch ein neues Band verstärkt, als sie Anlaß zu der Vermutung hatte, schwanger zu sein.

Ihre häusliche Gemeinschaft in Paris wurde jedoch fast schon in dem Moment, wo sie gegründet war, wieder aufgehoben, weil Mr. Imlay sich in Handelsgeschäfte einließ. Den Anstoß gegeben hatte die Aussicht auf eine Familie sowie der Umstand, daß eine für geschäftliche Spekulationen günstige Krise in der französischen Politik eingetreten war. Das Unternehmen, an dem er beteiligt war, führte ihn im September nach Le Havre, damals Havre Marat genannt, wahrscheinlich um das Verschiffen von Handelsgütern zu überwachen, eine Aufgabe, die er mit einer oder mehreren anderen Personen übernommen hatte. Mary blieb in der Hauptstadt zurück.

Die Einsamkeit, in der er sie zurückließ, erwies sich als unerwartet harte Prüfung. Ihr ganzes Herz war auf häusliche Zärtlichkeit ausgerichtet, und früh schon spürte sie zu ihrem stillen Kummer, daß »Mr. Imlay nicht die gleichen zärtlichen Gefühle mit der Idee eines Heims verband, die ihr jedesmal, wenn sie daran dachte, die Augen feucht werden ließen«. Von Woche zu Woche, von Monat zu Monat wartete sie auf seine Rückkehr; doch eine Reihe geschäftlicher Verpflichtungen hielten ihn weiterhin in Le Havre fest. Gleichzeitig trug der blutige Charakter, den die französische Regierung jetzt mit jedem Tage deutlicher annahm, dazu bei, den ersten Monaten ihrer Schwangerschaft jegliche Ruhe zu rauben. Eines Tages, als sie noch in Neuilly wohnte, kam sie zufällig zu Fuß nach Paris hinein (ich glaube an der Place de Louis Quinze vorbei), als gerade eine Hinrichtung, begleitet von einigen besonderen Greueln, stattgefunden hatte und das Blut von der Guillotine auf dem Pflaster noch frisch war. Ihre Gefühle machten sich in empörten Ausrufen Luft, als einer der Umstehenden sie umsichtig auf die Gefahr hinwies, in der sie schwebte, und sie anflehte, weiterzueilen und ihren Unmut zu verbergen. Mehr als einmal schilderte sie mir das Entsetzen, das sie gefühlt hatte, als sie vom Tode Brissots, Vergniauds und der zwanzig Deputierten hörte.[34] Es war für sie eine der unerträglichsten Empfindungen, die sie je erlebte.

Als Mr. Imlays Rückkehr immer wieder hinausgeschoben wurde, beschloß Mary im Januar 1794, ihm nach Le Havre zu folgen. Einer ihrer Beweggründe, wenn wohl auch nicht der wichtigste, wie ich meine, waren die zunehmenden Grausamkeiten Robespierres und ihr Wunsch, überall zu sein, nur nicht in der verdammten Stadt, in der er sie beging.

Von Januar bis September lebten Mr. Imlay und Mary in der größten Harmonie zusammen in Le Havre, wo das Kind, das sie unter dem Herzen trug, am 14. Mai geboren wurde. In Erinnerung an die teure Freundin ihrer Jugend, deren Bild nie aus ihrem Gedächtnis schwand, nannte sie es Frances.

Im September reiste Mr. Imlay von Le Havre nach London. Diesen Schritt forderten angeblich die Geschäfte, und so drängte er Mary, ebenfalls Le Havre zu verlassen und wieder in Paris Wohnung zu nehmen. Robespierre war tot, und so war der einzige Einwand, den sie gegen Paris als Wohnort geltend gemacht hatte, ausgeräumt. Mr. Imlay war schon in London, bevor sie sich auf die Reise machte, die sich als die beschwerlichste erweisen sollte, die sie je unternommen hatte. Ihre Reisekutsche stürzte zwischen Le Havre und Paris nicht weniger als viermal um.

Wie im Jahr zuvor, als Mr. Imlay nach Le Havre gegangen war, stellte er Mary auch seine jetzige Abwesenheit als nur von kurzer Dauer dar. In zwei Monaten wollte er in Paris wieder mit ihr zusammentreffen. Es erwies sich jedoch als das Vorspiel zu einer endgültigen Trennung. Die Qualen einer solchen Trennung, oder besser des Verlassenwerdens, wurden, sosehr Mary auch unter allen Umständen darunter gelitten hätte, noch erheblich verstärkt durch Mr. Imlays zögerndes Vorgehen und die Unklarheit, die lange Zeit darüber hing. Dieser Umstand bewirkte, daß ihre Seele zwangsläufig an dem allerschmerzlichsten Gegenstande festhalten mußte und sie sich die Kraft und die Beweglichkeit ihres Charakters nicht zunutze machen konnte.

Die Verzögerung, von der ich sprach, gewährte ihr jedoch zunächst einen Vorteil: Sie schob den furchtbaren Tag der Wahrheit hinaus. Erst gegen Ende des Jahres ahnte Mary, welches Leid ihr bevorstand. So hatte sie drei weitere Monate relativer Zufriedenheit gewonnen. Doch diese waren sehr teuer erkauft. Vielleicht haben wenige Menschen je solchen Kummer erlitten, wie er das ganze Jahr 1795 im Leben dieser unvergleichlichen Frau verdunkelte. Es wurde vergeudet in jener Form der Verzweiflung, die ständig wachgehalten wird durch das schwache Glimmen einer zärtlich gehegten, dennoch schwindenden Hoffnung.

Warum nur hing sie so hartnäckig an einer unglücklichen Leidenschaft, die unter einem widrigen Stern stand? Weil es zum Wesen der Liebe gehört, ihr Dauer verleihen zu wollen. Der liebt nicht wirklich, der sein zärtlich gehegtes Gefühl aufgeben kann, ohne einige der schmerzlichsten Kämpfe zu bestehen, zu der unsere Natur fähig ist. Man setze hinzu, daß Mary ihr Herz an diesen auserwählten Freund gehängt hatte; und eine der schwierigsten Einsichten für ein wertvolles Gemüt ist jene in die Wertlosigkeit des Menschen, den es höher als alle anderen Menschen schätzt. Mary hatte kämpfen müssen, um sich eine gute Meinung von der menschlichen Natur zu bewahren; sie hatte um eine verwandte Seele gerungen, bei deren Integrität und Treue sie sich ausruhen konnte. In Briefen, die er unmittelbar nach der endgültigen Trennung schrieb, versuchte Mr. Imlay zu beweisen, daß sein Verhalten gegen sie den strengsten Regeln der Rechtschaffenheit entsprach; doch zweifellos war Mary anderer Meinung. Wie immer sich der Leser in dieser Hinsicht auch entscheiden mag, so gibt es, meine ich, sicherlich eine Empfindung, die er teilen wird: das ist Mitleid für den Fehler eines Mannes, der, als er im Besitz einer solchen Freundschaft und Liebe war, wie Mary sie ihm entgegenbrachte, diese geringschätzen konnte und »gleich dem niedrigen Indianer eine Perle wegwarf, die kostbarer war als sein ganzer Stamm«[35].

ACHTES KAPITEL
1795–1796

Im April 1795 kehrte Mary auf Mr. Imlays Aufforderung nach London zurück. Er sandte ihr sogar, noch bevor sie die notwendigen Vorbereitungen zu ihrer Abfahrt hatte abschließen können, eine Dienerin nach Paris, damit sie ihr auf der Reise behilflich sei. Doch obwohl dies alles so günstig schien, traf Mary mit schwerem Herzen in London ein, denn nach all den Unsicherheiten und Ängsten wagte sie nicht, den hoffnungsvollen Zeichen zu trauen.

Die düsteren Vorahnungen ihrer Seele sollten sich nur zu getreulich bewahrheiten. Mr. Imlay war bereits eine neue Bindung eingegangen, mit einer jungen Schauspielerin von einer Wandertruppe, wie es hieß. In seinen Aufmerksamkeiten gegen Mary war er daher förmlich und gezwungen und schenkte ihr wahrscheinlich nur wenig von seiner Zeit. Diese Veränderung konnte ihrem durchdringenden Blick nicht entgehen. Er schob alles auf geschäftliche Sorgen und finanzielle Schwierigkeiten; doch diese angeblichen Gründe waren für Mary von geringem Belang. Nur zu gut sah sie, wie sie sich auch mühte, es nicht zu sehen, daß sie seine Liebe für immer verloren hatte.

Man kann sich keine schlimmere Zeit des Leids und der Kränkung vorstellen als jene, die Mary nun sieben Wochen lang, vom sechzehnten April bis zum sechsten Juni, in einem möblierten Haus, das Mr. Imlay für sie gemietet hatte, durchlitt. Sie war auf der Suche nach Glück nach England gekommen, in ein Land, für das sie zu jener Zeit einen »Widerwillen« bekundete, »der sich fast bis zum Entsetzen steigerte«. Zwar hatte sie bereits gefürchtet, ihr Glück schon verloren zu haben; doch machten ihr der Eifer und die Ungeduld, mit denen Mr.

Imlay schließlich auf ihr Kommen zu dringen schien, neuen Mut. Als sie ihm dann aber gegenüberstand, bestätigten sich alle ihre Befürchtungen. Welch ein Bild überströmender Zärtlichkeit nach einer solchen Trennung hatte sie sich vorgestellt! Tausend derartige Szenen hatte sich ihre brennende Phantasie ausgemalt. In einer solchen Lage vermögen Zurückhaltung und Scham die Empfindungen eines liebenden Herzens nicht zu zügeln. Doch ihre Hoffnungen wurden schnell zerstört. Mr. Imlay bereitete ihr einen kalten und verlegenen Empfang. Auseinandersetzungen folgten, die er Erklärungen nannte, grausame Erklärungen, die nur die Qualen eines ohnehin schon vom Schmerz überwältigten Herzens verschärften. Sie waren zwar kaum wirklich ehrlich, doch machten sie Mary hinreichend deutlich, daß ihr Fall hoffnungslos war.

In dieser bedrängenden Seelennot gelang es ihr nicht mehr, ihren Gleichmut zu bewahren. Wie sie einige Zeit später einer Freundin gegenüber äußerte, hatte strenge Vernunft sie gezwungen, die Liebe, die teure, trügerische Liebe fahrenzulassen; und nun waren ihre Aussichten auf ein vernünftiges Glück dahin just in dem Augenblick, da sie gelernt hatte, mit vernünftigen Freuden zufrieden zu sein. In dieser Lage wurde ihr das Leben zur unerträglichen Bürde. Solange sie von Mr. Imlay getrennt gewesen war, hatte sie sogar über Pläne zur Trennung und Unabhängigkeit sprechen können. Doch nun, da sie unter demselben Dach lebten, konnte sie sich nicht der Versuche enthalten, ihr altes herzliches Verhältnis wiederherstellen zu wollen; und die Erfolglosigkeit ihrer Bemühungen gab dem Feuer, das sie verzehrte, unablässig neue Nahrung. Da faßte sie den verzweifelten Entschluß zu sterben.

Dieser Teil von Marys Geschichte liegt ziemlich im

dunkeln. Ich weiß nur, daß Mr. Imlay zu dem Zeitpunkt, als er von ihrem Plan erfuhr, nicht wußte, ob sie ihn schon ausgeführt hatte oder nicht, und daß die Nachricht ihn sehr erschütterte. Vielleicht ist es seinem Eingreifen und seinen Vorhaltungen zu danken, daß ihr Leben für dieses Mal gerettet wurde. Sie beschloß weiterzuleben. Von diesem Vorsatz beseelt, faßte sie einen Entschluß, der ihrer Stärke und Herzensgüte wohl würdig war. Mr. Imlay war bei einem kaufmännischen Vorhaben in Norwegen in erhebliche Bedrängnis geraten. Um das Geschäft zum gewünschten Abschluß zu führen, schien die Gegenwart eines besonders gewitzten Unterhändlers vonnöten. Mary beschloß, diese Reise zu machen und die Angelegenheit in ihre Hand zu nehmen. Eine solche Unternehmung schien in der gegenwärtigen Krise das beste, um ihre Gesundheit und womöglich ihre Heiterkeit wiederherzustellen. Zudem tat es ihren Gefühlen wohl, sich im Interesse des Mannes einsetzen zu können, der sie zwar so bitter verletzt hatte, mit dem sie aber glühend wünschte, wiedervereint zu werden. Der Augenblick der Verzweiflung, von dem ich sprach, ereignete sich gegen Ende Mai, und ungefähr eine Woche später brach sie zu diesem Abenteuer auf.

Der Bericht über ihre Reise liegt der Welt vor, und vielleicht ist noch nie eine Reisebeschreibung von der Druckerpresse gelaufen, die so unwiderstehlich zu Herzen geht. Die gelegentlichen Töne der Strenge und Schroffheit, die in der ›Verteidigung der Rechte der Frauen‹ stören, sind hier ganz verschwunden. Wenn es je ein Buch gab, das geeignet ist, den Leser verliebt in die Verfasserin zu machen, dann scheint es mir dieses zu sein. Sie spricht von ihrem Kummer auf eine Weise, die unser Herz mit Schwermut füllt und uns gleichsam in Zärtlichkeit dahinschmelzen läßt, während sie zugleich ein Genie entfaltet, das unsere ganze Bewunderung verlangt. Das Leid hatte ihr Herz fast übermenschlich weich gestimmt, und die Sanftheit ihrer Stimmung scheint im Einklang mit der Schwärmerei grenzenloser Liebe.

Dergestalt sanfter und edler geworden, dergestalt beseelt von Phantasie und Empfindsamkeit, erfüllt von allem und mehr als allem, das junge Dichter träumen, wenn sie lieben, kehrte sie zurück nach London und, wenn es ihm nur beliebt hätte, in die Arme ihres Geliebten. Ihre Rückkehr wurde beschleunigt durch die Zweideutigkeit von Mr. Imlays Betragen, das sie voll banger Ahnungen wahrnahm. Er hatte versprochen, sie auf dem Rückweg aus Norwegen zu treffen, wahrscheinlich in Hamburg, um anschließend einige Zeit mit ihr in der Schweiz zu verbringen. Doch der Stil seiner Briefe war nicht dazu angetan, ihr Zutrauen einzuflößen, so daß sie ihm beschwörend schrieb, er möchte sich zu dem Punkte erklären, in welchem Verhältnis sie hernach zueinander stehen sollten. In seiner Antwort, die sie in Hamburg erhielt, bezeichnete er ihre Fragen als abwegig und unnötig und forderte sie auf, ihre eigene Entscheidung zu fällen. Mary fühlte sich außerstande, dies als hinreichende Erklärung hinzunehmen, und beschloß daher umgehend, mit dem nächsten Schiff, das nach London segelte, zurückzufahren, um der Ungewißheit, die an ihrer Seele nagte, ein Ende zu bereiten.

Nicht lange nach ihrer Ankunft in London zu Beginn des Oktobers erhielt sie die Gewißheit, die sie suchte. Mr. Imlay mietete eine Wohnung für sie. Doch die Art, wie er sie nach ihrem Einzug vernachlässigte, öffnete ihr trotz seiner Beteuerungen die Augen. Als sie weitere Nachforschungen anstellte, wurde sie schließlich von einer Dienerin über den wahren Stand der Dinge aufgeklärt. Unter dem unmittelbaren Schock, den ihr die schmerzliche Gewißheit versetzte, war ihr erster Einfall, ihn in dem fertig möblierten Hause aufzusuchen, das er für seine Geliebte gemietet hatte. Was genau der Gegenstand ihrer Unterredung war, vermag ich nicht zu berichten. Doch es genügt wohl, zu sagen, daß das Elend der Nacht, die auf die fatale Entdeckung folgte, ihr das Gefühl einbrannte, lieber tausend Tode zu sterben als noch einmal eine solche Nacht zu erleben.

Ihre Seelenqual machte sie entschlossen, und diese Entschlossenheit schenkte ihr eine Art verzweifelter Gelassenheit. Sie beschloß, sich in die Themse zu stürzen, und da ihr kein Ort in unmittelbarer Nähe von London geeignet schien, mietete sie ein Boot und ruderte nach Putney. Ihr erster Gedanke war die Battersea-Brücke, doch sie erschien ihr zu belebt. Als sie in Putney eintraf, war es Nacht, und ein heftiger Regen hatte eingesetzt. Der Regen brachte sie auf die Idee, auf der Brücke auf und ab zu gehen, bis ihre Kleider ganz durchtränkt und schwer von Nässe wären. Dies tat sie auch wirklich eine halbe Stunde lang, ohne einer Menschenseele zu begegnen. Dann sprang sie von der Brücke, hatte aber dennoch Schwierigkeiten unterzugehen. Sie versuchte, dem entgegenzuwirken, indem sie ihre Kleider fest an sich preßte. Nach einer Weile wurde sie ohnmächtig. Doch später sprach sie immer wieder von der besonderen Qual dieses Versuchs, so daß, obwohl sie sich noch zu jeder anderen Form des freiwilligen Todes hätte entschließen können, es ihr unmöglich gewesen wäre, sich noch einmal den gleichen Empfindungen auszusetzen. Ich bin mir nicht sicher, ob dies auf das Wesen des Erstickungstodes zurückzuführen ist oder eher die Folge der unnatürlichen Handlung einer verzweifelten Seele war.

Nach einer langen Zeit der Besinnungslosigkeit wurde sie durch die Anstrengungen der Menschen, die ihren

Körper fanden, wieder zu Bewußtsein gebracht. Mit kühler und entschlossener Festigkeit hatte sie versucht, ihrem Dasein ein Ende zu setzen, und doch lebte sie weiter mit der Aussicht auf eine noch lange Phase der Freuden und des Glücks. Wir haben Grund zu der Annahme, daß Selbstmörder häufig, hätten sie ihren finsteren Vorsatz überlebt, zu einem späteren Zeitpunkt noch recht glücklich geworden wären. Das ergibt sich zu einem gewissen Grad aus dem Wesen der selbstmörderischen Stimmung selbst, die ein Maß an Verzweiflung beinhaltet, welches die menschliche Seele nicht lange aushalten kann. Dies ist eine ernsthafte Überlegung. Wahrscheinlich würde sich kein Mensch aus Ungeduld über einen augenblicklichen Schmerz umbringen, wenn er sicher wäre, daß noch Jahre des Glücks vor ihm liegen. Vielleicht ist es vergebliches Bemühen, mit einem Menschen, der sich in der typischen Gemütsverfassung kurz vor einem Selbstmord befindet, vernünftig argumentieren zu wollen. Moralische Argumentation ist nichts anderes als das Erwecken gewisser Empfindungen, und das Gefühl, das ihn beherrscht, ist viel zu stark, um uns eine Chance zu lassen, ihn mit anderen Gefühlen zu beeindrucken. Doch wenn man nicht erwarten kann, daß die Aussicht auf künftige Ruhe und Freude bei einem Menschen viel ausrichtet, der an der Schwelle zum Selbstmord steht, dann ist es um so mehr zu wünschen, daß die Menschen sich in besonnenen Augenblicken diesen Gedanken einprägen, der, zur Gewohnheit geworden, als erfolgreiches Gegenmittel in einem Anfall von Verzweiflung wirken kann.

Marys gegenwärtige Lage stellte notwendig die Verbindung zwischen ihr und Mr. Imlay wieder her. Er schickte ihr einen Arzt, und auf seinen Wunsch hin überredete Mrs. Christie Mary, in ihr Haus am Finsburysquare zu ziehen. Inzwischen versicherte ihr Mr. Imlay, seine derzeitige Bindung sei nur von vorübergehender, sinnlicher Natur, was in ihr den Gedanken nährte, es könne noch einmal in ihrer Wahl stehen, mit ihm zusammenzuleben. In welcher Absicht Mr. Imlay ihr diesen Gedanken auch nahelegte, er mußte ihre innere Unruhe verstärken. In einer Hinsicht freilich erzeugte er eine höchst unerwartete Wirkung. Er weckte in ihr jene charakteristische Energie des Geistes, die sie fast vergessen zu haben schien. Sie sah, daß es notwendig war, eine Entscheidung herbeizuführen und nicht zuzulassen, daß noch Monate und Jahre in Ungewißheit und Bangen verstrichen. Diese Einsicht erfüllte sie mit ungewöhnlicher Entschlossenheit. Sie sagte ungefähr das Folgende: »Wenn wir je wieder zusammenleben wollen, dann muß es jetzt sofort sein. Entweder ziehen wir jetzt zusammen, oder wir trennen uns für immer. Du sagst, du kannst deine neue Verbindung nicht abrupt abbrechen. Es ist meines Mutes und meines Charakters unwürdig, den ungewissen Ausgang dieser Verbindung abzuwarten. Ich bin entschlossen, zu einer Entscheidung zu kommen. Daher willige ich für die nächste Zeit ein, mit dir und der Frau, mit der du dich verbunden hast, zusammenzuleben. Ich halte es für wichtig, daß du durch Gewohnheit lernst, die Liebe eines Vaters zu deinem Kind zu fühlen. Doch wenn du dieses Angebot ablehnst, ist es das Ende. Du bist jetzt frei. Wir wollen uns nicht mehr schreiben. Wir wollen keinerlei Verbindung mehr miteinander haben. Ich werde für dich wie gestorben sein.«[36]

Ihr Vorschlag, so ausgefallen und unüberlegt er auch war, wurde zunächst angenommen, und Mr. Imlay zeigte ihr folgerichtig das Haus, das er gerade mieten wollte, damit sie entschiede, ob es ihr zusage. Doch nach weiterer Überlegung zog er seine Zustimmung zurück.

Im folgenden Monat gingen Mr. Imlay und das Frauenzimmer, mit dem er nun verbunden war, nach Paris, wo sie drei Monate blieben. Schon vorher hatte Mary sich in einer Wohnung am Finsbury-Place eingemietet, wo sie eine Zeitlang kaum jemanden außer Mrs. Christie sah, um deren Nähe willen sie in diese Gegend gezogen war. Mary lebte, wie sie es später ausdrückte, »wie lebendig begraben, und ihr Dasein war nur eine einzige Prüfung ihrer Seelenstärke, die ständig auf die Folter gespannt war«.

Unter diesen Umständen konnte es nicht ausbleiben, daß ihre Gedanken weiter über einer Leidenschaft brüteten, die alle Qualen noch immer nicht hatten auslöschen können. Daher konnte sie sich nicht zurückhalten, als Mr. Imlay nach England zurückkehrte, einen weiteren Versuch zu unternehmen und den Wunsch zu äußern, ihn wiederzusehen. Während seiner Abwesenheit hatte die Liebe sie dazu verleitet, zahllose Entschuldigungen für sein Verhalten zu erfinden; zudem wollte sie nur zu gern daran glauben, daß seine gegenwärtige Verbindung, wie er es darstellte, nichts Ernstes sei. Doch auf diesen Versuch, erzählte sie, habe er nicht geantwortet, außer daß er mit unentschuldbarer Heftigkeit ablehnte, sie zu sehen.

Diese Antwort, so verletzend sie auch für Mary war, bedeutete noch immer nicht das Ende der Tragödie. Mr. Christie hatte geschäftlich mit Mr. Imlay zu tun zu jener Zeit, als sein Haus das einzige war, in dem Mary regelmäßig verkehrte. Die Folge war, daß Mary eines Abends, als Mr. Imlay bereits seit vierzehn Tagen wieder in London war, zu Besuch kam, während Mr. Imlay sich im Wohnzimmer aufhielt. Der Raum war voller Gäste. Mrs. Christie hörte Marys Stimme im Korridor und eilte hinaus, um sie zu beschwören, nicht hereinzukommen. Doch Mary ließ sich nicht zurückhalten. Sie meinte, wie sie mir später erzählte, es sei nicht mit ihrer Auffassung von Rechtschaffenheit vereinbar gewesen, vor einem Mann, der ihr nach ihrer Überzeugung ein Unrecht angetan hatte, wie beschämt zurückzuweichen. Ihr Kind war bei ihr. Mary trat ein und führte sofort und in entschlossener Haltung das Kind, das jetzt fast zwei Jahre alt war, zu seinem Vater. Er zog sich mit Mary in ein anderes Zimmer zurück und versprach, am folgenden Tage, glaube ich, in ihrer Wohnung mit ihr zu speisen.

In der Unterredung, die auf diese Verabredung folgte, sprach er freundlich mit ihr und in einer Weise, die dazu angetan war, ihre Verzweiflung zu lindern. Obgleich er sich, fern von ihr, in einer Art betragen konnte, die sie als gefühllos tadelte, schmolz seine Kälte in ihrer Gegenwart immer wieder dahin. Mary war in diesem Augenblick bereit, nach jedem Schatten des Glücks zu greifen, und die Freundlichkeit, mit der er ihr begegnete, war für sie wie ein Sonnenstrahl, der die Hoffnung eines neuen Tages erweckte. Einen Augenblick lang gab sie sich trügerischen Bildern hin; und selbst noch nachdem der flüchtige Rausch verflogen war, blieb ihr schmerzlicher Blick an dem luftigen Trugbild einer Versöhnung hängen.

Auf Mr. Imlays ausdrücklichen Wunsch hin behielt sie seinen Namen bei, den er ihr noch kurze Zeit zuvor anscheinend hatte streitig machen wollen. Wie sie in einem Brief an eine Freundin schrieb, geschah das nicht um des Urteils der Welt willen – ganz und gar nicht –, sondern weil sie nicht bereit war, den Gordischen Knoten zu durchhauen oder sich dem Scheine nach loszureißen, wenn sie es in Wirklichkeit noch nicht konnte.

Am Tage nach dieser Unterredung fuhr sie aufs Land, um einen Besuch zu machen, und blieb fast den ganzen Monat März über dort. Ich glaube, es war während dieses Besuchs, daß ein Briefwechsel mit Mr. Imlay sie veranlaßte, alle noch verbleibenden Zweifel über den Ausgang dieser Sache aus ihrem Herzen zu verbannen.

Mary war sich nun klar darüber, daß alle Forderungen der Nachsicht gegen ihn, der Pflicht gegen ihr Kind und selbst der Nachgiebigkeit gegenüber ihrer eigenen tief wurzelnden Leidenschaft erfüllt waren. Sie beschloß, sich zusammenzunehmen und für immer eine Neigung abzuschütteln, die für sie ein unerschöpflicher Quell bitteren Leidens war. Ihr gegenwärtiger Aufenthalt in der Natur war günstig für ihren Vorsatz. Sie lebte im Hause einer alten, sehr vertrauten Freundin, einer Dame namens Cotton, die ihr aufrichtig und mit Wärme zugetan war. Mrs. Cottons nächster Nachbar war der Baron Sir William East, und die Fürsorge ihrer Freundin sowie die Gastfreundlichkeit und die ehrenvolle Aufmerksamkeit dieser angesehenen Familie wirkten sich segensreich auf Marys Gemütszustand aus. Auf ihrer Reise nach Norwegen hatte sie zwar auch Vergnügen gefunden und Interessantes erlebt, doch mit der Einschränkung, daß damals ihr Geist immer wieder ängstlich bebend zu Vermutungen über Mr. Imlays künftiges Verhalten zurückgekehrt war. Jetzt dagegen verscheuchte sie mit hochgestimmtem und unerschrockenem Geist jeden Gedanken an ihn, fühlte sie sich doch herausgefordert, noch einmal eine Anstrengung für ein Leben in Glück und Zufriedenheit zu unternehmen.

Meines Wissens sah sie Mr. Imlay danach nur noch einmal, wahrscheinlich nicht lange nach ihrer Rückkehr in die Stadt. Sie trafen sich zufällig in der New Road. Er stieg vom Pferd und begleitete sie ein Stück zu Fuß, und die Begegnung verlief, wie sie mir versicherte, ohne ein beklemmendes Gefühl in ihr auszulösen.

Nebenbei sei angemerkt – und man darf glauben, daß ich über den wahren Stand der Dinge im Bilde war –, daß sie über Mr. Imlay niemals mit Bitterkeit sprach und sehr ärgerlich wurde, wenn jemand sich in ihrer Gegenwart verächtlich über ihn äußerte. Sie war zu heftiger Empörung fähig, doch waren Gefühle dieser Art bei ihr nur kurzlebig und machten nach nicht allzu langer Zeit einer würdigen Heiterkeit und Ausgeglichenheit Platz.

Die offene Frage ihrer Verbindung mit Mr. Imlay war, wie wir sahen, erst im März 1796 endgültig beantwortet. Doch es ist der Beobachtung wert, daß sie nie zuließ, daß ihr Verstand unter dem Druck der äußersten Seelenqualen in Kleinmut und Geistesschwäche versank. Jeder Leser vermag sich wohl vorzustellen, welche Pein sie durchlitt, wenn er bedenkt, daß sie zweimal in einem Abstand von nur vier Monaten, von Ende Mai bis Anfang Oktober, von ihren Leiden an die Schwelle des Selbstmordes getrieben wurde. Und doch schrieb sie in dieser Zeit ihre ›Reisebriefe aus Südskandinavien‹. Kurz nach Ablauf dieser Zeit bereitete sie diese für den Druck vor, und gegen Ende des Jahres wurden sie veröffentlicht. Im Januar 1796 vollendete sie den Entwurf zu einer Komödie, deren ernste Szenen auf ihrer eigenen Geschichte fußten. Das Stück wurde den Direktoren der beiden Wintertheater Drurylane und Covent Garden angeboten und befand sich zum Zeitpunkt ihres Todes noch unter ihren Papieren. Mir erschien es freilich noch in einem so rohen und unvollkommenen Zustand, daß ich es ihrem Andenken schuldig zu sein glaubte, es den Flammen zu übergeben. Um dieses außerordentliche Maß an Betriebsamkeit zu verstehen, müssen wir uns freilich die vollständige Einsamkeit vor Augen halten, in der sie damals den größten Teil ihrer Zeit verbrachte.

NEUNTES KAPITEL
1796–1797

Der Fortgang von Marys Geschichte führt mich nun zum letzten Abschnitt, zur Verbindung zwischen ihr und mir selbst. Ich werde diesen Teil mit der gleichen Schlichtheit erzählen wie die voraufgehenden. Hätten je Motive der Klugheit und des Taktes verlangt, die Worte vorsichtig zu setzen, so gelten diese nun nicht mehr. Solche Rücksichten würden nur noch die künstlichen Regeln der gesellschaftlichen Konvention befriedigen. In Marys Leben gibt es nichts, das ihr in den Augen ehrenhafter und vernünftiger Menschen Schande machen könnte. Niemand hätte je alle seine Handlungen offener darlegen und das Urteil der Welt unerschrockener anrufen können als sie. Ein höchst betrübliches Ereignis hat dem leichtsinnigen Gerede nun auf Ehrfurcht heischende Weise Schweigen geboten.

Im Januar 1796 erneuerten wir unsere Bekanntschaft, doch zunächst ohne große Wirkung, außer daß mein Mitgefühl mit ihrem Schmerz die Achtung vertiefte, die ich für ihre Talente hegte. Gegen Ende jenes Monats las ich ihre ›Reisebriefe aus Südskandinavien‹, und welche Wirkung dieses Werk auf mich hatte, habe ich schon erzählt.

Am 14. April sah ich sie zum ersten Mal nach ihrem Aufenthalt in Berkshire wieder. An jenem Tage besuchte sie mich in Somers Town, denn sie hatte nach ihrer Rückkehr eine Wohnung in Cummingstreet, Pentonville, nicht weit von meinem Hause gemietet. Von diesem Tage an wuchs unsere Vertrautheit unmerklich, doch stetig.

Die Zuneigung, die wir zueinander faßten, war von der Art, die ich immer für die reinste und feinste Form der Liebe gehalten habe. Sie entwickelte sich in beiden Seelen im Gleichschritt. Selbst dem aufmerksamsten Beobachter wäre es unmöglich gewesen, zu sagen, wer voranschritt und wer folgte. Weder übernahm das eine Geschlecht die Führung, die ihm althergebrachte Sitte zubilligt, noch übertrat das andere die Grenzen der Sittsamkeit, die ihm so streng auferlegt sind. Ich glaube nicht, daß eine der Parteien für sich in Anspruch nehmen könnte, in dieser Herzenssache der Jäger oder das Wild gewesen zu sein. Als im Laufe der Zeit die Enthüllung kam, da gab es in gewisser Weise für keinen von beiden mehr etwas zu enthüllen.

Im Juli 1796 machte ich eine kleine Reise in die Grafschaft Norfolk, die fast den ganzen Monat in Anspruch nahm. Während dieser Zeit zog Mary aus der Cummingstreet in Pentonville an den Judd-Place West am äußersten Ende von Somers Town. Bisher hatte sie möbliert gewohnt. Sie hatte Reisepläne für Italien und die Schweiz gemacht, wenn sie auch noch nicht wußte, wie bald sie aufbrechen wollte. Jetzt jedoch fühlte sie sich plötzlich mit dem Gedanken an einen längeren Aufenthalt in England versöhnt, wahrscheinlich ohne genau zu wissen, warum sich ihre Einstellung verändert hatte. Bei ihrem Auszug aus der Shorestreet hatte sie einige Möbel bei einem Spediteur zur Aufbewahrung gegeben, und jetzt fand sie es ratsam, diese wieder zu nutzen. So kam es zu ihrem neuerlichen Umzug.

Die zeitweilige Trennung, die meine kleine Reise verursachte, tat ihre Wirkung auf unser beider Seelen: sie schaffte den nötigen Raum, in dem die Neigung reifen konnte. Ich glaube, daß in dieser Zwischenzeit jeder für den anderen den Hauptgegenstand einsamer, täglicher Betrachtung darstellte. Abwesenheit verleiht der Liebe eine feine und luftige Zartheit, die sie sonst nur schwer erlangt. Sie scheint dann dem Umgang unter Geistern zu gleichen, ohne das Medium oder Hindernis unserer irdischen Hülle.

Als wir einander wiederbegegneten, spürten wir eine neue Freude und eine deutlichere Vorliebe füreinander. Es dauerte jedoch noch drei Wochen, bis die Empfindung, die beiden auf der Zunge schwebte, über die Lippen drängte. Es gab keine Phase der Seelenkämpfe und der ausgesprochenen Erklärungen. Hier ging Freundschaft schmelzend in Liebe über. Schon vor unserer wechselseitigen Erklärung fühlte jeder leise Gewißheit, und doch sehnten wir uns beide in bebender Bangigkeit danach, die volle Versicherung zu erhalten.

Mary ließ ihr Haupt an die Schulter des Geliebten sinken in der Hoffnung, ein Herz zu finden, dem sie getrost ihre Welt der Liebe anvertrauen konnte. Obwohl sie fürchtete, vielleicht einen Fehler zu machen, war sie doch trotz ihrer traurigen Erfahrungen erfüllt von jenem edelmütigen Vertrauen, das sich in einer großen Seele nie ganz ausrotten läßt. Ich hatte noch nie eine Leidenschaft in diesem Maße wachsen lassen oder eine Frau getroffen, die ihrer so vollkommen würdig gewesen wäre.

Dennoch heirateten wir nicht sofort. Es ist schwierig, ein Verhalten zur uneingeschränkten Nachahmung zu empfehlen, das den Regeln und Vorurteilen der Gesellschaft zuwiderläuft. Und doch gibt es gewiß nichts so eindeutig Lächerliches, das dem wirklichen Gang der Gefühle derartig widerspricht, wie die Forderung, man solle mit den überströmenden Empfindungen bis nach einer Zeremonie warten und mit Trompetenstößen das verkünden, was bei Menschen von Zartgefühl und Phantasie von allen Dingen als das Heiligste und Privateste gilt.

Es gab jedoch noch weitere Gründe, warum wir zunächst nicht heirateten. Mary war gänzlich von der moralischen Richtigkeit ihres Verhaltens überzeugt. Es wäre absurd gewesen, zu verlangen, mit ihrem vom Verrat verletzten Herzen hätte sie den Gefühlen der Wärme, die unsere große Nähe erzeugte, nicht nachgeben und nicht nach der hilfreichen Freundschaft und Liebe greifen sollen, die allein ihrem Herzen Freude und ihren Gedanken Frieden schenken konnten. Es war erst sechs Monate her, seit sie entschlossen jeden Gedanken an Mr. Imlay aus ihrem Herzen verbannt hatte. Doch hätte sie es schon vor mindestens achtzehn Monaten tun sollen, und das wäre wohl auch geschehen, hätte ihre gewissenhafte Beharrlichkeit sie nicht getrieben, kein Mittel unversucht zu lassen, um ihn zurückzugewinnen. Hinzu kommt, daß sich die in solchen Fällen von der Konvention vorgeschriebenen Gesetze und die Empfindungen des Herzens nicht mit Lineal und Zirkel abmessen lassen. Schließlich hatte Mary auch einen ausgeprägten Widerwillen, erneut zum Gegenstand des Klatsches zu werden, und wenn das eine Schwäche sein sollte, dann seien die furchtbaren Prüfungen zu ihrer Entschuldigung angeführt. Sie empfand, daß man im Falle ihrer ersten Bindung zu viel und zu grob über sie gesprochen hatte, und konnte sich nicht überwinden, irgend etwas zu tun, das dieses schmerzliche Thema hätte wiederaufleben lassen.

Was mich betrifft, so betrachtete ich seit vielen Jahren die Ehe mit einer so wohlbegründeten Abneigung, daß ich es, der Liebe zu Mary ungeachtet, sehr schwierig gefunden hätte, wenigstens bei dem damaligen Stand unserer Beziehung, mich zu einem solchen Schritte zu entschließen. So waren wir in diesem Punkte, zum Teil aus ähnlichen, zum Teil aus unterschiedlichen Gründen, einer Meinung, wie vielleicht auch in allen übrigen Dingen, die unseren Umgang betrafen.

Bis zum Beginn des Jahres 1797 gibt es wenig zu berichten. Zu diesem Zeitpunkt hielten wir es für angebracht, unsere Heirat, die kurz vorher stattgefunden hatte, öffentlich anzuzeigen. Der Hauptanlaß, uns doch der Zeremonie zu unterziehen, war der Umstand, daß Mary schwanger war. Sie wollte, und das vielleicht mit Recht, nicht den Ausschluß aus der Gesellschaft vieler wertvoller und ausgezeichneter Menschen riskieren, den der Brauch in solchen Fällen verhängt. Und ich hätte tiefstes Unbehagen empfunden, der Anlaß einer solchen Unannehmlichkeit für sie zu sein. Nachdem wir sieben Monate lang einen so innigen Umgang erprobt hatten, wie unsere wechselseitigen Lebensgewohnheiten zuließen, war es gewiß für beide weniger gefährlich geworden, uns den Folgen zu unterwerfen, die die Gesetze Englands an die Ehe knüpfen. Am sechsten April bezogen wir ein Haus, das wir gemeinsam gemietet hatten.[37]

An dieser Stelle muß ich etwas sehr Seltsames erwähnen, und ich bin froh über diese Gelegenheit, da sich daran gewisse Regeln der vornehmen Gesellschaft entlarven lassen, bei denen das Lächerliche mit dem Verabscheuungswürdigen wetteifert. Mary erfreute sich schon lange der Bekanntschaft vieler Persönlichkeiten von Genie, verkehrte überdies aber auch mit einer Reihe von Menschen, die der Umgang in feinen Kreisen sowie ein gewisses Maß an Kenntnissen und gesundem Menschenverstand zu amüsanten Unterhaltern machte. In letzter Zeit hatte sie den Kreis ihrer Bekannten in dieser Hinsicht erweitert, und ihr Gemüt, das zwischen den gegensätzlichen Eindrücken vergangenen Schmerzes und neuerworbenen Friedens noch hin und her schwankte, fand Entspannung bei dieser Art von Unterhaltung. Wo Mary auch erschien, erregte sie Bewunderung. Sie hatte schon immer eine besondere Begabung für das Gespräch, doch die Reife ihres Verstandes, ihre Reisen, ihr langer Aufenthalt in Frankreich, die harte Schule des Leids und der neugeborene Seelenfriede, der ein Lächeln auf ihr beseeltes Antlitz zauberte, steigerte diese Gabe noch. Die Art, wie man in diesen feinen Kreisen mit der Geschichte von Mr. Imlay umging, war vermutlich das Ergebnis der Beliebtheit, die sie dort genoß. Jene Vornehmen waren gespalten zwischen ängstlicher Beachtung der gesellschaftlichen Regeln und dem Wunsch, es sich selbst an nichts fehlen zu lassen. Mary machte keinen Hehl aus der Art ihrer Verbindung mit Mr. Imlay, und ich weiß von einem Falle, in dem sie sich sogar die Mühe machte, einem ihr sonst ganz gleichgültigen Manne die Natur dieses Verhältnisses genau auseinanderzusetzen, weil er alles, was er wußte, verbreitete; sie rechnete damit, daß er ihre Erklärung an seine zahlreichen Bekannten weitergeben würde. Sie war von zu stolzer und edelmütiger Gesinnung, um sich zur Heuchelei herabzulassen. Doch allem, was man sagen mochte, zum Trotz, verschlossen diese Menschen beharrlich die Augen und gaben vor, Mary für eine verheiratete Frau zu halten.

Man vergegenwärtige sich die Folgen! Solange sie eine unverheiratete Mutter war und auch keinen Hehl daraus gemacht hatte, fanden die peniblen und auf Formen bedachten Damen und Herren nichts an ihr auszusetzen. Doch in dem Augenblick, als sie sich als Ehefrau zu erkennen gab, und das durch eine über jeden Tadel erhabene Ehe, war alles anders. Mary und ich hatten angenommen, unsere Heirat würde ihr im Kreise der feinen Gesellschaft eine noch gefestigtere Stellung verschaffen. Doch es zwang diese Menschen, sich der Wahrheit zu stellen und zu bekennen, daß sie sich etwas vorgemacht hatten, und das konnten sie nicht verzeihen. Wohl gemerkt, das Datum unserer Hochzeit hatte nichts damit zu tun; dieses Problem wurde in jener Zeit nie von uns erörtert. Mary trug tatsächlich bis zu diesem Zeitpunkt weiter den Namen Imlay, den sie einst aus Notwendigkeit in Frankreich angenommen hatte; daß sie ihn so lange behielt, geschah jedoch nur, um die Unsicherheit zu vermeiden, die die Ankündigung eines Wechsels begleitet, und nicht, weil sie Folgen dieser Art vorausgesehen hätte. Die vorbehaltlose Offenheit, mit der sie über ihre Situation sprach, reichte gewiß, den Namen, den sie trug, völlig unwesentlich erscheinen zu lassen.

Die Einzelheiten einer solchen Geschichte kann man nicht anders als verächtlich und ironisch erzählen. Doch bei ernsthafterem Nachdenken sollten Gefühle anderer Art erwachen. Mary behielt den größten Teil ihrer Bekannten und die Mehrzahl derjenigen, an denen ihr am meisten lag. Sie verlor nur die Anhänger und Untertanen der höfischen Sitten, denen keine moralischen Grundsätze zugrunde liegen. Doch das ist unwichtig. Die Tendenz des Vorgehens, hätte man es denn genau befolgt und allgemein angewandt, wäre gewesen, sie von aller Gesellschaft auszuschließen. Und wer wäre diese Ausgeschlossene gewesen? Die glühendste Verteidigerin und, wie ich fast überzeugt bin, die größte Zierde, deren sich ihr Geschlecht je rühmen konnte! Eine Frau mit Gefühlen, so rein, so fein, so zart, wie sie nur je in einem menschlichen Herzen wohnten! Ganz recht, daß solche Menschen abseits stehen sollen, damit wir Platz genug bekommen für die dummdreisten und unverschämten Diktatoren, die Spieler und Halbweltdamen der eleganten Gesellschaft!

Zwei Freundinnen, deren Verlust Mary bei dieser Gelegenheit vor allem bedauerte, waren Mrs. Inchbald und Mrs. Siddons.[38] Sie zählten, sollte ich vielleicht billigerweise hinzufügen, erst zu ihren jüngeren Bekanntschaften. Was Mrs. Siddons angeht, bin ich sicher, daß sie es bedauerte, sich durch die Besonderheiten ihrer Situation genötigt zu sehen, sich den beschriebenen Regeln zu beugen. Sie besitzt jene reiche und edelmütige Empfindsamkeit, welche die Inhaberin hervorragend befähigen sollte, die Vorzüge ihrer toten Freundin voll zu würdigen. Sehr treffend beobachtete sie in einem Brief, der hier vor mir liegt, daß niemand die ›Reisebriefe aus Südskandinavien‹ mit einem stärkeren Gefühl der Seelenverwandtschaft gelesen habe als sie oder die außerordentlichen Gaben der Verfasserin tiefer bewundere.

Als Mary die unerwartete Wendung der Dinge begriff, fühlte sie einen vorübergehenden Schmerz. Doch sie verschmähte es, sich von der Ungerechtigkeit (denn das war es letztlich) der hochmütigen Toren niederdrükken zu lassen, und schüttelte die erste Überraschung schnell ab. Als diese einmal überstanden war, wußte ich wohl, daß sie an den Vorfall keine weiteren Gefühle verschwenden würde als solche der Erhabenheit über das erlittene Unrecht. Er hatte auch einfach nicht genug Gewicht, ein Glück zu trüben, das mit jeder Stunde stärker und fester wurde.

Ich darf wohl wagen zu sagen, daß selten zuvor zwei Menschen in ihrem Beisammensein eine reinere und tiefere Zufriedenheit gefunden haben. Worin sie ihrem Wesen nach bestand, kann im vollen Umfang jetzt nur noch der Überlebende ermessen. Doch ich glaube, die Heiterkeit in Marys Zügen, der wachsende Liebreiz ihrer Umgangsformen und jenes Bewußtsein ihres Glücks, das danach zu verlangen schien, alle, die ihr begegneten, genauso glücklich zu sehen, waren Dinge, die alle ihre Bekannten wahrnahmen. Sie hatte schon immer in einem unvergleichlichen Grade die Gabe besessen, andere glücklich zu machen, und jetzt übte sie sich ständig und ohne Einschränkungen darin. Sie schien nun die Lebenssituation erreicht zu haben, nach der ihre Veranlagung und ihr Charakter immer schon gestrebt hatten; und ihr Herz und ihr Verstand fühlten den Segen.

Als wir noch nur enge Nachbarn waren, vor unserem letzten Umzug, war schon eine beträchtliche Ruhe in ihr Gemüt eingekehrt, so daß Gefühle der Angst und Verzweiflung, die ihr nur allzu vertraut waren, es nur noch selten heimsuchten. Doch die Besserung, die unser Umzug und unsere gemeinsame Haushaltsgründung in dieser Hinsicht noch bewirkten, war überdeutlich. Das Familienleben war ihr über alle Maßen teuer. Mit inniger Freude beobachtete sie die Zuneigung, die zwischen mir und ihrer damals dreijährigen Tochter wuchs, sowie meine Besorgnis um das noch ungeborene Kind. Die Schwangerschaft kann eine Quelle von tausend Zärtlichkeiten sein. Und niemand verstand sich so gut wie Mary darauf, aus Kleinigkeiten, die pedantische Klugheit kaum beachtenswert fände, erlesenste Gefühle des Entzückens zu ziehen. Ein kleiner Ausflug aufs Land mit mir und dem Kind hat manchmal eine Öffnung des Herzens, ein Überströmen des Vertrauens und der Liebe bei ihr bewirkt, eine Art kindlicher und doch würdiger Zärtlichkeit, die alle, die Ähnliches erlebten, nachempfinden werden, die darzustellen ich mich jedoch vergeblich bemühen würde.

Ich war in der glücklichen Lage, ihr einige meiner Bekannten beiderlei Geschlechts vorstellen zu können, und sie schloß sich ihnen in uneingeschränkter Wertschätzung und warmer Freundschaft an.

Unser Glück bedeutete nicht Müßiggang, war kein Paradies ebenso selbstsüchtiger wie flüchtiger Freuden. Vielleicht ist es kaum nötig, zu erwähnen, daß ich, unter dem Einfluß meiner langjährigen Einstellung zum Zusammenleben, eine Wohnung etwa zwanzig Häuser von dem unseren entfernt mietete, um dort, in Somers Town, zu studieren und meinen literarischen Beschäftigungen nachzugehen. Doch selbst Kleinigkeiten werden manche Leser interessieren, wenn sie sich auf den letzten Lebensabschnitt eines Menschen wie Mary beziehen. Ich will daher hinzufügen, daß wir beide der Meinung waren, es sei wohl möglich, daß zwei Menschen zu viel zusammensein können. Unter dem Eindruck dieser Überzeugung ging ich jeden Morgen gleich nach dem Aufstehen in die erwähnte Wohnung und kam oft erst zum Abendessen wieder ins Polygon zurück. Einmütig lehnten wir die in vielen Kreisen verbreitete Vorstellung ab, Mann und Frau dürften sich nur gemeinsam in eine aus beiden Geschlechtern gemischte Gesellschaft begeben; wir suchten eher nach Gelegenheiten, von dieser Regel abzuweichen. So liefen wir, obwohl wir meist die zweite Hälfte des Tages gemeinsam verbrachten, keine Gefahr der Übersättigung. In einem beträchtlichen Maße schienen wir so die Neuheit und die lebhaften Gefühle eines Besuchs mit den köstlicheren und tief empfundenen Freuden des Familienlebens zu verbinden.

Was immer man aber auch in anderer Hinsicht von diesem Lebensplan, den wir uns zurechtlegten, halten mag, so gewannen wir sehr wahrscheinlich einen echten Vorteil für die Stetigkeit und den ununterbrochenen Fluß unserer literarischen Arbeiten. Mary hatte zur Übung ihrer Talente und zum Wohle der Gesellschaft eine Reihe von Plänen im Kopf. Hätte sie länger gelebt, hätte die Welt wohl wenig Anlaß zur Klage über ein Nachlassen ihres Fleißes gehabt. Eins ihrer Vorhaben, das ich schon erwähnte, war eine Reihe von erzieherischen Briefen, ›Letters on the Management of Infants‹ (Briefe über die Behandlung kleiner Kinder). Obgleich sie schon seit geraumer Zeit ihre Ansichten zu diesem Thema in der Absicht, sie zu veröffentlichen, durchdacht hatte, fand ich so gut wie nichts, das sie dazu bereits zu Papier gebracht hätte. Ein anderes und älteres Vorhaben war eine Reihe von Büchern zur Unterweisung von Kindern. Ein hinterlassenes Fragment aus diesem Projekt wurde in die ›Posthumous Works‹ (Nachgelassene Schriften) aufgenommen.

Doch das Hauptwerk, an dem sie zum Zeitpunkt ihres Todes schon über zwölf Monate gearbeitet hatte, war ein Roman mit dem Titel ›The Wrongs of Woman‹ (Das Unrecht an den Frauen). Ich will mich hier nicht damit aufhalten, die Eigenart dieses Werkes zu erläutern, da die bereits fertigen Teile des Romans jetzt der Öffentlichkeit übergeben werden. Ich will nur anmerken, daß sie im Bewußtsein ihrer Gaben, über die sie sich kaum täuschen konnte, begierig war, in diesem Fall zu leisten, was sie leisten konnte. Was für eine schwierige Aufgabe es ist, einen wahrhaft ausgezeichneten Roman zu schreiben, war ihr sehr klar, und sie bot ihre ganze Kraft auf, sich dem gewachsen zu zeigen. Alle ihre anderen Werke wurden mit einer Schnelligkeit verfaßt, die ihren Kräften nicht genug Zeit zur vollen Entfaltung ließ. Doch dieses wurde langsam und mit reifer Überlegung geschrieben. Sie begann verschiedene Fassungen, die sie, nachdem sie bereits erheblich fortgeschritten waren, dann wieder verwarf. Viele Passagen des Buches schrieb sie wieder und wieder, und als sie vollendet hatte, was den ersten Teil darstellen sollte, fühlte sie einen stärkeren Drang, das Geschriebene zu überarbeiten und zu verbessern, als stetig mit den Teilen fortzufahren, die noch folgen sollten.

ZEHNTES KAPITEL

Der Gang meiner Erzählung führt mich nun zum letzten, verhängnisvollen Akt ihres Lebens. Am Mittwoch, dem dreißigsten August, setzten die Wehen ein. Am voraufgehenden Freitag war sie ein wenig unpäßlich, wohl infolge eines plötzlichen Erschreckens. Doch seitdem war sie vollkommen gesund. Von jeder Angst vor den Beschwerlichkeiten des Kindbetts war sie so weit entfernt, daß sie sich häufig über die feinen Damen Englands lustig zu machen pflegte, die einen ganzen Monat nach der Niederkunft ihr Zimmer nicht verlassen. Sie selbst hatte vor, schon am Tage danach zu Tische herunterzukommen. Bei Fannys Geburt hatte sie bereits einige Erfahrung gesammelt, und ich beugte mich in jedem Punkte freudig ihrem Urteil und ihrer Weisheit. Eine Amme stellte sie nicht ein. Aus Gründen der Schicklichkeit, die sicherlich, besonders im Falle der Gefahr, kein Gewicht haben sollten, beschloß sie, daß eine Hebamme ihr beistehen sollte. Sie wußte sehr wohl, daß sich im Falle einer normal verlaufenden Geburt die Aufgabe der Hebamme darauf beschränkt, danebenzusitzen und den Gang der Natur abzuwarten, der in diesen Dingen selten den Eingriff ärztlicher Kunst erfordert.

Um fünf Uhr früh am Tage der Entbindung spürte sie etwas, das sie als erste Anzeichen der beginnenden Wehen deutete. Bald danach wurde nach Mrs. Blenkinsop, Oberschwester und Hebamme im Entbindungshospital von Westminster, geschickt, die Mary schon einige Male vor der Entbindung gesehen hatte. Sie traf gegen neun Uhr ein. Den ganzen Tag über war Mary vollkommen heiter. Die Wehen kamen nur langsam voran, und am Vormittag schrieb sie mehrere kurze Briefe, drei davon an mich, der ich mich wie üblich zum Arbeiten in meine separate Wohnung begeben hatte. Gegen zwei Uhr nachmittags ging sie hinauf in ihr Schlafgemach – um nie wieder herunterzukommen.

Das Kind wurde um zwanzig Minuten nach elf Uhr abends geboren. Mary hatte verlangt, ich sollte nicht in ihr Zimmer kommen, bis alles vorüber sei, und ihrer Absicht Ausdruck gegeben, dann die feierliche Handlung zu vollziehen, dem Vater sein neugeborenes Kind vorzustellen. Ich saß unten im Wohnzimmer; und erst nach zwei Uhr am Morgen des Donnerstag erhielt ich die beunruhigende Nachricht, der Mutterkuchen sei noch immer nicht entfernt, die Hebamme wage nichts weiter zu unternehmen und riete, einen Arzt zu rufen. Also ging ich, um Dr. Poignand zu holen, der Arzt und Geburtshelfer im selben Hospital war. Er traf drei bis vier Stunden nach der Geburt des Kindes ein und begann sofort mit der Entfernung des Mutterkuchens. Er holte ihn stückweise heraus, bis er überzeugt war, alles entfernt zu haben. Doch in diesem Punkte irrte er, wie sich später herausstellen sollte.

Die Spanne zwischen der Geburt des Kindes und acht Uhr am folgenden Morgen war eine Zeit voller Gefahr und Angst. Der Blutverlust war erheblich und verursachte eine fast ununterbrochene Kette von Ohnmachtsanfällen. Ich ging kurz nach vier Uhr morgens in ihr Zimmer und fand sie in diesem Zustand. Irgendwann am Donnerstag sagte sie zu mir, fast wäre sie in der vergangenen Nacht gestorben, aber sie habe mich nicht verlassen wollen. Mit ihrem charakteristischen Lächeln, das ihr Antlitz so unvergleichlich erhellte, fügte sie hinzu, mir solle es nicht ergehen wie Porson, womit sie darauf anspielte, daß dieser große Mann seine Frau nur wenige Monate nach der Hochzeit verloren hatte.[39] Als sie davon sprach, was sie schon durchgemacht habe, erklärte sie, bisher nicht gewußt zu haben, was körperliche Schmerzen seien.

Am Donnerstagmorgen wiederholte Dr. Poignand seinen Besuch. Gerade eben hatte Mary ihren Wunsch geäußert, Dr. Fordyce zu sehen, wahrscheinlich der gelehrteste von allen Medizinprofessoren Englands und ein Mann, mit dem sie eine lange Freundschaft verband. Ich erwähnte dies Dr. Poignand gegenüber, doch er verwarf den Gedanken, indem er bemerkte, er sähe keine Notwendigkeit dazu, und er vermute, Dr. Fordyce sei nicht besonders erfahren in der Geburtshilfe, doch solle ich tun, was ich für richtig hielte. Als Dr. Poignand fort war, beschloß ich dennoch, nach Dr. Fordyce zu schicken. Infolgedessen besuchte er die Patientin gegen drei Uhr am Donnerstagnachmittag. Er sah jedoch keinen besonderen Grund zur Beunruhigung und führte sogar, wie ich hörte, am gleichen oder am nächsten Tage in einer gemischten Gesellschaft Marys Fall zur Bekräftigung einer seiner Lieblingsideen an, nämlich daß Frauen ganz besonders gut zur Geburtshilfe geeignet seien. Mary habe eine Hebamme gehabt, und es ginge ihr sehr gut.

Doch was in der Nacht von Mittwoch auf Donnerstag geschehen war, hatte mich so aufgewühlt, daß ich am folgenden Tage nicht das Haus und kaum ihr Zimmer verließ. Im Laufe der Zeit legte sich meine Beunruhigung wieder. Die Zeichen waren fast günstiger, als ich bei dem erschöpften Zustand der Patientin zu erwarten gewagt hätte. Daher widmete ich den Freitagmorgen einem dringlichen geschäftlichen Unternehmen, das mich in verschiedene Gegenden der Stadt führte und das ich vor dem Abendessen glücklich zu Ende brachte. Bei meiner Rückkehr und während des Abends erfüllte mich der vielversprechende Zustand der Wöchnerin mit großer

Freude. Jetzt war ich ganz davon überzeugt, daß alles gut werden würde und daß, wenn sie sich nicht erkältete oder einen Rückfall erlitte, ihre schnelle Genesung gewiß sei.

Der Samstag war ein weniger glückverheißender Tag als Freitag, doch noch nicht gänzlich beunruhigend.

Sonntag, den dritten September, betrachte ich heute als den Tag, der schließlich über das Schicksal des Menschen, der mir das Liebste auf der Welt war, entschied. Ermutigt von dem, was ich für den Fortschritt ihrer Gesundung hielt, begleitete ich am Morgen einen Freund bei verschiedenen Besuchen, von denen uns einer bis nach Kensington führte, und kehrte erst zur Zeit des Abendessens zurück. Bei meiner Rückkehr sah ich auf allen Gesichtern Besorgnis und hörte, sie habe eine Art Fieberanfall mit Schüttelfrost erlitten und sei über meine lange Abwesenheit beunruhigt gewesen. Meine Schwester und eine von Marys Freundinnen waren zum Essen eingeladen, doch man hatte durch eine Nachricht den Besuch aufgeschoben, und Mary hatte angeordnet, es solle nicht wie gewöhnlich direkt unter ihrem Zimmer im ersten Stock gedeckt werden, sondern im Erdgeschoß. Es schmerzte mich zutiefst, daß ich so lange und zu einer so ungünstigen Zeit fortgeblieben war, und ich beschloß, diesen Fehler nicht noch einmal zu machen.

Am Abend hatte sie einen zweiten Fieberanfall, dessen Symptome äußerst beunruhigend waren. Jeder Muskel ihres Körpers zitterte, ihre Zähne klapperten, und das Bett bebte unter ihr. Dies dauerte etwa fünf Minuten. Nachdem es vorüber war, äußerte sie, es sei ein Kampf zwischen Leben und Tod gewesen, und sie sei mehr als einmal kurz davor gewesen, ihren letzten Atemzug zu tun. Heute weiß ich, daß dies wohl die Symptome einer schlimmen Vergiftung waren, verursacht von dem in ihrem Leib zurückgebliebenen Rest des Mutterkuchens. Doch zu jenem Zeitpunkt war ich weit davon entfernt, es in diesem Lichte zu sehen. Als ich zwischen zwei und drei Uhr am Morgen des Donnerstag Dr. Poignand holte, hauste Verzweiflung in meinem Herzen. Die Tatsache, daß etwas vom Mutterkuchen zurückgeblieben war, wurde mir nun mitgeteilt, und, so unwissend wie ich im Bereich der Geburtshilfe war, empfand ich es so, als sei Marys Tod nun besiegelt. Doch die Hoffnung erwachte wieder, und Mary begrüßte mich so zärtlich, daß ich sie hartnäckig an mein Herz drückte. Ich war nur ärgerlich über das, was ich als eine neuerliche Verzögerung in ihrer Genesung betrachtete, die ich so heftig herbeisehnte. Sofort schickte ich nach Dr. Fordyce, der auch schon am Morgen bei ihr gewesen war sowie an allen drei voraufgegangenen Tagen. Dr. Poignand machte auch an diesem Morgen einen Besuch, weigerte sich aber wiederzukommen, da wir es für richtig befunden hätten, Dr. Fordyce zu holen.

Jetzt schritt die Krankheit unaufhaltsam fort. Am Dienstag hielt ich es wieder für notwendig, am Nachmittag Dr. Fordyce zu rufen. Er brachte Dr. Clarke aus der New Burlington Street mit in dem Gedanken, daß vielleicht eine Operation nötig werden könnte. Ich sagte schon, daß ich hartnäckig daran festhielt, die Dinge von der guten Seite zu sehen, und deshalb verging die Zeit zwischen Sonntag und Dienstagabend nicht ohne ein gewisses Maß an Heiterkeit. Am Montag verbot Dr. Fordyce, dem Kind die Brust zu geben, und wir holten daher kleine Hündchen, um die Milch abzusaugen. Dies gab Mary Anlaß, mit mir und den anderen Helfern ein wenig zu scherzen. Die Ausgeglichenheit, die Geduld und die liebevolle Fürsorge der armen Leidenden waren beispiellos. Ich flehte sie an, gesund zu werden, ich klammerte mich mit zitternder Liebe an jedes günstige Zeichen, und, soweit es die furchtbaren Umstände zuließen, belohnte sie meine Zuneigung mit ihrem Lächeln und freundlichen Worten.

Mittwoch war für mich der Tag der größten Folter in der ganzen traurigen Folge. Es wurde jetzt entschieden, die einzige Möglichkeit, ihr bei dem zu helfen, was sie auszuhalten hatte, sei, ihr reichlich Wein zu geben. Diese Aufgabe wurde mir zugeteilt. Ich begann damit gegen vier Uhr nachmittags. Doch für mich, der ich vom Wesen der Krankheiten und vom menschlichen Körper nichts verstand, war es eine zu furchtbare Aufgabe, dergestalt scheinbar mit einem Leben zu spielen, das jetzt das einzige schien, was mir auf der ganzen Welt teuer war. Ich wußte weder, was zuviel war, noch was zuwenig. Doch nachdem ich einmal begonnen hatte, fühlte ich mich verpflichtet, unter allen Umständen weiterzumachen. Das dauerte drei Stunden. Nach Ablauf dieser Zeit fragte ich törichterweise die Dienerin, die gerade aus dem Zimmer kam, wie sie den Zustand ihrer Herrin einschätze, und sie antwortete, ihrer Ansicht nach würde sie es nicht mehr lange machen. Es gibt Augenblicke, in denen jedes Lebewesen die Macht hat, einen in den Wahnsinn zu treiben. Ich verstand wohl, wie absurd diese Antwort war, doch das half nichts: Sie verstärkte den Grad meiner Verwirrung. Kurz nach sieben Uhr bat ich einen Freund, zu Mr. Carlisle zu gehen und ihn sofort herzubringen, wo immer er sich auch gerade befinde. Er hatte die Kranke von sich aus am voraufgehenden Samstag besucht und seitdem noch zwei- oder dreimal. Erst am selben Morgen war er dagewesen und hatte die Weindiät verordnet. An jenem Tage speiste er vier Meilen von der Stadt entfernt auf jener Seite, die uns am fernsten lag. Dennoch kehrte mein Freund schon nach einer dreiviertelstündigen Abwesenheit mit ihm zurück. Niemand, der meinen Freund kennt, wird sich über seinen Eifer oder seinen Erfolg wundern, wenn ich den Namen Mr. Basil Montagu nenne.[40] Der unerwartete Anblick von Mr. Carlisle tröstete mich mehr, als ich für möglich gehalten hätte.

Mr. Carlisle verließ uns von diesem Mittwoch an bis zur Stunde ihres Todes nicht mehr. Seine Güte und Fürsorge waren unübertrefflich. Jeden Betrachter erfüllten sie mit Verehrung. Er verhielt sich gleichbleibend besorgt und zartfühlend, war stets wachsam, beobachtete jedes Symptom und bemühte sich, jedes günstige Zeichen zu fördern. Wenn Geschick oder aufmerksame Pflege Mary hätten retten können, lebte sie noch.

Außer der ständigen Gegenwart von Mr. Carlisle erhielt sie jeden Tag Besuche von Dr. Fordyce und Dr. Clarke. Vier Pflegerinnen, oder besser Freundinnen, nahmen jede Gelegenheit wahr, ihr zu Gefallen zu sein. Mrs. Fenwick, die Autorin eines ausgezeichneten Romans mit dem Titel ›Secrecy‹ (Heimlichkeit), eine weitere sehr nette und umsichtige Dame und eine Lieblingsdienerin. Ich verließ das Zimmer kaum. Vier Freunde, Mr. Fenwick, Mr. Basil Montagu, Mr. Marshal und Mr. Dyson, saßen fast die ganze letzte Woche ihres Lebens im Haus, bereit, sich jeden Augenblick auf Botengänge in alle Winkel der Hauptstadt schicken zu lassen.

Da Mr. Carlisle im Zimmer war, legte ich mich am Mittwochabend einige Stunden zu Bett. Gegen Morgen kam er in mein Zimmer mit der Nachricht, es gehe der Kranken erstaunlich viel besser. Sofort begab ich mich in ihr Zimmer. Doch jetzt versuchte ich, jeden Gedanken an Hoffnung niederzuhalten. Die schlimmste Qual, die ich kenne, ist die Zerstörung einer neugeborenen Hoffnung, wie ich sie jetzt schon einige Male erlebt hatte. Wenn

Mary wiederhergestellt würde, dann war es gut, aber ich würde es noch früh genug erfahren. Doch es war ein zu gewaltiger Gedanke, als daß man damit leichtfertig umgehen und ihn so abrupt bald verscheuchen, bald zulassen konnte.

Ich hatte Grund, auf die Beharrlichkeit meiner düsteren Gedanken stolz zu sein, denn gegen zehn Uhr am Donnerstagabend sagte Mr. Carlisle, wir sollten uns auf alles gefaßt machen, denn wir müßten jeden Augenblick mit dem Schlimmsten rechnen. Mir erschien Mary nicht in jenem Zustand äußerster Erschöpfung, von dem ich annahm, daß er dem Tod vorausginge, doch ist es möglich, daß der Tod nicht immer so schrittweise kommt, wie ich es mir vorgestellt hatte; ein plötzlicher Anfall mag seine Ankunft beschleunigen. In der Nacht zum Freitag starb sie noch nicht.

Bisher hatte sie offensichtlich nicht ernsthaft daran gedacht, daß sie sterben könnte. Doch am Freitag und Samstag, den beiden letzten Tagen ihres Lebens, sprach sie mitunter so, als erwarte sie den Tod. Doch geschah es nur gelegentlich; sie schien nicht bei dem Gedanken zu verweilen. Mr. Carlisle war darüber sehr froh. Er bemerkte – und der Gedanke ist sehr überzeugend –, daß es keinen traurigeren Anblick gäbe als einen kranken Menschen, der weiß, daß er sterben muß. Denn dieser Gedanke muß seinen Mut zerstören, die Krankheit unterstützen und jede günstige Anstrengung der Natur vereiteln.

An diesen beiden letzten Tagen waren Marys Geisteskräfte zu geschwächt, als daß sie noch einem Gedankengang entschieden und zusammenhängend hätte folgen können. Ihre Religion taugte, wie ich schon erwähnte, nicht zur Folter auf dem Totenbett, und in der Tat kam während ihrer Krankheit kein einziges religiös gefärbtes Wort über ihre Lippen.

Bis zum letzten Augenblick war sie liebevoll und nachgiebig. In den Nächten des Freitag und des Samstag beobachtete ich, wie sie, wann immer ihre Pfleger ihr empfahlen zu schlafen, ihre Bereitschaft zeigen wollte, indem sie vielleicht eine Minute lang so atmete wie ein schlafender Mensch, obwohl die Bemühung sich wegen ihres unruhigen Zustands schnell als vergeblich erwies.

Wir quälten sie nicht mit sinnlosen Ermahnungen. Eines Nachts machte ihr die Dienerin aus einer falschen Einschätzung heraus müßige Vorhaltungen, doch als Mary sich bitter beklagte, wurde dem Abhilfe geschaffen. »Bitte, bitte, laß sie nicht streng zu mir sein«, drückte sie sich aus. Für den geschwächten Menschen ist der Tod selbst kaum so gräßlich wie die eintönigen, unendlich wiederholten Ermahnungen der Pfleger.

Als ich sah, daß keine Hoffnung mehr bestand, war ich sehr bestrebt, von ihr Anweisungen zu erhalten, die sie vielleicht nach ihrem Tode befolgt wissen wollte. Deshalb sprach ich am Samstagmorgen eine ganze Weile mit ihr über die Kinder. In Übereinstimmung mit Dr. Carlisles Maxime, ihr keine Gedanken ans Sterben in den Kopf zu setzen, war ich genötigt, meine Worte vorsichtig zu wählen. Ich tat daher so, als sei mein einziger Beweggrund ihre Krankheit, und äußerte, daß es doch nun noch eine ganze Weile dauern würde, bis sie erwarten konnte, wieder ganz gesund zu sein. Dann bat ich sie, mir Anweisungen über alles zu geben, was sie in bezug auf die Kinder wünschte, die in der nächsten Zeit ja nun hauptsächlich unter meiner Obhut stehen würden. Nachdem ich diesen Gedanken mehrfach und auf verschiedene Weise wiederholt hatte, sagte sie schließlich mit einem vielsagenden Ton in der Stimme: »Ich weiß, woran du denkst«, fügte aber hinzu, sie habe mir dazu nichts mitzuteilen.

Die Schüttelfrostanfälle hatten während der letzten beiden Tage fast ganz aufgehört. Mr. Carlisle bemerkte, daß ihr Weiterleben an ein Wunder grenzte. Er spähte ständig nach neuen Hoffnungszeichen, denn er hielt es für ganz verfehlt, jede Hoffnung fahrenzulassen, weil, wie er sagte, vielleicht eine Frau unter einer Million in ihrem Zustand sich doch noch erholen könnte. Ich glaube, nicht ein Mensch unter Millionen verbindet einen so von Natur aus gesunden Körper mit einem so gesunden Geist wie sie.

Mit solchen Betrachtungen beschäftigten sich die Menschen mitten im Strudel der Verzweiflung. Um sechs Uhr am Morgen des zehnten September, eines Sonntags, holte Mr. Carlisle mich aus dem Bett, in das ich mich um ein Uhr gelegt hatte. Er entsprach damit meiner Bitte, mich nicht auf einen Schlag mit der Nachricht zu überfallen, sie sei nicht mehr. Um zwanzig Minuten vor acht entschlief sie.

Ihre sterblichen Überreste wurden am fünfzehnten September um zehn Uhr morgens auf dem Friedhof der Pfarrkirche von St. Pancras in Middlesex beigesetzt.[41] Einige der Menschen, die sie am meisten schätzte, waren bei der Bestattungszeremonie zugegen; und zur Zeit wird von einigen ihrer Freunde dort ein schlichter Grabstein errichtet, der folgende Inschrift trägt:

MARY WOLLSTONECRAFT GODWIN
Verfasserin der
VERTEIDIGUNG
DER RECHTE DER FRAUEN
geboren am 27. April 1759
gestorben am 10. September 1797

Über den Verlust zu trauern, den der Tod dieser bewundernswerten Frau für die Welt bedeutet, überlasse ich anderen; was ich selbst verloren habe, weiß ich nur zu gut, und es kann nicht unschicklich sein, es zu beschreiben. Ich meine hier nicht die persönlichen Freuden, die mir das Zusammensein mit ihr bereitete: Diese wuchsen mit jedem Tage in dem Maße, in dem wir uns besser kennenlernten und unser gegenseitiges Vertrauen sich vertiefte. Sie können nur nach den Schätzen ihres Geistes und den Tugenden ihres Herzens ermessen werden. Doch dies ist ein Gegenstand stiller Betrachtung, der nicht in Worten beschrieben werden kann. Wovon ich sprechen möchte, ist meine eigene Vervollkommnung, zu der mir nun der Weg für immer versperrt ist.

Wir hatten unsere Fähigkeiten (wenn ich mich so ausdrücken darf) in verschiedene Richtungen entwickelt: Ich strebte vor allem danach, mich im logischen und metaphysischen Denken auszuzeichnen, während sie ihren Sinn für das Bildhafte kultivierte. Einer der stärksten Triebe meines Geistes war stets das ängstliche Bestreben, mich nicht zu täuschen. Das hat mich dazu veranlaßt, die Gegenstände meiner Betrachtung von allen Seiten zu beleuchten, und die Fragen, die mich beschäftigen, immer und immer wieder ohne Ende zu überprüfen.

Doch waren es – wenigstens nach all dem zu urteilen, was meine Erinnerung in dieser Hinsicht festgehalten hat – nicht nur abweichende Neigungen, die den Unterschied in unseren geistigen Gewohnheiten bewirkten. Ich hatte, soweit ich mich zurückerinnern kann, immer einen starken Drang, mich intellektuell auszuzeichnen, doch wenn ich die Summe meines geistigen Wertes zog, schlug mich, ebenfalls soweit ich zurückdenken kann, stets die Erkenntnis nieder, daß ich nicht im gleichen Maße wie einige andere Menschen eine intuitive Wahrnehmung für geistige Schönheit besitze. Vielleicht habe ich sogar einen starken und lebhaften Sinn für die Freuden der Einbildungskraft, doch selten konnte ich ihnen den richtigen Stellenwert sogleich zuordnen, ohne daß ich alles hätte mehrfach überprüfen und meine erstgefaßten Meinungen verändern und verbessern müssen.

Was mir in dieser Hinsicht fehlte, besaß Mary in einem höheren Maße als jeder andere Mensch, den ich kenne. Die Stärke ihres Geistes lag in der Intuition. Oft erkannte sie in Fragen der Spekulation das Richtige allein auf diesem Wege. Ihre Religion, ihre Philosophie (die beide nur geringfügige Irrtümer enthielten und deren Gesamtrichtung würdevoll und edelmütig war) waren, wie ich schon sagte, das reine Ergebnis von Gefühl und Geschmack. Wenn sie eine Meinung faßte oder zurückwies, geschah es spontan mit einer Art Fingerspitzengefühl und dank ihrer hochentwickelten Einbildungskraft, und obwohl sie im strengen Sinne des Begriffs nicht viel räsonierte, ist es erstaunlich, wieviel gesunde Vernunft in ihren Entschlüssen steckte. Wenn diese Fähigkeit ihr schon bei Themen zugute kam, die das eigentliche Feld logischer Argumentation sind, so war das noch mehr der Fall in Angelegenheiten, die den geistigen Geschmack unmittelbar ansprechen. In einem entschiedenen und nicht schwankenden Urteil dieser Art steckt so etwas wie Zauberkraft; wenn es gerecht entscheidet, ruft es in jedem aufrichtigen Gemüt entsprechende Schwingungen hervor. In diesem Sinne gab ihre Kühnheit mir da Stütze, wo ich schwankte und skeptisch war. Wenn mir auf diese Weise eine richtige Meinung von einem anderen Geist entgegengebracht wurde, nahm die Überzeugung, zu der ich selbst gekommen, einen ähnlichen Charakter an, wurde fest und entschlossen. Meine Art von Geist unterscheidet sich von der anderen wahrscheinlich vor allem in bezug auf das spätere oder frühere Fassen einer Meinung. Was der eine auf der Stelle wahrnimmt (weil gewisse Umstände bewirkten, daß er entweder auf Gegenstände dieser Art schneller reagiert oder kühner in seinen Entscheidungen ist), wird dem anderen nur allmählich klar. Es scheint nicht mehr nötig zu sein, als den ersten Eindrücken die allerwachste Aufmerksamkeit zu zollen und sie richtig einzuschätzen – Gewohnheiten, die durch nichts so wirksam gebildet werden können wie durch die tägliche Wiederbegegnung mit einem hervorragenden Beispiel.

Dieses Licht wurde mir für eine sehr kurze Zeit geliehen und ist jetzt für immer erloschen!

Indem ich die Vervollkommnung beschrieben habe, die ich dabei war zu empfangen, glaube ich, die Grundzüge von Marys geistiger Persönlichkeit dargestellt zu haben.

ANMERKUNGEN

1 Samuel Johnson (1709–84), englischer Schriftsteller, Dichter, Journalist und Verfasser des ersten großen einsprachigen englischen Lexikons, des ›Dictionary of the English Language‹ (1755). Berühmter freilich als durch seine eigenen Werke ist er durch die Biographie ›The Life of Samuel Johnson‹ von James Boswell (1791), in der er als ein ebenso geistreicher und humorvoller wie gütiger Mensch erscheint.

2 Anthony Carlisle (1768–1840), berühmter Londoner Arzt. Er stand Wollstonecraft auch in ihrer letzten Krankheit bei (s. letztes Kapitel).

3 Alexander Pope (1688–1744), englischer Dichter. Zwei seiner berühmtesten Werke sind das komische Epos ›The Rape of the Lock‹ (Der Lockenraub) (1714) und die philosophische Dichtung ›An Essay on Man‹ (Versuch über den Menschen) (1733–34). Pope war durch eine schwere Krankheit in der Kindheit verkrüppelt. Über den so interessant wirkenden Mr. Clare ist leider weiter nichts bekannt.

4 Josiah Wedgwood (1730–95), Keramiker und Gründer der berühmten Manufaktur in Staffordshire, die bis heute das Wedgwood-Steingut und -Porzellan herstellt.

5 Wollstonecrafts Schwester Elizabeth Bishop litt nach der Geburt unter einer schweren Depression, die nach Marys Vermutung mit ihrer unglücklichen Ehe zusammenhing. Mary drang auf eine Trennung und entführte schließlich gar ihre Schwester in einer Kutsche.

6 Ein Gebäude des 18. Jahrhunderts steht noch heute an der mutmaßlichen Stelle der Schule in der S-O-Ecke des Platzes Newington Green in London N1.

7 Dr. Richard Price (1723–91), Prediger der Dissenter, Mathematiker, Philosoph und politisch ein glühender Demokrat, der in radikalen Kreisen sehr einflußreich war. In seinen Predigten verteidigte er die Amerikanische und die Französische Revolution. Mit einer besonders berühmten aus

dem Jahre 1789, in der er die unblutige Englische Revolution von 1688 gepriesen und mit der Französischen verglichen hatte, forderte er Edmund Burke zu seinem konservativen Buch ›Betrachtungen über die Französische Revolution‹ heraus. Vgl. Fußnote 20

8 James Burgh war ein Freund von Dr. Price. Sein Buch ›Political Disquisitions‹ (1780) ist ein Werk liberaler politischer Theorie, das eventuell Wollstonecrafts Denken beeinflußte.

9 Hugh Skeys wurde nach Fannys Tod ein enger Freund Marys und war später eine der Hauptquellen für Godwin.

10 ›Reisebriefe aus Südskandinavien‹, Hrsg. Ingrid Kuczynski, Überarbeitung einer alten Übersetzung von Susanne Thurm. Reclam: Leipzig 1991, 6. Brief, S. 55.

11 Joseph Johnson (1738–1809), einer der berühmtesten Verleger der Radikalen, zu dessen literarischen Freunden u. a. Tom Paine, William Wordsworth, William Blake und Maria Edgeworth gehörten. 1798 war er für sechs Monate wegen der Veröffentlichung eines Pamphlets inhaftiert.

12 Margaret King ließ sich später scheiden und ging als »Mrs. Mason« mit ihrem Geliebten nach Pisa, wo sie Wollstonecrafts Tochter Mary Shelley begegnete. Sie soll ihr von ihrer Mutter vorgeschwärmt haben.

13 George Ogle (1742–1814), konservativer irischer Politiker, der auch populäre Gedichte und Lieder schrieb.

14 Claire Tomalin vermutet in ihrer ausgezeichneten Biographie ›The Life and Death of Mary Wollstonecraft‹ (London, 1974), daß es zwischen Lady Kingsborough und der eigensinnigen Mary zu erheblichen Spannungen kam, die schließlich zur abrupten Beendigung des Arbeitsverhältnisses führten. Das Porträt der ebenso eitlen wie schwachen Mutter in dem Romanfragment ›Mary, a Fiction‹, die ihre Hündchen liebevoller behandelt als ihre Kinder, hält Tomalin für in vielen Zügen auf Lady Kingsborough gemünzt.

15 Die ›Analytical Review‹ veröffentlichte politische Essays, Rezensionen, Textauszüge, Nachrufe usw. Sie wurde von

Johnson zusammen mit Thomas Christie gegründet. Vgl. Fußnote 31

16 Jacques Necker (1732–1804), Schweizer Bankier, später, 1777–81 und 1788–89, französischer Finanzminister mit liberalen Tendenzen. Vater von Mme. de Staël. – Johann-Kasper Lavater (1741–1801), schweizerischer protestantischer Pfarrer und Erfinder der pseudowissenschaftlichen Lehre von der Physiognomie, der zufolge man aus den Gesichtszügen auf den Charakter schließen kann. – Christian-Gotthelf Salzmann (1744–1811), evangelischer Pfarrer, Pädagoge, Philanthrop und Mitgründer der philanthropischen Erziehungsanstalt Schnepfenthal bei Gotha. Sein ›Moralisches Elementarbuch‹ (1785) war eine Sammlung von erbaulichen Geschichten für junge Leute. Er verehrte Wollstonecraft und übersetzte 1799 auch Godwins ›Erinnerungen‹ (s. Nachwort).

17 Eine Straße in der City of London.

18 Dr. George Fordyce war auch einer der Ärzte, die Wollstonecraft in ihrer letzten Krankheit betreuten. Er ist nicht mit dem schottischen Presbyterianer James Fordyce zu verwechseln, den Wollstonecraft in der ›Verteidigung der Rechte der Frauen‹ heftig angriff wegen seiner Vorstellungen zur Erziehung der Mädchen (vgl. Fußnote 22). – Heinrich Füssli oder Henry Fuseli (1741–1825), Schweizer Maler, der 1763 nach England ging. Ein visionärer Maler, dessen Bilder erotische Anklänge enthalten. Bewundert von Blake.

19 Zitat aus Thomas Grays (1716–71) ›Elegy in a Country Churchyard‹ (1753), (Elegie auf einem ländlichen Friedhof).

20 Edmund Burke (1729–97), Anwalt, Politiker und Schriftsteller. Ursprünglich ein Vertreter liberaler Ansichten, der u. a. die Sklaverei verdammte, enttäuschte er viele seiner Verehrer durch sein berühmtes Buch, das die Französische Revolution als Barbarei verurteilt. Ebenso berühmt ist sein Jugendwerk ›Philosophische Untersuchungen über unsere Begriffe vom Erhabenen und Schönen‹ (1757).

21 Calista ist die leidende Heldin in Nicholas Rowes Stück ›The Fair Penitent‹ (Die schöne Büßerin) (1703). Die Rolle

wurde berühmt durch Mrs. Siddons Darstellung. Vgl. Fußnote 39.

22 Wollstonecraft bezog ihre Kritik vor allem auf die fast allgemein akzeptierten Werke zur Mädchenerziehung, die die Frau als biologisch und geistig unterlegen darstellten und ihr die Rolle der schmückenden Begleiterin des Mannes zuwiesen: Jean-Jacques Rousseau (1712–78), ›Julie‹ (1761) und ›Emile‹ (1762); Dr. John Gregory (1712–78), ›A Father's Legacy to a Daughter‹ (Eines Vaters Vermächtnis an seine Tochter) (1774); Dr. James Fordyce (1720–96), ›Sermons to a Young Woman‹ (Predigten an eine junge Frau) (1765) und ›The Character and Conduct of the Female Sex‹ (Der Charakter und das Benehmen des weiblichen Geschlechts) (1776).

23 Dido war Königin von Karthago und eine der Heldinnen des klassischen Altertums. Armida ist die Heldin von Torquato Tassos Epos ›Das befreite Jerusalem‹ (1575).

24 John Milton (1608–74), der nach Shakespeare berühmteste englische Dichter, Verfasser des christlichen Epos ›Das verlorene Paradies‹ (1667).

25 Samuel Richardson (1689–1761), Verfasser der beiden empfindsamen Briefromane ›Pamela‹ (1740–41) und ›Clarissa‹ (1747–48), die viele Nachahmer fanden.

26 Füssli hatte eines seiner Modelle geheiratet – vielleicht ein Grund, warum Wollstonecraft meinte, sie könne vielleicht neben seiner Frau einen Platz finden.

27 Thomas Paine (1737–1809), radikaler englischer Autor, der von der Amerikanischen und der Französischen Revolution begeistert war und in beiden Ländern politische Posten innehatte. Sein berühmtestes Werk ist ›The Rights of Man‹ (Die Rechte des Menschen) (1791). Er soll möglicherweise Wollstonecraft zu ihrer ›Verteidigung der Rechte der Frauen‹ angeregt haben. Zeitweilig Mitglied des Französischen Konvent, wurde er unter Robespierre verhaftet. 1802 ging er für den Rest seines Lebens nach Amerika.

28 Monsieur Fillietaz war der Ehemann einer ehemaligen

Schülerin von Wollstonecraft aus der Schule am Newington Green.

29 Helen Maria Williams (1762–1827), englische Dichterin und Schriftstellerin. In mehreren Briefbänden schilderte sie ihre sehr persönlichen Eindrücke von der Französischen Revolution. Sie war mit Mme. Roland und den Girondisten befreundet und deshalb auch kurze Zeit inhaftiert.

30 Christoph Georg Gustav Graf von Schlabrendorff (1750–1824) war Sohn des Ministerpräsidenten von Schlesien, Reisender und Autor mit liberalen Tendenzen.

31 Thomas Christie (1761–96), schottischer Autor und Geschäftsmann. Er war ein Freund von Johnson, mit dem zusammen er die ›Analytical Review‹ gegründet hatte, und später ein Geschäftspartner von Gilbert Imlay.

32 1793 brach Krieg zwischen England und Frankreich aus, nachdem England mit Österreich, Preußen, Spanien und Piemont die erste Koalition geformt hatte. Im Sommer 1793 begannen die Briten mit feindlichen Handlungen im Mittelmeer. In der Nacht vom 9. auf den 10. Oktober wurden daraufhin vierhundert Briten in Frankreich verhaftet, darunter Tom Paine und Helen Maria Williams. Wollstonecraft entging diesem Schicksal durch das von Godwin beschriebene Manöver und konnte als vermeintliche Amerikanerin sogar ihre Freunde im Gefängnis besuchen.

33 Zitate aus Wollstonecrafts Liebesbriefen, die Godwin bereits in den ›Posthumous Works‹ veröffentlicht hatte. Eine deutsche Übersetzung der Briefe von Susanne Thurm findet sich in den von Ingrid Kuczynski herausgegebenen ›Reisebriefen aus Südskandinavien‹. Vgl. Fußnote 10.

34 Die gemäßigten Girondisten standen in Opposition zu Robespierre. Jean-Pierre Brissot (1754–93), Reisender und politisch engagierter Autor, führender Girondist. Pierre-Victurien Vergniaud (1753–93), einflußreicher Sprecher der Girondisten im Konvent. Diese beiden und weitere Girondisten wurden im Oktober 1793 guillotiniert.

35 Zitat aus ›Othello‹ V, II.

36 Godwin gibt hier eine Art Zusammenfassung der letzten

Briefe Wollstonecrafts an Imlay, wie sie in den ›Posthumous Works‹ veröffentlicht sind.

37 Die Adresse war Nr. 29 Polygon Buildings, Chalton Street, Somers Town.

38 Elizabeth Inchbald (1753–1821), Schauspielerin und Romanautorin. Ihr bekanntester Roman ist ›A Simple Story‹ (1791), (Eine einfache Geschichte). Godwin hatte ihr einst den Hof gemacht. – Sarah Siddons (1755–1831) war die berühmteste Tragödin ihrer Zeit. Vgl. Fußnote 14 zu ›Das Unrecht an den Frauen‹, S. 189.

39 Richard Porson (1750–1808), Professor für Griechisch in Cambridge, bekannt für seinen Witz und seine Exzentrizität. Nach dem frühen Tod seiner Frau ergab er sich dem Trunk.

40 Basil Montagu (1770–1851), Jurist und Freund von Godwin, Wordsworth, Coleridge und ihrem Kreis.

41 Die Kirche steht noch. Wollstonecrafts Grab mußte 1866 der Eisenbahn weichen. Der junge Architekt, der die Auflösung des Friedhofs überwachte, war Thomas Hardy (1840–1928), Autor vieler großer Romane, u. a. ›Die Heimkehr‹ (1877–79) und ›Tess of the D'Urberville‹ (1891). Hardy schrieb später ein Gedicht über die Einebnung des Friedhofs ›The Levelled Churchyard‹ (Der eingeebnete Friedhof).

NACHWORT

Dieser Band vereinigt das Fragment des Romans ›Das Unrecht an den Frauen oder: Maria‹, das Mary Wollstonecraft bei ihrem Tode unvollendet hinterließ und das hier zum erstenmal in deutscher Übersetzung vorliegt, und die kurze Biographie, die William Godwin, Wollstonecrafts Ehemann, kurz nach ihrem Tod veröffentlichte. Zu ihren Lebzeiten war Mary Wollstonecraft eine berühmte Frau (1759–1797), in England vielleicht sogar die berühmteste. Sie gehörte zu den wenigen Frauen im Freundeskreis der radikal-demokratisch gesinnten Künstler und Denker Englands in der Zeit vor und um die Französische Revolution, und zu ihren Vertrauten und Bewunderern zählten so herausragende Gestalten wie die Schriftsteller und Dichter William Blake, William Wordsworth, Samuel Coleridge, Robert Southey und Helen Williams, der Maler Heinrich Füssli (in England Henry Fuseli), der politische Denker und Praktiker Thomas Paine, der Verleger Joseph Johnson und – nicht zuletzt – der Philosoph und Schriftsteller William Godwin, der ihr Ehemann und Biograph werden sollte. Vor allem zwei Bücher begründeten Mary Wollstonecrafts Ruhm, von denen eines wegen seiner unorthodoxen Thesen auf eine gemischte Reaktion stieß, das andere dagegen einhelligen Beifall fand. 1792 erschien ›Eine Verteidigung der Rechte der Frau‹ (A Vindication of the Rights of Woman), eine allererste, ausführliche und temperamentvolle Auseinandersetzung mit einem damals ganz neuen, von Gedanken der Revolutionsphilosophie angeregten Thema, eine Pionierleistung, die in ihrer Bedeutung nur der von Olympe de Gouges in Frankreich zu vergleichen ist. Daß die Botschaft, wiewohl sie auf uns heute noch sehr gemäßigt wirkt, bei Ersterscheinen umstritten war, ist leicht zu verstehen. Ganz anders dann bei dem vier Jahre später erschienenen Reisetagebuch ›Reisebriefe aus Südskandinavien‹ (Letters Written during a Short Residence in Sweden, Norway and Denmark). Wollstonecraft hatte im Auftrag ihres damaligen Geliebten eine Geschäftsreise nach Südnorwegen, Südschweden, Dänemark und Hamburg unternommen, nur begleitet von ihrer zweijährigen Tochter Fanny und einer Zofe, und ihre Gedanken und Eindrücke in Briefform zu Papier gebracht. Die Mischung aus aufmerksamen, am Gedankengut der Aufklärung orientierten kritischen Beobachtungen zu den gesellschaftlichen Verhältnissen einerseits und – vor allem melancholisch gestimmten, denn Wollstonecraft hatte Liebeskummer – Naturbetrachtungen andererseits traf so genau den Geschmack der Zeit, daß der Autorin die Herzen ihrer Leser nur so zuflogen. Ob der hier erstmals in deutscher Übersetzung vorgelegte Romanentwurf ›Das Unrecht an den Frauen‹ (The Wrongs of Woman or: Maria) eine erneute Wendung in ihrem öffentlichen Ansehen gebracht hätte, wäre er denn zur Vollendung gelangt und zu Lebzeiten der Autorin publiziert worden, mag man sich mit gutem Grund fragen. Doch zunächst wollte das Schicksal es anders.

Nach Mary Wollstonecrafts grausamem, frühen Tod im Kindbett schrieben nicht nur Gleichgesinnte ergriffene Nachrufe. Sogar ein so konservatives Blatt wie das ›Gentleman's Magazine‹ konnte nicht umhin, die Verstorbene trotz geäußerter Vorbehalte gegen das »System, das sie in Politik und Moral vertrat«, als Mensch und Figur des öffentlichen Lebens zu preisen: »Eine Frau von ungewöhnlichen Talenten und beträchtlichem Wissen, in ganz Europa durch ihre literarischen Arbeiten bekannt«, hieß es da. »In ihrem Auftreten war sie schlicht, doch anmutig. Im Gespräch zeigte sie sich klug und unterhaltend, ohne die geringste Spur von übertriebenem Stolz auf ihre literarischen Werke zur Schau zu tragen oder darauf, daß sie über weiterreichende Geisteskräfte verfügte als sonst bei ihrem Geschlechte üblich. In der Klarheit ihres Verstandes und der Empfindsamkeit ihres Herzens war sie vielleicht unübertroffen.«

Doch Wollstonecrafts positivem Ruhm war nur kurze Dauer beschieden. Nach der Veröffentlichung von Godwins ›Erinnerungen an Mary Wollstonecraft‹ (Memoirs of the Author of a Vindication of the Rights of Woman) im Jahre 1798 schlug die Stimmung radikal um. Dabei kam Godwin mit seinem Büchlein durchaus einer Neigung der Zeit entgegen, nämlich einer großen biographischen Neugier, der auch viele Autoren mit der Publikation von Briefbänden Rechnung trugen (so etwa der Essayist Charles Lamb, der romantische Dichter John Keats, die Romanautorin Maria Edgeworth und viele andere). Doch waren die von Godwin in aller – philosophisch begründeten – Aufrichtigkeit und aus den lautersten Motiven heraus enthüllten Einzelheiten von Wollstonecrafts Privatleben so ungewöhnlich, daß nur wenige, besonders fortschrittlich Denkende sie nicht mißverstanden. Entsetzt mußte der Autor feststellen, daß eine wahre Geiferflut sich in den Blätterwald der zeitgenössischen Presse ergoß. Als Hure wurde die Betrauerte beschimpft und Godwin in Spottgedichten als der arme Trottel und Hahnrei verhöhnt, der aller Welt voll blöder Heiterkeit verkündete, wie oft sie sich »der halben Stadt hingab«. Trauriger noch und für die Weiterwirkung von Wollstonecrafts Werk verheerender war, daß daraufhin Schriftstellerinnen, die sie bisher als ihr Vorbild bewundert hatten, so verschreckt wurden, daß sie nicht mehr wagten, die von ihr aufgestellten und vehement verfochtenen Thesen zur Emanzipation der Frauen öffentlich weiterzupropagieren. Selbst von ihren einstigen Freundinnen wurde Wollstonecraft nun totgeschwiegen: Mary Hays überging sie in ihrem 1803 erschienenen fünfbändigen Lexikon der weiblichen Biographie (›Dictionary of Female Biography‹) ebenso wie Mathilda Bentham in ihrem Lexikon berühmter Frauen (›Dictionary of Celebrated Women‹) von 1804.

Kein Wunder also, daß Mary Wollstonecraft und ihre Pionierarbeit in Vergessenheit gerieten und es fast zweihundert Jahre dauerte, bis sie – zumindest in ihrer Heimat und den USA – wieder die gleiche (und schließlich wohl noch größere) Anerkennung erreichen sollte, die sie zu Lebzeiten genossen hatte. Freilich war sie nie ganz vergessen. Große, unkonventionelle Schriftstellerinnen wie George Eliot und Virginia Woolf erkannten den verwandten Geist in ihr, und diese beiden schrieben Homages, Eliot 1855, Woolf 1929. Auch die Literaturwissenschaft entdeckte – freilich von der Öffentlichkeit wenig beachtet – seit Beginn dieses Jahrhunderts Wollstonecrafts Werke neu. Doch erst die Zweite Frauenbewegung seit den sechziger Jahren rehabilitierte sie voll und machte den Platz bewußt, der ihr in der Geschichte der Entwicklung der Frauenrechte zukommt. Ein übriges bewirkte 1989 die zweihundertjährige Wiederkehr der Französischen Revolution, gehörte Wollstonecraft doch zu den wichtigsten Verfechtern der Revolutionsideen im gesamteuropäischen Kontext. Vornehmlich in England und den USA erschien eine Fülle von Würdigungen und Interpretationen ihres Werkes. Ihre Schriften wurden in modernen Ausgaben wiederaufgelegt, sowohl in Taschenbucheditionen als auch in einer siebenbändigen, von Janet Todd und Marilyn Butler betreuten kritischen

Gesamtausgabe, die pünktlich zum Revolutionsjahr fertig wurde. Auch die beiden hier vorgelegten Texte verdanken ihr Wiedererscheinen diesem aktualisierten Interesse: Beide wurden seit zweihundert Jahren erstmals wiederaufgelegt, Wollstonecrafts Fragment bei Oxford University Press, Godwins Erinnerungen bei Penguin.

Auch in Deutschland ist Mary Wollstonecraft in den letzten Jahren bekannter geworden. Von der ›Verteidigung der Rechte der Frauen‹ erschien schon 1976 (in Neunkirch, BRD) eine neue Ausgabe, 1989 eine weitere in Leipzig. Ihre ›Reisebriefe aus Südskandinavien‹ erschienen 1991 gleich zweimal, einmal in einer Ausgabe von Reclam, Leipzig, einmal als kollektive Übersetzungsarbeit eines Studententeams der Universität Passau. Der hier vorliegende Band wird hoffentlich dazu beitragen, das Bild dieser ungewöhnlichen, mutigen und so modern wirkenden Frau auch für ein deutsches Publikum weiter zu vervollständigen. Das Romanfragment ›Das Unrecht an den Frauen‹ ist zuvor nicht ins Deutsche übertragen worden, obwohl einige feministische Literaturwissenschaftlerinnen, wie z. B. Janet Todd und Ellen Moers, es für noch progressiver und interessanter halten als die berühmte ›Verteidigung der Frauenrechte‹, weil realistischer und spezifischer weiblich auch in der Form. Godwins ›Erinnerungen‹ dagegen waren 1799 schon einmal übersetzt worden, und zwar von dem Pädagogen Gotthelf Christian Salzmann, der ein Bewunderer von Wollstonecrafts pädagogischen Schriften war und von dem auch sie ein Werk ins Englische übersetzt hatte. Salzmanns deutsche Ausgabe war freilich ganz in Vergessenheit geraten. Eine neue Übertragung ist, so meine ich, dazu angetan, dem großen Interesse entgegenzukommen, das gerade auch Wollstonecrafts wechselvolles Leben bei heutigen LeserInnen weckt und das dem an ihrem Werk kaum nachsteht: denn Wollstonecraft war nicht nur eine revolutionäre Denkerin, sie lebte auch revolutionär. Virginia Woolf schrieb: »Die Revolution ... war für sie nicht bloß ein Ereignis, das in der Außenwelt stattfand. Sie war eine aktive Kraft in ihrem eigenen Blut.« So ist Wollstonecraft unserem eigenen Lebensgefühl schon überraschend nahegekommen. Uns spricht besonders an, was Godwins Leser einst so schockierte.

Es sind nicht bloß die Fakten ihrer Liebesbeziehungen, die uns heute mehr anrühren als entrüsten: das (zweimal gescheiterte) Angebot einer Ehe zu dritt – erst an Füssli, später an Gilbert Imlay –, die wilde Ehe mit Imlay, die uneheliche Geburt der Tochter Fanny, die beiden Selbstmordversuche, das aktive Zugehen auf Godwin und schließlich das zunächst auch wieder uneheliche Zusammenleben mit Godwin. Um ihr Motiv voll zu erkennen, müssen wir uns freilich auch die für Wollstonecraft ebenso wichtige andere Seite ihres Lebens vor Augen halten: ihre Professionalität.

Die ersten Stationen ihres Lebens waren noch ganz im Rahmen dessen verlaufen, was bei einem Mädchen aus der Mittelklasse im 18. Jahrhundert durchaus üblich war: Mit neunzehn Jahren wurde sie Gesellschafterin einer Dame; dann Rückkehr zur Pflege der todkranken Mutter; Pflege der Schwester; Gouvernante bei Lord Kingsboroughs Kindern. Schließlich, schon ungewöhnlicher, wenn auch nicht beispiellos – es gab viele kleine, auch von Frauen geführte Privatschulen –, der Versuch, von einer eigenen Schule zu leben und auch Freundin und Schwestern eine unabhängige Existenz zu ermöglichen. Der Drang zur Selbständigkeit ist hier, wie Godwin richtig beobachtet, schon deutlich zu erkennen. Voll zum Tragen kam er freilich erst, als Wollstonecraft das Glück hatte, Joseph Johnson zu begegnen, dem aufgeschlossenen Verleger vieler radikaler Autoren. Johnson bietet Wollstonecraft die Möglichkeit, von ihrer Feder zu leben. Ein feiner, aber wichtiger Unterschied zu anderen Autorinnen der Zeit ist, daß sie ihr Geld nicht mit Romanschreiben verdient wie z. B. Maria Edgeworth, Fanny Burney, Sarah Fielding und andere. Das Schreiben von – natürlich moralisch nicht anstößigen – Romanen hatte sich im Laufe des 18. Jahrhunderts zu einer durchaus akzeptablen Beschäftigung gebildeter Frauen der Mittelschicht entwickelt: Das war vereinbar mit der ihnen von den Erziehungsbüchern der Zeit zugeschriebenen Aufgabe als kulturelle Unterhalterin im Hause des Gentleman-Ehemannes, und überdies brauchte frau dafür auch keine gefährlichen Schritte hinaus in die dem Manne vorbehaltene Berufswelt zu machen. Wollstonecraft aber strebte anderes an. Nach ersten Versuchen als Autorin von didaktischen Geschichten und einem ersten schmalen Roman ›Mary, a Fiction‹, den sie während ihrer Zeit als Erzieherin bei Lord Kingsborough verfaßt hatte, begann sie nun mit Johnsons Protektion eine Karriere als professionelle Journalistin und Übersetzerin. Regelmäßig steuerte sie Artikel und vor allem Rezensionen zu Johnsons frisch gegründeter Zeitschrift ›The Analytical Review‹ bei und übersetzte außerdem aus dem Französischen und Deutschen (u. a. Salzmanns ›Moralisches Elementarbuch‹, eine Sammlung didaktischer Geschichten von 1785–87). Diese Arbeit sowie der Umgang mit Johnsons großem Kreis intellektueller Freunde halfen Wollstonecraft, ihre von Haus aus spärliche Bildung zu vervollkommnen, und bereiteten sie darauf vor, demnächst selbst mit politischen Pamphleten an die Öffentlichkeit zu treten. 1791 erschien ihr ›A Vindication of the Rights of Men‹, eine polemische Replik gegen Edmund Burkes vernichtende Kritik an der Französischen Revolution,

1792 die ›Verteidigung der Frauenrechte‹, 1795 noch ›A Moral View of the French Revolution‹, wiederum eine Verteidigung der Revolution, diesmal in Form eines Stücks Geschichtsschreibung. Mary Wollstonecraft versuchte also, sich, ihrer speziellen Neigung gemäß, in einem bis dahin nur Männern vorbehaltenen Bereich beruflich durchzusetzen, und sie hatte dabei, wie das breite positive Echo auf ihre Bücher von 1791 und 1792 zeigt, damit auch durchaus Erfolg.

Wie eine Fruchthälfte der anderen entsprach aber ihrem Wunsch nach Selbstverwirklichung im Beruf auch die Sehnsucht nach Erfüllung im privaten Bereich, d. h. Sehnsucht nach Glück in der Liebe. Auch hier war sie nicht bereit, sich mit den engen, von der Konvention abgesegneten Wegen zufriedenzugeben und etwa eine Vernunfts- und Versorgungsehe einzugehen, sondern sie suchte ohne Rücksicht auf alle Konventionen nach dem idealen Partner, mit dem vollkommene geistige und seelische Harmonie sowie sexuelle Erfüllung möglich wäre. Mit anderen Worten: Sie wollte unbedingt das romantische Liebesideal, das historisch gesehen gerade erst in der Entstehung begriffen war, in ihrem persönlichen Leben verwirklichen. Das ist es, was sie uns so überraschend heutig erscheinen läßt. Denn auch wir, zur »gebildeten« europäischen Mittelschicht des ausgehenden zwanzigsten Jahrhunderts gehörend, noch immer wie Wollstonecraft verwurzelt in den Traditionen bürgerlich-aufgeklärten Denkens, erwarten immer noch und nur um so hartnäkkiger, je weniger alle philosophischen, religiösen und politischen Sinngebäude tragen, das Heil vom Glück in der Liebe, allen Enttäuschungen und Mißerfolgen zum Trotz. Und genau wie Wollstonecraft verbinden viele von uns Frauen diesen Wunsch mit dem nach beruflicher Erfüllung; uns bewegt der gleiche alles umspannende

Doppelwunsch – wie sollten uns da Wollstonecrafts unerschrockene Versuche und ihre Irrtümer, Niederlagen und Verzweiflungen im Falle ihrer Beziehungen zu Füssli und Imlay nicht zu Herzen gehen? Ihr Verhältnis zu Imlay hat geradezu verblüffende Ähnlichkeit mit den von Robin Norwood in ihrem Bestseller ›Wenn Frauen zu sehr lieben‹ beschriebenen Schwierigkeiten heutiger Frauen. Wollstonecraft hielt an dem amerikanischen Abenteurer und ehemaligen Soldaten im amerikanischen Freiheitskampf, Gelegenheitsautor (er schrieb den wildromantischen Roman ›The Emigrants‹, 1793, und eine ›Topographical Description of the Western Territory of America‹, 1792) und Geschäftsmann, der so offensichtlich nicht zu ihr paßte, mit der gleichen Hartnäckigkeit wider bessere Einsicht fest wie die von Norwood interviewten Frauen von heute.

Damals um 1800 war solches Verhalten freilich die Ausnahme. Daß überhaupt eine solche Beziehung gelebt werden und Godwin den Fehler seiner Publikation der ›Erinnerungen‹ begehen konnte, lag an der besonderen historischen Situation. Im Zuge der Französischen Revolution schienen für einen kurzen Augenblick auch freiere persönliche Beziehungen möglich. Doch genau wie im politischen Bereich siegte auch im privaten nach wenigen bewegten Jahren zunächst wieder die Reaktion, ganz besonders tiefgreifend in England, das sich unter Pitt (1783–1801) besonders heftig gegen alle freiheitsdurstigen Ideen zur Wehr setzte.

Die Regierung Pitt, besorgt, der französische Bazillus könne auf England übergreifen und auch dort gesellschaftliche Ordnung und Machtverhältnisse erschüttern, stellte sich auf den Standpunkt, die unblutige sogenannte »Glorreiche Revolution« von 1689 habe in England bereits genügend Gleichheit, persönliche Freiheit des einzelnen und demokratische Beteiligung der Bürger an den politischen Prozessen gebracht. Unter diesem Vorwand wurden alle Aktivitäten der – im Vergleich zu Frankreich sehr gemäßigten – oppositionellen Gruppen, d. h. vor allem der Dissenter und sogenannten Reformclubs, unterdrückt. Gesetze schränkten die Versammlungs-, Presse- und Meinungsfreiheit, obwohl durch die berühmte Habeas-Corpus-Akte von 1679 garantiert, radikal ein, und viele Menschen wurden verhaftet, verurteilt, deportiert. (Das war übrigens auch der Grund dafür, daß eine so dynamische und persönlich unerschrockene Frau wie Mary Wollstonecraft nicht aktiv in das politische Geschehen eingreifen konnte wie Olympe de Gouges in Frankreich, die die öffentliche Deklaration ihres Entwurfs der Frauenrechte in der Nationalversammlung freilich auch mit ihrem Kopf bezahlen mußte.) Um 1800 war auf diese Weise die Reformbewegung in England so gut wie tot. Und die politische Restauration ging – wie stets – einher mit einer erneuten Verhärtung der das Familienleben regulierenden Geschlechtermoral. Das viktorianische Zeitalter, heute sprichwörtlich für eine restriktive Sexualmoral, stand noch bevor, ehe sich in unserem Jahrhundert wieder freiere Gedanken durchsetzen konnten. Nur sehr vorübergehend hatten es sich unabhängig denkende Menschen leisten können, neue, freiere Vorstellungen von Geschlechterbeziehungen zu leben, und freilich nur, solange nicht allzu viele davon wußten. Als die nächste Generation der jungen Romantiker, bei denen die Revolutionsideen noch fortwirkten, ein ähnliches freies oder noch freieres Leben führen wollten, gingen sie lieber ins Ausland, wo die revolutionären Veränderungen tiefere Spuren gegraben und den Boden für mehr Toleranz bereitet hatten. So entführte der einundzwanzigjährige verheiratete Dichter Percy Shelley die sechzehnjährige Mary, Tochter von Godwin und Mary Wollstonecraft, nebst Halbschwester zuerst nach Frankreich und dann nach Italien, wo das Paar acht Jahre bis zu seinem Tode lebte. Und auch Lord Byron wählte zumeist Italien als Schauplatz für seine notorischen Liebesabenteuer, von denen eines auch Mary Godwins Stiefschwester Claire betraf.

Wenn Mary Wollstonecraft uns Heutige besonders anspricht durch die Art, wie sie lebte, so sind andererseits auch ihre Schriften zur Rolle der Frau in der Gesellschaft noch immer aktuell. Bei der Entstehung ihres ersten Werks zu diesem Thema, der ›Verteidigung der Frauenrechte‹, standen vermutlich drei Faktoren Pate. Einem Gerücht zufolge soll Tom Paine sie angeregt haben, sozusagen ein weibliches Pendant zu seinem berühmten Buch ›Die Menschenrechte‹ (The Rights of Man) (1791–92), dem wichtigsten Identifikationstext der englischen Radikalen wie der amerikanischen Freiheitsbewegung, zu schreiben. Es sollte ein Buch werden, das sich speziell der Rechte der Frauen annahm. Zweifellos aber hatte Wollstonecraft selbst genügend erlebt, um ein offenes Ohr für einen solchen Vorschlag zu haben. Immer wieder war sie mit der benachteiligten Situation von Frauen in der Gesellschaft konfrontiert worden. Zudem hatte sie sich durch den Umgang mit Joseph Johnsons Kreis der oppositionellen Dissenter und durch eifrige Lektüre das philosophische Rüstzeug verschafft, um in der Sprache philosophischer Rationalität das zu fordern, wonach das spontane Gerechtigkeitsempfinden ihres Herzens verlangte.

Tatsächlich war die Zeit reif für ein Buch, das auf die gesellschaftliche Stellung der Frau mit dem polemischen Finger zeigte, befanden sich Frauen im England des 18. Jahrhunderts doch in einer fast rechtlosen Position. Nach dem Common Law waren verheiratete Frauen keine unabhängigen Rechtspersonen, vielmehr galt der Satz: »Mann und Frau sind eine Person, und diese Person ist der Mann.« Das bedeutete, daß all ihr Besitz, ob ererbt oder erworben, in den Besitz des Ehemannes überging – eine Regelung, die erst 1882 geändert wurde – und Scheidung Frauen verboten war. Unverheirateten Frauen standen außer der Arbeit als Erzieherin in fremden Familien kaum Berufe offen; die meisten fristeten ein tristes, geduldetes Dasein zunächst im Hause der Eltern, dann der Geschwister. Wollstonecraft, vielleicht aus ihrer pädagogischen Erfahrung heraus, setzte mit ihrer Kritik vor allem bei der Erziehung der Frauen an. Seitenweise ging sie in ihrem Buch mit den pädagogischen Päpsten der Zeit ins Gericht, allen voran Rousseau (den sie in anderem Zusammenhang durchaus schätzte). Ihr theoretischer Ansatzpunkt war die aufklärerische, naturrechtliche Überzeugung, daß Frauen nicht Teil des Mannes sind, wie die biblische Tradition es haben will, sondern gleichgeborene, selbständige, rationale Wesen, die Vernunft besitzen, damit aber auch die Verpflichtung, diese durch Wissen zu fördern, um ein tugendhaftes, vernünftiges Leben führen zu können. Mit klarem Blick für die Klassengesellschaft richtete Wollstonecraft ihr Augenmerk vor allem auf die Frauen der Mittelklasse als ausschlaggebend für eine Veränderung: Die Adligen sah sie als zu träge, weil zu verwöhnt an, die Frauen der Arbeiterschicht als zu sehr in den Existenzkampf verstrickt. Worauf es ihr ankam war, die gängigen Erziehungsziele, nach denen die Frauen vor allem zur Unterhalterin und zum Spielzeug ihrer Männer erzogen wurden, zu stürzen, denn, wie sie indigniert feststellte, die Frauen sind nicht nur dazu da, »den Appetit der Männer zu befriedigen«. Statt die Gefallsucht zu fördern, die Frauen nur dumm, lasziv und sogar hinterlistig macht und zur selbständigen Lebensgestaltung unfähig, solle vielmehr ihr Verstand gebildet werden. Wie die Jungen, und mit diesen zusammen, müsse man sie in Geschichte, Politik und anderen intellektuellen Fächern unterweisen. Ein völliger Umsturz der Geschlechterordnung war dennoch nicht Wollstonecrafts Ziel. Zwar forderte sie – aus eigener bitterer Erfahrung – erweiterte Berufsmöglichkeiten für die unverheirateten Frauen als Ärztinnen, Hebammen, im Geschäftsleben und sogar in der Politik, doch sah sie die Aufgabe der Mehrzahl weiter darin, Ehefrau und Mutter zu sein, aber eine gute Mutter, die ihre Kinder selbst nährt und vernünftig erzieht, so daß sie gute Staatsbürger werden. Ein wichtiges Detail in diesem von Einfällen strotzenden, sicherlich in der Gewichtung der einzelnen Punkte unausgewogenen Buch, das die temperamentvolle Verfasserin in nur sechs Wochen aufs Papier warf – Godwins Kritik ist nicht unberechtigt –, ist ihr Engagement für die Frauen der Unterschicht. Wollstonecrafts Gerechtigkeitssinn empörte sich nicht nur gegen das Unrecht an den Frauen, sondern gegen jede soziale Ungerechtigkeit. Das Engagement für die Armen und Unterdrückten hatte sie schon zu ihrer Replik an Burke motiviert. In ihrem Frauenbuch nun führte es dazu, daß sie, wiewohl in ihren Hinweisen für die Frauen ihrer eigenen Klasse hier noch ziemlich prüde, die Prostituierten in Schutz nahm, auf die herabzublicken für jede tugendhafte Frau der Mittelschicht zum guten Ton gehörte. Die meisten Prostituierten, argumentierte sie, werden von Männern dahin getrieben, indem sie verführt und verlassen werden und schließlich keinen anderen Weg mehr sehen, um sich zu ernähren. Statt sie zu verachten, forderte Wollstonecraft gar, solle die Gesellschaft dafür sorgen, daß die Verführer ihren Opfern Alimente zahlen!

Ein Hauptthema ihres fünf Jahre später entstandenen Romanfragments ist hier schon angeschlagen.

Überhaupt deutet vieles darauf hin, daß ›Das Unrecht an den Frauen‹ an die Stelle eines ursprünglich von ihr geplanten zweiten Bandes zu ihrem theoretischen Buch getreten ist, den sie wohl nie begonnen hat: schon die Korrespondenz der Titel spricht dafür. Feministische Literaturwissenschaftlerinnen haben in Wollstonecrafts Hinwendung zur Romanform einen entschiedenen Schritt zu einer mehr weiblichen literarischen Form sehen wollen. Doch kann man das auch anders sehen. Zum einen hatte sie bereits vor Jahren einen Roman geschrieben, zum anderen hatten gerade auch männliche Autoren unter den sogenannten Jakobinern, darunter ihr Ehemann Godwin, in jüngster Zeit die Romanform als besonders geeignet entdeckt, um politische Forderungen einem breiteren Publikum nahezubringen: In ›Caleb Williams‹ (1794) hatte Godwin das ungerechte Justizwesen an einem Einzelschicksal demonstriert und angeprangert. Wollstonecraft bedient sich der Romanform ihrerseits nun nach der Auseinandersetzung mit der Frage weiblicher Erziehung in ihrem ersten Buch, um noch heißere Eisen anzufassen: das Recht der Frauen auf persönliches, auch sexuelles Glück, notfalls sogar außerhalb der Ehe; die Ehe- und Scheidungsgesetze; das tiefe Elend und die Chancenlosigkeit vieler Frauen der Unterschicht. Dazu kommen grelle Aufnahmen von der Unzulänglichkeit etlicher sozialer Einrichtungen der Zeit: Hospitäler, Irrenhäuser, Armenhäuser, Polizei und Justiz. Statt weiter auf die Überzeugungskraft rationaler Argumentation und eines utopischen Entwurfs setzte sie lieber auf die überzeugende Kraft krasser Bilder des Schlimmsten, was unter den gegebenen Umständen möglich schien.

Wie tollkühn Wollstonecrafts Unterfangen wirklich

war, mag ein vergleichender Blick auf das Werk Jane Austens klarmachen, der nächsten großen weiblichen Figur in der englischen Literaturgeschichte, die bezeichnenderweise nie mit Vergessen bestraft werden mußte. Das Los der Armen kommt bei Austen gar nicht vor, was, wer will, damit erklären mag, daß sie in ihrem beschaulichen Dasein in südenglischen Pfarrhäusern, Landstädtchen und Gutshäusern keine Anschauung davon hatte. Die hat sie aber – im Gegensatz zu Wollstonecraft – wohl auch nicht gesucht, denn mehrfache und lange Aufenthalte in London und Southampton hätten ihr wohl Gelegenheit dazu geben können. Dagegen werden das triste Los der unverheirateten Frauen der Mittelschicht sowie die Problematik liebloser Ehen und finanzieller Abhängigkeit sehr wohl auch von Austen thematisiert, doch immer nur so, als zögen Wolkenschatten über eine ansonsten heitere Landschaft, und am Ende kriegt auch die aufmüpfigste Heldin in einem augenzwinkernden Komödienschluß einen schier perfekten Ehemann, zu dem selbst sie aufblicken kann. Jane Austens Romane, rund zwanzig Jahre nach Wollstonecrafts Fragment erschienen, machen deutlich, wie weit im ersten Jahrzehnt des neunzehnten Jahrhunderts die »Viktorianisierung« schon fortgeschritten war: Eine provozierende Behandlung der Bedrohungen des weiblichen Daseins in der von Wollstonecraft projektierten Form oder auch nur eine wirklich realistische war auf lange Zeit undenkbar geworden. Erst um die Mitte des 19. Jahrhunderts werden, bei Charlotte Brontë etwa, vorsichtig wieder ernstere Töne angeschlagen. Bis zu einem ähnlich freimütigen Bekenntnis zur weiblichen Sexualität, wie Wollstonecraft es skizziert hatte, sollten freilich noch fast hundert Jahre vergehen: Erst die »New Women«-Autorinnen wagten wieder Ähnliches.

Wie wirkt Wollstonecrafts Romanentwurf auf uns heute? Moderne Leser mögen sich am Anfang etwas schwer tun mit der symbolschwangeren Szenerie des Irrenhauses (ist die Ehe mehr ein Irrenhaus oder eher ein Gefängnis?) und der etwas schwerfällig daherkommenden moralisierenden Prosa der Eingangskapitel. Doch dann, wenn die Hauptpersonen ihre Lebensberichte erzählen, beginnt der Text zu faszinieren, auch wenn nirgends zu übersehen ist, daß es sich um ein unvollendetes Werk handelt: Schon die schematische Reihung von drei Lebensberichten ist noch keine kompositorische Meisterleistung. Besonders eindrucksvoll ist nach meinem Empfinden die Geschichte der Irrenhauswärterin Jemima, die sich fast wie eine soziologische Studie liest. Das gilt sowohl für den Nachdruck, der, in Übereinstimmung mit aufklärerischen Erkenntnissen, auf den prägenden Einfluß der Kindheit, auf die verheerenden Folgen mangelnder Liebe und Achtung gelegt wird, wie für die unsentimentale, nüchterne Genauigkeit, mit der typische Lebensumstände von Unterschichtfrauen geschildert werden, bis hin zu Vergewaltigung und Abtreibung. Gegen diesen konsequenten Realismus wirkt Dickens geradezu romantisch. Eine bemerkenswerte Fülle charakteristischer Situationen ist in Jemimas Lebenslauf eingebaut: die brutale Ausbeutung junger Dienstmädchen und die verzweifelte Lage der schwangeren, das schwierige Leben der Prostituierten und das kümmerliche Dasein der Waschfrauen. Dazu läßt Wollstonecraft Jemima noch die Skala der unsozial-sozialen Institutionen durchlaufen. Sie muß dafür sehr genau recherchiert haben, denn ihre Schilderungen stimmen bis in die Angaben von Arbeitszeiten und Löhnen der Waschfrauen und bis zu Gesetzesdetails mit Ergebnissen der historischen Forschung überein. Es gelingt Wollstonecraft, alle diese Fakten zu einer glaubhaften Geschichte zu bündeln, indem sie Jemima in einer klug gewählten Reihenfolge durch die verschiedenen Stationen gleiten läßt, eine Picara des sozialen Schattenreichs. Dabei gilt die Sympathie der Autorin unwandelbar Jemima, die immer als Opfer gesehen wird, auch dann, wenn sie zu Dingen getrieben wird, die entweder als unrecht gelten oder es wirklich sind (wenn sie einen Kaufmann dazu bringt, ein Mädchen ihretwegen aus dem Haus zu jagen, das daraufhin Selbstmord begeht). Die beiden kürzeren Geschichten von der Waschfrau Polly sowie von der Wirtin, die ständig von ihrem eigenen Ehemann ausgeraubt wird, ergänzen das Bild vom Daseinskampf der Frauen in den unteren Schichten.

Verglichen mit so viel realistisch geschildertem Elend wirkt das Leid der Heldin Maria ein bißchen unglaubwürdig, obwohl, unschwer erkennbar, Wollstonecraft autobiographische Züge eingearbeitet hat (die Identifikation mit den Heldinnen, schon durch die Namenswahl angezeigt, fällt in beiden Romanen Wollstonecrafts auf). Wie die Autorin gegen die haarsträubenden Ehegesetze der Zeit zu Felde zieht, das Recht auf Scheidung und auf außereheliche Zärtlichkeit fordert, wenn der Ehemann sich zum Ekel entwickelt, ist aufregend, doch würde Marias Geschichte tieferen Eindruck machen, wäre der Ehemann nicht gar so zum pechschwarzen märchenhaften Bösewicht stilisiert. George Venables ist ein Ausbund aller möglichen Niedertrachten, zudem widersprüchlich, denn einerseits wird er als schwach, prinzipien- und willenlos geschildert, andererseits bringt er mit Umsicht, Entschlossenheit und Zielstrebigkeit seine Frau ins Irrenhaus und führt sogar den Tod seines eigenen Kindes herbei. Viel interessanter, weil authentischer, sind dagegen die Schilderungen von Gefühlen der Einsamkeit und

Verlassenheit, der Bangigkeit und immer wieder neuer Hoffnung, die Maria in ihrer Gefangenschaft bewegen: dahinter ist eigene Erfahrung zu spüren. Es ist schade, daß Wollstonecraft nur wenige solcher stimmungsvollen Szenen ausgeführt hat wie die folgende, in denen ein Einklang zwischen Natur und Seele eingefangen ist, der auf romantische Lyrik vorausweist: »Schlaf wollte sich nicht einstellen, doch weit davon entfernt, vom ruhelosen Kreisen der Gedanken erschöpft zu sein, stand Maria auf und öffnete das Fenster, gerade als durch feine Regenwolkenstreifen das Licht des Tagesanbruchs fiel und die langen, schweigenden Schatten sichtbar machte. Die Luft streichelte ihr Gesicht mit einer wollüstigen Frische, die bis ins Herz drang und unbestimmte Gefühle weckte. Nur der Laut eines im Winde sich wiegenden Zweiges oder das Zwitschern eines aufgeschreckten Vogels durchbrachen die Stille der ruhenden Natur. Erfüllt von der erhabenen Empfindsamkeit, die das Bewußtsein zu leben zur Seligkeit werden läßt, fühlte Maria sich beinahe glücklich. Dann aber erinnerte ein Duft von Herbst und gefallenen Blättern, den die Morgenbrise vom nahen Wald herüberwehte, sie daran, daß seit ihrer Gefangennahme die Jahreszeit gewechselt hatte und das Leben noch immer keine Veränderung zum Troste ihres bedrückten Herzens brachte.« Solche Szenen hatten ihr vorletztes Buch, die ›Reisebriefe aus Südskandinavien‹, berühmt gemacht.

Die Männer kommen, auch literarisch gesehen, schlecht weg in Wollstonecrafts Romanentwurf. Auch Henry Darnford ist, soweit die Skizzen reichen, noch keine glaubwürdige Figur geworden, obwohl er deutlich Züge des einst so geliebten Gilbert Imlay trägt. Im Gegensatz zum allzu eindeutigen George Venables leidet die Figur des Darnford unter einer interessanten Unentschlossenheit der Konzeption. Ist er anfangs ganz klar angelegt als der ideale Geliebte, mit dem geistige Partnerschaft (wie es der Buchaustausch symbolisiert) wie emotionales und erotisches Glück möglich ist, so machte offenbar im Laufe der Arbeit die vielbezeugte Ehrlichkeit Wollstonecraft einen Strich durch die literarische Rechnung. Wie die Notizen für die unterschiedlichen Fortsetzungen der Handlung ausnahmslos zeigen, konnte oder wollte sie die Erfahrung des Betrugs und Verlassenwerdens nicht unterdrücken, ein weiteres Unrecht, das den Frauen blühen kann. Nachdem er als Ritter ohne Furcht und Tadel eingeführt wurde, wird Darnford daher im weiteren Verlauf der Handlung die Rolle des Verräters zugeteilt, ohne daß indessen aus den Notizen eine psychologische Begründung erkennbar wäre.

Vielleicht ist hier einer der Gründe zu finden, warum Wollstonecraft, wie Godwin schreibt und wie ihre eigenen Briefe bezeugen, trotz der für sie langen Schaffenszeit von über einem Jahr mit dem Roman nicht zu Ende kam. Sie scheint sich verfangen zu haben zwischen zwei für sie charakteristischen Beweggründen. Auf der einen Seite stand ihr aufgeklärter Idealismus, mit dem sie am Schicksal Marias das Recht der Frau auf freie Wahl des Partners und Liebesglück demonstrieren wollte, das neue Prinzip der romantischen Liebe gegen die verrotteten Ehekonventionen. Auf der anderen Seite aber hatte ihre eigene Erfahrung sie schon gelehrt, welche Gefahren das neue Ideal in sich barg, wie brüchig es als Lebensbasis war. Die daraus resultierenden Zweifel und depressiven Gefühle mögen sich – trotz des Glücks, das sie gerade mit Godwin erlebte – lähmend auf ihre schriftstellerische Phantasie gelegt haben. Sie war an einem Punkt angelangt, an dem sie eigentlich einen Desillusionsroman des 19. Jahrhunderts hätte schreiben müssen, und nicht von ungefähr läßt der in einer Fassung skizzierte Selbstmord mit Laudanum an Madame Bovary denken. Wer will Wollstonecraft verurteilen, daß sie kapitulierte, und sei's auch, weil ihre poetischen Kräfte dem Zwiespalt zwischen Ideal und Erfahrung nicht gewachsen waren und damit nicht zu einer literarischen Vorwegnahme taugten? Schon die vorausschauende Ahnung ist bemerkenswert genug.

Ein übriges mag auch der wohlmeinende Godwin zu ihren Schwierigkeiten beigetragen haben. Es gibt einen interessanten Brief von Wollstonecraft an ihn vom 4. September 1796, in dem sie sich gegen seine Kritik an ihrer Schreibweise zur Wehr setzt, die sie in »niedergedrückte Stimmung« versetzt und im Schreiben blockiert habe. Sollte auch diese, seither so oft als ideal gepriesene Beziehung zweier aufgeklärter Intellektueller, der nur sechzehn Monate gegönnt waren, schon den Keim späterer Schwierigkeiten in sich getragen haben? Hatte Godwin, der gründlich gebildete Philosoph, Mary, die weniger gebildete und spontaner schreibende Frau, mit seinem Urteil verunsichert?

Mary verteidigte jedoch auch ihren Stil, und zwar mit bemerkenswertem Selbstbewußtsein: »Ich kann nicht umhin zu denken, daß in meiner Art zu schreiben etwas Wertvolleres steckt als in den Werken mancher Leute, die Du mit so warmem Lob überschüttest – ich meine, mehr Geist – nenn es, wie Du willst – mehr eigene Eindrücke – der Ausdruck meiner eignen Gefühle und Leidenschaften anstatt der kalten Ergebnisse, die das Gehirn aus dem Material zieht, das die Sinne und die Einbildungskraft anderer Autoren hervorgebracht haben.« Wollstonecraft war sich also durchaus bewußt, daß ihr Stil abwich von der Norm des logisch-rationalen Diskurses, der im ausgehenden 18. Jahrhundert noch immer dominierte, und bekundete Stolz darauf. Für unseren Geschmack hätte sie noch viel weiter abweichen können, denn heute sprechen uns wohl vor allem die neuen Töne an, sei es die nüchtern erzählende, schlichte Prosa der Jemima-Geschichte, seien es die differenziert gefühlvollen Passagen mit ihrer assoziativen Syntax, die die Empfindungen der Heldin beschreiben. Doch gehört gerade die Mischung beider Stile ganz wesentlich zu Wollstonecrafts Roman, spiegelt sich doch darin das gleiche Streben nach Ganzheitlichkeit, das charakteristisch für ihren Lebensentwurf war. Ob man darin nur eine Verbindung männlicher und weiblicher Elemente sehen will, wie es LiteraturwissenschaftlerInnen getan haben, oder auch ein Dokument der Übergangszeit vom vorwiegend rationalen Diskurs des 18. Jahrhunderts zum romantischen, mag dabei jeder Leser selbst entscheiden.

Godwins eigener Text, die ›Erinnerungen‹, unterscheidet sich ganz ohne Frage sehr von Wollstonecrafts stilistischen Schwankungen: sprachlich wie im emotionalen Ausdruck ist er ein Musterbeispiel an Klarheit, Knappheit und disziplinierter Verhaltenheit, kurz rationaler Prosa. Doch darum geht er nicht weniger zu Herzen.

William Godwin (1756–1836) war, was Temperament und Ausbildung betrifft, so ziemlich das Gegenteil seiner Frau. Anders als sie, die sich in ihrer intellektuellen wie religiösen Wegfindung mehr oder weniger selbst überlassen blieb, war er in der Denktradition der Dissenter aufgewachsen und an einer ihrer ausgezeichneten Akademien in London, damals Hochburgen modernsten Denkens, nicht nur mit aufgeklärtem Gedankengut vertraut gemacht, sondern auch systematisch im stringenten Denken und in logischer Argumentation ausgebildet worden. Bevor er sich, vierzigjährig, in Mary Wollstonecraft verliebte, hatte er ein zurückgezogenes, diszipliniertes Gelehrtendasein geführt und nur ein paar halbherzige Versuche unternommen, sich dem anderen Geschlecht zu nähern: die Romanautorinnen Maria Inchbald und Mary Hays sollen zu den vergeblich Umworbenen gehört haben. Dafür aber war er berühmt geworden mit dem Roman ›Caleb Williams‹, vor allem aber mit seinem umfangreichen philosophischen Hauptwerk ›An Enquiry Concerning Political Justice‹ (1793). Durchdrungen von den Idealen der Aufklärung und begeistert von der Französischen Revolution, hatte er darin die Despotie aller Gesetze und staatlichen Einrichtungen einschließlich der Ehe und aller Regierungsformen angeprangert und die Anarchie als die für die vernunftbegabte Spezies Mensch einzig würdige Form des Zusammenlebens propagiert. Sein ebenso gelehrter wie utopischer Entwurf begeisterte noch die folgende Generation junger Romantiker, ist aber heute eher von historischem Interesse. Selbst ›Caleb Williams‹, in dem Godwin die Tyrannei der Gesetze an einem abenteuerlichen Einzelschicksal demonstrierte und als Klassenherrschaft entlarvte, ist heute trotz des leidenschaftlichen Engagements wegen der Ideenlastigkeit der Geschichte und der rationalbetonten Sprache eine etwas anstrengende Lektüre.

Ganz anders dagegen sein kurzes Büchlein der Erinnerungen an seine Frau, das mit seinem sehr persönlichen Gegenstand ein höchst erstaunlicher Text für diesen Mann ist: es spricht unmittelbar an. Es kommt nicht oft vor, daß ein Biograph seiner Heldin so nahesteht, und es bedurfte wohl gerade Godwins kühler, rationaler Denkweise, um daraus etwas anderes zu machen als einen gefühligen, verklärenden Nachruf. Durch sein Streben nach Objektivität und absoluter Aufrichtigkeit gelang es Godwin, ein rundes Charakterporträt seiner Frau zu zeichnen, aus dem trotz gelegentlicher Kritik und durchgängiger emotionaler Zurückhaltung doch auch seine Liebe und Bewunderung sprechen sowie seine tiefe Erschütterung über ihren Tod. Das gilt nicht nur für das letzte, ungeheuerliche Kapitel, sondern für den ganzen Text. Man möchte Richard Holmes zustimmen, wenn er in seiner Einleitung zur englischen Penguin-Ausgabe schreibt, dies sei Godwins bestes Werk. Es wirkt als bittere Ironie, daß Godwin von der breiten (konterrevolutionär eingestellten) Mehrheit der nachfolgenden Generation gerade wegen eines angeblichen Mangels an Gefühl verdammt wurde, während in Wahrheit gerade dieses mit Herzblut geschriebene, allzu offene kleine Werk an seinem – wie Wollstonecrafts – Reputationsverfall schuld war.

Obwohl seine Quellen begrenzt waren – sowohl Füssli als auch Marys Schwester Everina verweigerten ihm Marys Briefe –, gelang es Godwin, mit erstaunlich modern wirkendem psychologischen Einfühlungsvermögen, die Entwicklung Wollstonecrafts nachzuzeichnen, von ihrem unglücklichen Elternhaus und den geringen Bildungsmöglichkeiten bis hin zur selbständigen und selbstbewußten Frau. Die scheinbaren Widersprüche in Marys Charakter erklären sich als die Folgen ihrer schwierigen Anfänge: hier die Stärke, der Drang zu Unabhängigkeit und Selbständigkeit, der Mut und der Unternehmungsgeist, der sie allein durch halb Europa reisen ließ, das Engagement für alle Leidenden, dort der große Hunger nach Liebe, der blind machte bei der Auswahl des Geliebten, die Ängste und Depressionen bis hin zu den sehr ernsten Selbstmordversuchen. Godwin verschweigt nichts, was er weiß, und ist dabei – auch darin ganz der noble, rationale Denker – ausgesprochen fair auch gegen seine Vorgänger in ihrer Gunst, zollt deren

Talenten Anerkennung und hütet sich vor Verteufelungen. Daneben betont er immer wieder Marys große Güte und Hilfsbereitschaft, mit der sie ihr Leben lang Verwandte und Freunde unterstützte. Wenn er schließlich mit offensichtlicher Verliebtheit immer wieder auf ihr besonderes Lächeln zu sprechen kommt, ist das Bild einer bezaubernden, wenn auch schwierigen Frau vollkommen, das gut zu dem berühmten Gemälde von John Opie paßt.

Die Verbindung der beiden mag uns heute gerade durch die Züge, die Godwins Zeitgenossen so empörten, fast ideal erscheinen: zwei wenn auch unterschiedlich begabte Menschen, die in freier Gleichberechtigung miteinander umgehen wollten und sich der Konvention der Ehe nur im Interesse des erwarteten Kindes beugten. Wie grausam, wie tragisch mutet das Ende nach so kurzer Zeit des Glücks an, das hämische Zeitgenossen sich nicht entblödeten, als Strafe Gottes für die Übertretung so vieler ungeschriebener moralischer Gesetze öffentlich zu interpretieren!

Godwins letztes Kapitel – übrigens das einzige, das er szenisch ausgearbeitet hat – gehört für mich durch die klinische Genauigkeit, mit der er Marys langes Sterben schildert, und die sparsame Andeutung seiner eigenen Betroffenheit mit zum Erschütterndsten, was ich gelesen habe. Welchen inneren Aufruhr ahnt man, wenn er berichtet, wie er, der stets Beherrschte, die Nerven angesichts einer Bemerkung der Dienerin verliert, oder schildert, wie er sich das Hoffen verbot! Ganz nebenbei wirkt das Kapitel wie eine Unterstützung des wichtigsten Anliegens seiner Frau, gehörte doch der drohende Tod im Kindbett bis in unser Jahrhundert hinein zu den schweren Hypotheken des weiblichen Lebens. Welch unheimlicher Vorklang, wenn Wollstonecraft in ihrem Romanfragment, in dem sie die Summe aller Leiden der Frauen ziehen wollte, Jemimas Mutter ausgerechnet neun Tage nach Jemimas Geburt sterben läßt.

Nach Wollstonecrafts Tod hat Godwin beide Töchter Marys aufgezogen und nach einigen Jahren eine Witwe aus der Nachbarschaft geheiratet, die ihrerseits noch Kinder zu erziehen hatte. Nach der »Ehe gleichgesinnter Geister« war es allem Anschein nach eher eine Vernunftehe, vor allem zur Versorgung der Kinder geschlossen. Godwin arbeitete weiter philosophisch und schriftstellerisch, verehrt und gelegentlich besucht von seinen Freunden unter den Romantikern, aber öffentlich im Verlauf des Siegeszugs konservativen Denkens immer mehr verfemt und vergessen, was seine (depressiven) Spuren in Godwins späterem Werk hinterließ. Ausgerechnet einer aus der zweiten Generation der Romantiker, der junge Shelley, sollte dann das häusliche Arrangement sprengen und Godwin, den Vater, in tiefe Zweifel an seiner Lehre der freien Liebe stürzen. Doch das ist eine andere lange und interessante Geschichte. Fanny Imlays Geschichte dagegen war kurz und traurig: Mit einundzwanzig Jahren nahm sie sich das Leben. Ob das aus einer depressiven Veranlagung geschah, die sie möglicherweise von ihrer Mutter geerbt hatte, oder weil ihr junges Leben mit zu vielen Hypotheken belastet war, ist schwer zu sagen.

Godwin hat, geschockt von den giftigen Reaktionen auf seine ›Erinnerungen‹, den Text für eine noch im gleichen Jahr erscheinende zweite Auflage etwas abgewandelt, vor allem manche allgemeine, erklärende Reflexion hinzugesetzt, im ganzen jedoch nicht mehr als etwa vier Seiten. Es spricht noch einmal für seine Aufrichtigkeit, daß er jedoch nichts von den Ereignissen in Marys Leben weggelassen hat und nur in einem

Punkt, dort, wo er seine eigene Meinung über die Schädlichkeit der Institution Ehe geäußert hatte, etwas abmilderte.

Die hier vorgelegte Übersetzung beschränkt sich auf den Text der ersten Auflage von 1798, da er so, wie er ursprünglich war und ohne die verallgemeinernden Zusätze der zweiten Auflage, frischer und unmittelbarer wirkt. (Die englische Penguin-Ausgabe bringt die Zusätze in Fußnoten.) Es ist auch der Text, den einst 1799 Salzmann übersetzt hatte. Seine Übersetzung ganz einfach neu aufzulegen – wie es kürzlich mit Montaignes ›Essais‹ geschah – schien in diesem Falle keine gute Lösung, da sie zwar korrekt ist, aber doch in der Sprache antiquierter wirkt als das Original. Daher habe ich eine ganz neue Übersetzung angefertigt und nur gelegentlich einen zeittypischen Ausdruck von Salzmann übernommen. Eine weitere Übersetzung von Therese Schlesinger-Eckstein aus dem Jahre 1912 blieb unberücksichtigt.

Die Übertragung des Godwinschen Textes gestaltete sich im ganzen gesehen schwieriger als die von Wollstonecrafts Romanfragment, da selbst in diesem Text seine Sprache mit ihrer Vorliebe für Abstrakta und Nominalstil weit stärker den Gepflogenheiten des 18. Jahrhunderts verhaftet wirkt als Wollstonecrafts. Mein Bestreben war bei beiden Werken, einen Text für heutige Leser herzustellen, der dennoch als einer des 18. Jahrhunderts erkennbar bleibt und die charakteristischen Stilmerkmale beider Autoren durchscheinen läßt. Wenn an Wollstonecrafts Text bei allzu hartnäckigen Wiederholungen behutsame Streichungen vorgenommen wurden, scheint das durch den Fragmentcharakter gerechtfertigt.

Ingrid von Rosenberg

DIE WERKE MARY WOLLSTONECRAFTS

1. Originalausgaben in chronologischer Reihenfolge:

Thoughts on the Education of Daughters; with Reflections on Female Conduct, in the More Important Duties of Life (London, 1787)

Original Stories from Real Life; with Conversations, Calculated to Regulate the Affections and Form the Mind to Truth and Goodness (London, 1788)

Mary, a Fiction (London, 1788)

A Vindication of the Rights of Men, in a Letter to the Honourable Edmund Burke (London, 1790)

A Vindication of the Rights of Woman with Strictures on Political and Moral Subjects (London, 1792)

An Historical and Moral View of the Origin and Progress of The French Revolution and the Effect It Has Produced in Europe (London, 1794)

Letters Written During a Short Residence in Sweden, Norway and Denmark (London, 1796)

Posthumous Works of the Author of a Vindication of the Rights of Woman, ed. by William Godwin, 2 vols. (Dublin, 1798) (enthält u. a. *Maria, or the Wrongs of Woman* und *Letters to Gilbert Imlay)*

2. Lieferbare englische Ausgaben:

The Works of Mary Wollstonecraft, ed. Marilyn Butler and Janet Todd, 7 vols. (London, 1989)

A Vindication of the Rights of Woman, ed. Miriam Kramnick (Pelican Classics: Harmondsworth, 1975/1982)

A Vindication of the Rights of Woman, ed. Carol H. Poston (Norton Critical Edition: New York/London, 1975/1988)

Mary, a Fiction and *The Wrongs of Woman or: Maria,* ed. Gary Kelly (The World's Classics. OUP: Oxford/New York 1976/1988)

Mary Wollstonecraft, *A Short Residence in Sweden, Norway and Denmark* and William Godwin, *Memoirs of the Author of A Vindication of The Rights of Woman,* ed. Richard Holmes (Penguin Classics: Harmondsworth, 1987)

3. Neuere deutsche Ausgaben:

Verteidigung der Rechte der Frauen, hrsg. Berta Rahm, übers. Bertha Pappenheim (Neunkirch 1976)

Eine Verteidigung der Rechte der Frau, hrsg. Joachim Müller/Edith Schotte, übers. Edith Schotte (Leipzig 1989)

Reisebriefe aus Südskandinavien, hrsg. Ingrid Kuczynski, übers. Susanne Thurm (Reclam: Leipzig 1991)

Reisen in Skandinavien, hrsg. Bernd Lenz, übers. von einem studentischen Übersetzerteam der Universität Passau (Wissenschaftsverlag Richard Rothe: Passau 1991)

Weitere Titel aus der Reihe
›Die Frau in der Literatur‹

GINA KAUS
Teufel in Seide
Roman
Mit einem Nachwort von
Sibylle Mulot
Ullstein Buch 30275

FANNY LEWALD
Freiheit des Herzens
Mit einem Nachwort von
Gerhard Wolf
Ullstein Buch 30277

VOLKER EBERSBACH
Caroline
Mit einem Nachwort von
Gunther Tietz
Ullstein Buch 30278

ELENA SKRJABIN
Von Petersburg bis Leningrad
Mit einem Nachwort von
Harrison E. Salisbury und
Norman Luxemburg
Ullstein Buch 30279

BARRY UNSWORTH
Die Madonna
Roman
Mit einem Nachwort von
Ernst-Jürgen Walberg
Ullstein Buch 30280

MELA HARTWIG
Ekstasen
Novellen
Herausgegeben und mit
einem Nachwort versehen von
Hartmut Vollmer
Ullstein Buch 30281

SUZANNE PROU
Die Terrasse der Bernardinis
Roman
Mit einem Nachwort von
Rita Mielke
Ullstein Buch 30282

KARL EMIL FRANZOS
Judith Trachtenberg
Roman
Mit einem Nachwort von
Helmuth Nürnberger
Ullstein Buch 30283

ANNE GREEN
Meine entflohenen Tage
Erinnerungen an Anne und
Julien Green
Mit einem Nachwort von
Julien Green
Ullstein Buch 30284

LOLA LANDAU
Vor dem Vergessen
Meine drei Leben
Autobiographie
Mit einem Nachwort von
Thomas Flügge
Ullstein Buch 30285

VON DEN STREICHEN, DIE FRAUEN IHREN MÄNNERN SPIELEN, OB DIESE ES NUN GEMERKT HABEN ODER NICHT
Ein Lesebuch
Herausgegeben und mit
einem Nachwort versehen von
Heinz-Georg Held
Ullstein Buch 30286